作者简介

邓淇中，副教授，数量经济学博士，管理科学与工程博士后，英国布鲁内尔大学访问学者，湖南科技大学商学院副院长，硕士生导师，湖南省现代物流协会副会长，湖南省“我最喜爱的青年教师”，湖南省湘潭市首批高层次人才。主持中国博士后科学基金项目、湖南省科技厅软科学项目、湖南省教育厅科学研究重点和优秀青年项目、湖南省社科联智库课题、湖南省哲学社会科学青年基金等各类省部级课题及企业委托课题近20项；第一作者公开发表科研论文30余篇，其中SSCI、SCI、EI、CSSCI论文16篇，出版著作1部。主持教育部产学合作协同育人项目1项，湖南省普通高校教学改革研究项目2项，发表教改论文近10篇，编著教材3部。研究成果获湖南省高等教育教学成果一等奖、湘潭市哲学社会科学成果三等奖和自然科学优秀学术论文二等奖各1项。主要研究方向为环境经济学、互联网金融风险评价。

本书得到湖南科技大学学术著作出版资助，在此表示感谢。

绿色发展视角下中国主要城市旅游业碳生产率研究

邓淇中　著

中国财经出版传媒集团
中国财政经济出版社

图书在版编目（CIP）数据

绿色发展视角下中国主要城市旅游业碳生产率研究／邓淇中著.—北京：中国财政经济出版社，2019.8

ISBN 978－7－5095－9093－5

Ⅰ.①绿…　Ⅱ.①邓…　Ⅲ.①地方旅游业－旅游业发展－研究－中国　Ⅳ.①F592.7

中国版本图书馆 CIP 数据核字（2019）第 137304 号

责任编辑：田明晖　　　　责任校对：黄亚青

封面设计：孙俪铭

中国财政经济出版社出版

URL：http：//www.cfeph.cn

E－mail：cfeph＠cfeph.cn

社址：北京市海淀区阜成路甲 28 号　邮政编码：100142

营销中心电话：010－88191537

北京虎彩文化传播有限公司印刷　各地新华书店经销

787×1092 毫米　16 开　12.75 印张　250 000 字

2019 年 9 月第 1 版　2019 年 9 月北京第 1 次印刷

定价：55.00 元

ISBN 978－7－5095－9093－5

（图书出现印装问题，本社负责调换）

本社质量投诉电话：010－88190744

打击盗版举报热线：010－88191661　QQ：2242791300

内容提要

绿色发展是一种新的经济发展模式，它以低能耗、低污染、低排放为基础，目的是在保证经济增长、人民生活水平不断提高的前提下，降低二氧化碳（以下为 CO_2）等温室气体的排放量。提高碳生产率是绿色发展、低碳经济的核心，亦是在可持续发展框架下应对气候变化的关键对策，对减少碳排放和保持经济可持续增长具有重要意义。旅游业常被称为“无烟产业”和环境友好型产业，具有资（能）源消耗低、环境影响小等特点。然而，根据联合国世界旅游组织测算，旅游业的 CO_2 排放占全球人为排放量的 4.9%，该排放量所造成的影响大约可达全球温室效应的 14%，并将以年均 2.5% 的速度递增（UNWTO，2009；Castellani V，2010）。类似研究也指出旅游者所产生的 CO_2 占全球 CO_2 排放量的 4.4%，预计到 2035 年之前都将会以 3.2% 的速率增长（Peeters，2010）。对此，中国政府高度重视绿色发展问题，在十九大报告中提出“必须坚定不移贯彻创新、协调、绿色、开放、共享的发展理念”；着力建设资源节约型、环境友好型社会，实行最严格的生态环境保护制度，形成节约资源和保护环境的空间格局、产业结构、生产方式、生活方式；建立健全“绿色低碳循环发展的经济体系”等发展理念。国务院及相关部门也先后出台了《国务院关于促进旅游业改革发展的若干意见》《关于进一步推进旅游行业节能减排工作的指导意见》等文件，这些建议和举措不仅为旅游业应对气候变化和实施节能减排提供了指导，也进一步强调要“以转型升级、提质增效为主线”来发展旅游业。在这种形势下，更迫切需要学术界在时空异质性视角下对旅游业绿色发展问题进行全面、系统测度和研究，为旅游业健康发展提供决策咨询、理论支撑和政策建议。

本书以研究中国主要城市旅游业“绿色发展”这一中心问题为出发点，将环境污染引入旅游业绿色发展测度的研究框架，重新构建旅游业经济增长核算模型，并采用前沿的数量统计方法对其进行经验分析，这是对传统生产率理论的拓展和延伸，不仅有助于更加明晰地把握中国旅游业增长过程中的资源约束和环境污染所引起的负作用，而且有利于各地区有针对性地实施旅游业绿色经济增长路径，以期探索出一套促进旅游业绿色、循环、低碳发展的政策建议。

本书研究的内容主要包括：①通过文献归纳，整理掌握理论研究动态与发展趋势，明确绿色发展的概念、内涵等；从旅游地理学、生产率理论、环境经济学等理论角度，对旅游业碳生产率进行理论分析，系统检索国内外学者有关产业经济学、生产率等问题的前沿理论成果和资料数据，明确核心问题，确定合理可行的研究方法体系，构建旅游业绿色发展影响机制、经验研究与政策设计的研究框架，阐述资源和环境因素在旅游业绿色发展中的重要性和现实意义。②分析我国主要城市旅游业碳排放现状，量化碳排放指标，采用广泛调研、大数据采集以及定量评价等方式科学量化测度体系中的各项指标，以此分析旅游业自然资源和环境污染现状、趋势及差异。③主要城市旅游业碳生产率的测度研究，从时间维度（2003—2015 年；“十五”时期到“十二五”时期）分析主要城市旅游业碳生产率的演化规律，同时与不考虑碳排放指标，即传统的旅游业 Malmquist 生产率指数进行比较，探讨碳排放量是否会约束旅游业碳生产率增速；从空间维度（东、中、西部主要城市）采用“收敛检验”对旅游业碳生产率趋同情况进行检验，并对其空间格局进行描述和可视化呈现，有效揭示旅游业碳生产率所反映的空间依赖性与异质性。④主要城市旅游业绿色发展（碳排放量、碳生产率）的影响机理研究，从理论上推断可能影响旅游业绿色发展差异性的因素，提出经验假设，初步判断影响因素的方向；对旅游业碳生产率进行分解，探寻不同区域旅游业碳生产率进步（衰退）的来源，为分析旅游业碳生产率的影响机理提供实证依据；选择动态计量模型来识别诸如经济发展水平、环境管制、区位条件等因素对旅游业碳生产率的影响，探讨其背后的影响机制、路径、方向和大小。⑤主要城市旅游业绿色发展的政策建议研究。针对旅游业碳排放量、碳生产率变化趋势以及存在的问题，提出改善旅游业环境状况、提高生产率、实现绿色发展的相关策略。

关键词：绿色发展；旅游业；碳排放量；碳生产率

Abstract

Green development is a new economic development model, which is based on low energy consumption, low pollution and low emissions. It aims to reduce the emission of CO_2 and other greenhouse gases on the premise of ensuring economic growth and the continuous improvement of people's living standards. Improving carbon productivity is the core of green development and low - carbon economy. It is also a key strategy to cope with climate change under the framework of sustainable development. It is of great significance to reduce carbon emissions and maintain sustainable economic growth. Tourism is often referred to "smokeless industry" and environment - friendly industry, which has the characteristics of low consumption of resources (energy) and small environmental impact. However, according to the United Nations World Tourism Organization (UNWTO), the CO_2 emission of tourism accounts for 4.9% of the global man - made emissions. The impact of this emission can reach about 14% of the global greenhouse effect, and it will increase at an average annual rate of 2.5%. (UNWTO, 2 009; Castellani V, 2 010). Similar studies also indicate that tourists contribute to 4.4% of global CO_2 emissions, which is expected to increase by 3.2% in 2 035 (Peeters, 2 010). In terms of this problem, the Chinese government attaches great importance to the issue of green development. We will focus on building a resource - conserving and environment - friendly society, implement the strictest possible system for protecting the ecological environment, and form a spatial pattern, industrial structure, mode of production and way of life that conserving resources and protecting the environment. We will establish and improve development concepts such as "green, low - carbon and circular economic system". Tourism related department has also issued "Guidelines on further promoting energy conservation and emission reduction in the tourism industry" and "Several opinions of the state council on promoting the reform and development of tourism". These suggestions and measures not only provide guidance for tourism to cope with climate change and implement energy conservation and emission reduction, but also further emphasize to develop tourism by the stratagem of " use transform and upgrade, improve quality and efficiency as the main line ". In this situation, it is more urgent for the academia to comprehensively and systematically measure and study the carbon productivity of tourism from the perspective of green development, so as to provide decision – making consultation, theoretical support and policy suggestions for the healthy development of tourism.

Based on the study of the central issue of " carbon productivity" of tourism in major Chinese cities, this book introduces carbon emissions into the research framework of measurement of tourism productivity, builds tourism carbon productivity growth accounting model, and uses the forefront of the number of statistical method to carry on the empirical analysis. It is not only helpful to more clearly grasp the negative effects caused by resource constraints and environmental pollution in the process of China's tourism growth. Moreover, it is conducive to the targeted implementation of green economic growth path of tourism in various regions, so as to explore a set of policy suggestions to promote green, circular and low – carbon development of tourism.

The research content of this book mainly includes: (1) Through literature induction, this book masters the theoretical research trends and development trend, clears the concept of carbon productivity, connotation, etc. From the point of tourism geography, productivity theory and theory of environmental economics, this book analyzes tourism carbon productivity, retrievals domestic and foreign scholars on industrial economics, productivity and other issues of the forefront of theoretical results and data systematically. This book defines the core issues, determines reasonable and feasible research method system, constructs the research framework of carbon productivity influencing mechanism, empirical research and policy design of tourism, and elaborates the importance and practical significance of resources and environmental factors in the green development of tourism. (2) This book analyzes the current situation of the development of China's major cities green tourism and quantitative carbon emissions targets. The indicators in the system are quantified scientifically by extensive research, big data collection and quantitative evaluation, than constructs the productivity measurement index system of tourism industry under the constraint of carbon emission, so as to analyze the present situation, trend and difference of natural resources and environmental pollution in tourism. (3) Measurement of carbon productivity of tourism industry. From the time dimension (2003 – 2015; from the "tenth five – year plan period" to the "twelfth five – year plan period"), this book analyzes the evolution law of carbon productivity of tourism in major cities, and compares it with the traditional Malmquist productivity index of tourism without considering carbon emission index to discuss whether carbon emission will restrict the growth of carbon productivity of tourism. The convergence test is used to test the convergence of carbon productivity in tourism from the spatial dimension (major cities in the east, central and western regions), and the spatial pattern is described and visualized to effectively reveal the spatial dependence and heterogeneity reflected by carbon productivity in tourism. (4) Research on the influence mechanism of tourism carbon productivity. Theoretically, the factors that may affect the differences in carbon productivity of tourism industry are inferred, and empirical hypotheses are put forward to preliminarily judge the direction of influencing factors. The carbon productivity of tourism is decomposed to explore the source of the progress (decline) of tourism carbon productivity in different regions, so as to provide empirical basis for analyzing the impact mechanism of carbon productivity of tourism. The dynamic econometric model is selected to identify the impact of factors such as economic development level, environmental regulation and location conditions on carbon productivity of tourism industry, and the influence mechanism, path, direction and size behind it are explored. (5) Research on the promotion path of carbon productivity in tourism. Aiming at the changing trend of carbon productivity in tourism industry and the existing problems in green development, this book puts forward the promotion strategies to improve the environmental conditions of tourism industry, increase productivity and realize green development.

Keywords: Green development; The tourism industry; Carbon emission; Carbon productivity

目　录

图 目 录

表目录

第一章

绪　论

第一节　选题背景和问题的提出

“十二五”期间，旅游业全面融入国家战略体系，走向国民经济建设的前沿，成为国民经济战略性支柱产业。国内游客接待数计划为 33 亿人次，实际为 40 亿人次，完成率 121%；国内旅游收入计划为 2.1 万亿元，实际为 3.42 万亿元，完成率 163%。接待入境旅游者计划为 1.32 亿人次，实际为 1.34 亿次，完成率 102%；旅游总收入计划为 2.5 万亿元，实际为 4.13 万亿元，完成率 165%，（“十三五”旅游业发展规划，2016）。传统观点多认为旅游业具备资源消耗低、环境影响小等特点，且旅游业长期以来被认为是“无烟产业”。然而，目前越来越多的研究表明，旅游业的碳排放问题也已经成为环境影响的重要驱动力之一。旅游业活动的直接碳排放量相比于其他产业较低，但若将旅游活动的间接碳排放纳入到核算范围，其碳排放量则不容小觑。UNWTO 的研究表明，2005 年全球旅游经济发展产生的碳排放量达到 1.3×10^9t，占人类活动所有碳排放量的 4.9%，除去飞行贡献值后为 3%，该排放量所造成的影响大约可以达到全球温室效应的 14%。更为重要的是，预计到 2035 年，全球旅游业碳排放量将以 2.5% 的年均速度增长。

在此背景下，我国政府先后出台了《中国应对气候变化国家方案》《节能减排综合性工作方案》《能源政策法》等一系列应对政策。低碳理念也迅速得到旅游业的积极响应，国家旅游局 2010 年出台了《关于进一步推进旅游行业节能减排工作的指导意见》，并提出要向旅游企业积极推行《饭店节能减排100条》《A级景区节能减排30条》等政策法规，使其成为旅游企业节能减排的工作指南。这一系列政策和文件精神，都要求在保证旅游业经济快速发展的同时，降低环境污染和减少自然浪费，形成一种可持续、绿色、健康的旅游业经济发展模式。

通常认为，经济增长需要依靠大量的资金和物质资源等要素投入，以此转变到提高生产率的轨道上来，而生产率的增长可视为可持续增长的唯一源泉，这就使众多学者把生产率作为研究经济增长的重要工具。随着中国经济在长时期内维持较高增长水平运行，旅游业发展与资源、环境之间的矛盾将更加突出。旅游业长期沿用的"高投入、高消耗、高污染"粗放型增长模式，所引起的负面效应正不断累积。早期文献对旅游业生产率的测度仅基于传统的旅游人数、旅游收入、旅游投资等要素，很少兼顾与旅游业发展相关的资源与环境要素。这种评价方式实际上忽略了经济增长对社会福利的负面影响，无法反映出我国旅游业经济增长的真实绩效，甚至会使基于生产率的政府决策发生偏误。

综上所述，当前旅游业生产率问题已逐渐成为学术界研究的重点，其研究成果为我们全面认识这一问题提供了重要参考。不过，仍有一些问题有待进一步深入研究：

(1) 中国目前尚未建立起国家和地区层面的温室气体排放的统计监测体系，大部分的数据结果都是基于对其碳排放量的估算。有鉴于此，本书对旅游业碳排放的测算应该考虑哪些旅游行业，引入哪些碳排放污染指标，更重要的是如何获得数据，找到可操作性的计算手段。

(2) 现有文献较少考虑旅游业碳排放所造成的环境污染，旅游业生产率测算仍旧以传统的Malmquist指数为主流。那么考虑了环境污染非期望产出的主要城市旅游业碳生产率水平如何，与未考虑碳排放约束相比，是否有明显的差异?

(3) 在"绿色、协调、低碳"的城市发展理念下，中国政府出台了多项针对旅游业的环境保护政策。这些政策是否对中国旅游业的碳排放量或碳生产率产生了影响，在考虑碳排放约束下中国旅游业经济增长的关键因素有哪些?

(4) 本书将碳排放引入旅游业生产率测度的研究框架，重新构建旅游业碳生产率增长核算模型，并采用前沿的数量统计方法对其进行经验分析，最终如何提出一套促进旅游业绿色、循环、低碳发展的政策建议。

第二节 研究目的与研究意义

面对国际碳减排压力和国内旅游业日趋严重的碳排放问题，我国要建设世界旅游强国，就必然要求在发展规模的基础上切实提升产业效率、加快产业结构调整以推动产业经济增长与旅游环境保护的协调发展。在这种形势下，迫切需要学术界对旅游业绿色发展等问题进行全面、系统测度和研究，为旅游业健康发展提供决策咨询、理论支撑和政策建议。具体的学术价值和应用价值表现在：

学术价值：本书针对旅游业发展过程中的“生态优先、绿色发展”问题。基于时空异质性特征，在深入分析主要城市旅游业碳排放量的现状特征和碳减排指数的基础上，探讨其绿色发展中碳排放量、碳生产率等方面的时空演变趋势，并对其进行实证检验，进而设计时空异质性视角下政府、产业、企业“三位一体”的绿色发展政策，以期为绿色低碳发展、区域协调发展的理论研究做出新贡献，也为我国政府、21 个主要城市及其管理决策部门实施低碳经济与旅游业绿色发展战略提供有益的学术思路。

应用价值：21 个主要城市横跨我国东、中、西三大区域，空间差异明显，在新时代背景下发展战略只有兼顾经济协调增长和绿色低碳发展理念才符合各城市的利益诉求，唯有解决绿色低碳发展中的政策协调问题才能更好地被推进实施。因此，本书的研究对于中国在经济新常态下实施旅游业绿色发展倡议，实现自身经济转型升级，并带动全国各地区推进高效低碳发展，共同实现 2030 年可持续发展目标，具有重要的理论与现实意义。

第三节 研究框架和研究内容

一、研究框架

本书研究的思路框架如图 1 – 1 所示。

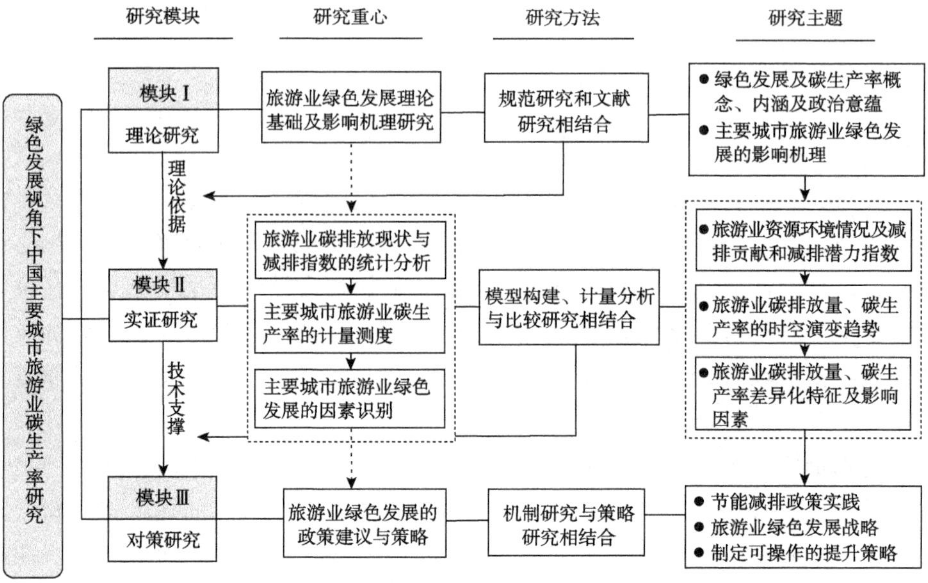

图 1－1 思路框架图

本书从十九大报告以及中央经济工作会议中关注的重点问题出发，按照“演变趋势→因素识别→实证检验→政策选择”的逻辑思路。首先从生产率理论、环境经济学等理论角度，构建分析框架、厘清相关内涵；其次按旅游业碳排放现状、碳生产率时空演化趋势，影响因素识别和实证检验的逻辑展开实证研究；最后根据分析结论，提出时空异质性视角下政府、产业、企业“三位一体”绿色发展政策。

二、研究内容

本书共包括 8 章。各章的主要研究内容如下：

第一章是绪论。第一、二节阐述研究背景和研究价值，说明将自然资源、环境污染等指标引入传统的旅游业生产率分析框架的重要性和现实意义。第三节介绍本书的内容安排、逻辑思路，并给出了本书的思路框架。第四、五节阐述研究方法和主要创新点。

第二章是相关理论与文献综述。第一节介绍绿色发展的理论基础，主要包括绿色发展的起源、内涵、路径选择以及绿色发展、循环发展与低碳发展之间的关系等。第二节分析和说明碳生产率相关概念。第三、四节以碳生产率为主线，系统回顾碳排放和碳生产率等文献，主要对国内外关于碳生产率的实证研究进行梳理。最后对已有研究取得的成果进行评述。

第三章是对主要城市旅游业绿色发展现状统计分析。运用增速、极值、离散系数等统计指标，首先考察旅游业中旅行社、星级饭店、星级景区的发展现状。其次分别从自然资源和环境治理两个方面进行统计分析，主要对自然保护区数量、绿地面积、城镇生活污水集中处理率、生活垃圾无害化处理率等指标进行统计描述。

第四章是主要城市旅游业碳排放量估算方法及评价。第一节对旅游业碳排放估算的难点及本书采用的估算方式进行简要说明。同时，在模型可操作性以及数据可得性的基础上，选择合理的评价指标。第二节从旅游交通碳排放量、旅游住宿碳排放量、旅游活动碳排放量三个方面进行了估算，并对旅游业碳排放量及结构进行分析，同时采用泰尔系数分析了旅游业碳排放区域差异。第三节使用旅游业减排贡献和减排潜力两个指标，揭示主要城市中哪些具有最有效率的减排能力。

第五章是主要城市旅游业碳生产率的测度分析。第一节介绍基于非期望产出的 SBM（Slack - Based Model）模型，并对变量和数据指标的选取问题展开描述。第二节则建立了数量模型来测度未考虑碳排放约束的主要城市旅游业生产率，并从时间、空间两个方面进行对比分析。第三节阐述环境因素在生产率测算中的处理方式，并从时空异质性视角对旅游业碳生产率发展趋势及分解结果进行了差异对比分析，然后通过对碳生产率指数进行分解，得出技术进步效应和技术效率效应的具体情况。

第六章是主要城市旅游业碳生产率动态空间收敛性检验。第一节是旅游业碳生产率收敛性检验的方法介绍。主要从绝对收敛、条件收敛、俱乐部收敛三个方面进行介绍。第二节是根据收敛检验方法计算分析结果，进而通过时序、空间等角度进行解释描述。第三节是空间自相关模型方法的介绍，以及通过全局 Moran's I 指数等值判断主要城市旅游业碳生产率水平在空间分布上是否出现积聚现象，通过计算 LISA 值，以其显著性集聚图呈现主要城市旅游业碳生产率的局域空间关联性。

第七章是主要城市旅游业绿色发展影响因素分析。第一节介绍了面板模型的检验方法和面板分位数模型。第二节采用 STIRPAT 模型对旅游业碳排放量的影响因素进行了分解，主要包括游客规模、旅游经济发展水平、产业结构等五个因素，并分别运用普通面板模型和面板分位数模型对其进行计量分析。第三节理论探讨影响旅游业碳生产率的各类因子。它包括经济发展水平、空间地理、节能减排政策等五个方面。然后采用面板数据均值回归对碳生产率影响因素的影响程度进行计算，并同时运用分位数面板数据模型来识别各因素对不同层次的碳生产率的影响，探讨其背后的影响机制、路径、方向和大小。

第八章是主要结论与政策建议。第一节归纳了本书的主要研究结论。第二、三节提出了旅游业绿色、健康、协调发展的政策建议，并指出本书进一步研究的方向和展望。

第四节　研究方法

研究方法的应用在于找准现有理论与现实问题之间的衔接，注意规范研究和实证研究相结合、定性研究与定量研究相结合，实现多学科的交叉渗透与方法创新。本书采用的研究方法包括：

（1）环境污染估算方法。采用“自下而上”的方法估算旅游业碳排放量，通过将旅游交通、旅游住宿、旅游活动等旅游部门活动水平乘以对应碳排放因子的方式，科学估算主要城市旅游业碳排放量，并引入泰尔系数对其进行分解和考察旅游业碳排放区域差异。

（2）碳减排指数评估方法。采用基于碳排放强度的脱钩指数来评估城市旅游业经济发展过程中的碳减排贡献，并在此基础上构建减排潜力指数来横向比较各主要城市的节能减排效率。

（3）数据包络分析。运用非径向、非角度的方向性距离函数和 ML（Malmquist - Luenberger）指数测度主要城市旅游业碳生产率演变趋势，该方法能分别解决非期望产出处理问题以及传统 Malmquist 指数的线性规划无解问题。

（4）空间异质图显技术。使用 GIS 图形技术，利用全局空间自相关等统计量来分析旅游业碳生产率的市域单元空间相互作用和格局变化，探究主要城市旅游业碳生产率演化机理。

（5）面板分位数模型。使用分位数回归方法计算主要城市旅游业绿色发展的影响因素，该方法解决了传统静态面板模型在影响因素回归分析中的随机扰动项呈非正态分布、异常值对结果影响大的问题。

第五节　主要创新点

以往对旅游业生产率的研究或多或少地对该论题有所涉及，但都未能将其独立作为一个研究议题来归纳。旅游业自然资源、环境问题现今越发突出，以旅游业绿色发展的角度来进行本书的研究已非常必要。因此，这就需要对原有理论进行梳理、剥离、重构。以下几个方面的内容正是本书主要创新点：

（1）新的思想。本课题基于“绿色发展”理念，结合我国正在实施的“节能减排”与“旅游强国”两大国家战略，在时空异质性视角下，探讨主要城市旅游业绿色发展的影响因素等问题，据此设计基于政府、产业、企业“三位一体”绿色发展政策。从文献检索结果来看，这是环境经济学和区域经济学研究的一个新的思路。

（2）新的方法。在理论研究方面，本课题综合应用生产率理论、产业增长理论、绿色发展理论与空间经济理论等理论与方法，探讨时空异质性视角下我国主要城市旅游业绿色发展的影响机理。在经验研究方面，运用纵向考察与横向比较相结合的方法，揭示生态环境恶化对经济可持续发展的约束程度；运用统计分析法、空间经济分析法、经济计量分析法等研究方法和相关软件，测算主要城市旅游业碳生产率的时空演化趋势。

（3）新的对策。本成果通过对主要城市旅游业碳排放评价及碳生产率测度，更加客观地评估主要城市旅游业经济增长的质量。在时空异质性视角下结合空间计量模型和分位数模型识别出影响因素，可为主要城市旅游业发展提供更为精确的政策选择路径，最终促进区域间实现资源节约、环境保护和绿色发展三者的统筹发展。

第二章

相关理论与文献综述

本章主要从国内外绿色发展的相关理论入手，系统回顾了绿色生产率、环境生产率等概念，并对碳排放量、碳生产率测算方法以及影响因素的实证研究文献进行了较为细致的梳理。

第一节　绿色发展理论

一、绿色发展的起源

1989 年，英国经济学家皮尔斯在《绿色经济蓝图》一书中首次提出了"绿色经济"一词。而绿色经济离不开可持续发展，它为绿色发展奠定了坚实的理论基础。1987 年，挪威首相布伦特兰夫人在任职报告《我们共同的未来》中，明确提出可持续发展的理念，并将其定义为"既满足当代人的需要又不对后代人满足其需求的能力构成危害"的发展模式。此后就可持续发展召开的三次重要的国际性会议，不仅体现了全球对生态问题的重视，更是推动了"绿色经济"成为全球经济社会发展的重要方向。1992 年，世界环境与发展大会在里约热内卢召开，会议正式提出了可持续发展战略，并通过了《里约环境与发展宣言》《21 世纪议程》《气候变化框架公约》等重要文件。2002 年，在南非约翰内斯堡召开的可持续发展世界首脑会议，强调了经济发展、社会进步要和环境保护相适应，被称为可持续发展三大支柱。2012 年，可持续发展大会再次在里约热内卢召开，会议进一步指出了绿色经济在可持续发展方面发挥的重要作用，设计了可持续发展的体制框架，并通过了《里约环境发展宣言》等文件。三次会议的成果推动了可持续发展理念成为全球共识，也使绿色经济成为全球未来的发展趋势。为了紧跟时代的浪潮，促进经济社会的绿色发展，各国纷纷制定了相关政策。联合国作为绿色经济的倡导者，也陆续发布了《绿色工作：在低碳、可持续的世界中实现体面工作》《全球绿色新政》《迈向绿色经济》等报告，呼吁“绿色经济”发展模式的建立（朱坦和高帅，2017）。

在我国，“绿色经济”的概念最早来源于《“十五”计划纲要》中提出的“绿色食品基地”建设和“推行绿色消费方式”。这是政府积极推进生态文明建设的良好开端。党的十八大召开后，生态文明建设进入了一个新阶段，绿色发展也逐渐成为众人关注的焦点。2015 年，《中共中央国务院关于加快推进生态文明建设的意见》的发布，第一次明确地把“绿色化”纳入我国现代化推进战略中，并将其作为现代化建设的重要取向。随后党的十八届五中全会明确提出了“创新、协调、绿色、开放、共享”五大发展理念，表明绿色发展已被提升到了国家战略层面，用于指导中国经济社会文化各个方面的建设。2017 年 10 月，十九大的召开再次将绿色发展提到新高度。习近平总书记提出了“我们既要绿水青山，也要金山银山”“绿水青山就是金山银山”的精辟论断，再次强调了坚持人与自然和谐共生的理念。“生态”“环境”“资源”等作为关键词多次出现在报告中，报告全面阐述了绿色发展的时代背景、现状、理念、建设重点和目标等，彰显了党和国家加快推进绿色发展的信念和决心，昭示着绿色发展成为时代的主题，引领未来国家经济社会发展的方向和模式。

二、绿色发展的内涵

随着绿色发展的实践与需求，绿色发展的理论研究逐渐成为国内研究热点问题，不同学者基于不同的研究视角和侧重点，对于绿色发展的内涵提出了自己的见解。早在 2004 年，著名学者侯伟丽就从经济学视角给绿色发展下了定义。她认为，绿色发展就是在资源环境承载潜力基础上，依靠高科技，更多地以人造资本代替环境和自然资本，从而提高生产效率，使经济逐步向低消耗、低能耗的方向转变。李周（2016）指出，绿色发展是以效率、和谐、持续为支撑的发展，是最大限度地去除生产和消费过程中的冗余度的发展。这是当今世界越来越多的国家认同绿色发展，并把它当作经济和社会结构转型的目标的重要原因。其核心是把满足人类的需求同满足自然的需求统一起来，把人与人的和谐同人与自然的和谐统一起来。王丹和熊晓琳（2017）认为，绿色发展所追求的不是经济社会单向度的发展，而是人、自然生态、经济社会的协同发展。

不少学者从可持续发展和生态文明建设的角度对绿色发展进行了研究。如王玲玲和张艳国（2012）认为，所谓绿色发展，是在生态环境容量和资源承载能力的制约下，通过保护自然环境实现可持续科学发展的新型发展模式和生态发展理念。霍艳丽和刘彤（2011）指出，绿色发展是在传统发展基础上的一种模式创新，是建立在生态环境容量和资源承载力的约束条件下，将生态保护作为实现可持续发展重要支柱的一种新型发展模式。与霍艳丽等学者的观点相似，卢风（2017）也认同追求绿色发展与建设生态文明具有内在一致性。同时，他指出，一个国家如果能够实现绿色发展那也就建成了生态文明。仅当积极使用绿色技术的人越来越多时，才会有真正的绿色发展，才会有卓有成效的生态文明建设。宋刚（2015）认为绿色发展是我国新形势下必须秉承的发展理念，实现绿色发展必须找到这种发展方式的源动力就是生态文明理念。生态文明理念是绿色发展的精神内涵，基于生态文明的绿色发展才是高效的发展、健康的发展。黄志斌等学者（2015）通过对其他学者观点的核心内容进行合理的概括和提炼，对绿色发展的概念给予了新的界定，认为绿色发展是建立在资源承载力与生态环境容量的约束条件下，通过“绿色化”“生态化”的实践，达到人与自然日趋和谐、绿色资产不断增殖、人的绿色福利不断提升，实现经济、社会、生态协调发展的过程。

也有学者从哲学视角探讨了绿色发展的内涵。如兰洋（2016）认为绿色发展是21世纪人类发展的大势所趋，也是一场对人与自然关系的历史性变革。从人类整体的生存与发展角度来看，绿色发展的最终目标是建立一种同工业文明、物质文明不同的“生态文明”。这种新的文明形态的核心是绿色的生产方式和消费方式，并有一整套全新的思想观念、社会制度、政治体制与其相适应。李娟和王家玉（2017）从人类文明、生产力发展、民生民意、制度保障等角度，指出绿色发展理念适应了人类文明发展的时代需求，是对马克思自然生产力理论的继承和发展，顺应了新时期人民群众对美好生活的新期待，体现了中国共产党对什么是科学发展以及如何科学发展的认识深化和理论升华。

三、绿色发展的路径选择

绿色发展是经济社会发展到一定阶段的必然选择，是国际上携手应对气候变化的时代要求、国内弥补环境建设短板的现实需要。随着人与资源环境之间关系认识的不断深入，越来越多的人意识到只有实行绿色发展，才能走出全球共同面临的生态困境。基于此，众多学者对绿色发展的路径选择展开了详细的研究。

如李萌（2016）以绿色发展的科学内涵和标准为基础，对“十二五”时期绿色发展规划执行情况进行了梳理总结和评估，通过分析指出，“十三五”时期中国绿色发展的路径选择应基于制度、创新和全民参与等方面。张乾元和苏俐晖（2017）主张从主客体的相互关系出发来实现绿色发展：主体方面，既有以政府、企业为导向的社会主体，也有以公民为推动力量的个体主体；客体方面，绿色发展在各区域也应采取因地制宜、各有侧重的原则。邬晓燕（2014）则认为绿色发展具有多层内涵，中国实现从黑色发展到绿色发展的转型兼具理论可能性与现实可能性，所以必须从科技创新体制和绿色企业文化建设、政策变革与制度建设、公共政策伦理建设和消费文化建设等实践路径着手推进绿色发展的实现。方世南（2014）主张以绿色执政理念推进绿色发展，认为只有牢固确立和自觉践行绿色执政理念，才能抢抓全球绿色发展的机遇，建设成资源节约型、环境友好型、人口均衡型和生态安全保障型社会，坚定不移地走向生态文明新时代。邹浩（2016）认为，中国实现绿色发展的主要出路是低碳经济。为此，应该把我国经济发展的重心转向探索发展低碳经济的路径上，具体路径主要是创新低碳技术、构建相应的法律政策体系、推行有利于低碳发展的经济政策，以推动我国低碳经济发展到一个新水平。

也有学者针对某一区域对绿色发展的实践路径展开了研究。如刘纪远（2013）等综合绿色发展的国际经验，分析了西部城市社会经济发展与资源环境承载力之间的相互作用机制，并根据西部城市当前经济资本、环境资本、社会资本以及人力资本数量，提出了通过政府适当干预，如区域规划、区内调整，最终实现社会经济与生态环境和自然资源相协调的绿色发展概念框架。此外，有些学者就某一特定行业研究了绿色发展的路径选择。如史丹（2018）从绿色发展的理论出发，结合中国工业绿色发展的实践，从工业市场环境、绿色产业技术的研发支持力度、工业布局、温室气体排放等方面，对十九大为深化绿色发展而提出的供给侧结构性改革提出了具体可行的路径选择建议。

四、绿色发展与循环发展、低碳发展

党的十八大报告提出，大力发展推进生态文明建设，要着力推进绿色发

展、循环发展、低碳发展。《中共中央国务院关于加快推进生态文明建设的意见》明确把“绿色”纳入我国现代化推进战略中，并将绿色发展、循环发展、低碳发展作为建设生态文明的重要途径和手段。由此可见，这三个发展关系的研究实际上是一个非常重要的课题，但与其他问题相比，国内对此的研究文献并不多见，具有代表性相关研究如下。

王新玉（2014）指出，低碳发展是绿色发展的重要内容，绿色发展的实现需要以低碳发展为支撑。三者理念侧重点不同，各有优缺，但是核心目标都是为了协调人与自然的关系、促进经济社会与生态环境的良性互动发展。相对于可持续发展，绿色发展、循环发展和低碳发展更为具体，针对性更强，通过绿色发展、循环发展和低碳发展能够显著地提高人类资源环境社会经济系统可持续发展的能力。而可持续发展所倡导的代际公平理念和区域公平理念两个思考维度有助于从更长远、更宽广的角度去落实绿色发展、循环发展和低碳发展。这几个理念共同描绘人与自然、人与人、人与社会和谐发展的蓝图，相互之间都是不可替代的。

朱坦和高帅（2017）认为，绿色发展包含着循环发展、低碳发展，它们在我国的落脚点是生态文明建设，这也是我国破解资源环境问题的总抓手，统领着资源环境领域的各项具体工作。从本质上来看，绿色发展、循环发展、低碳发展和生态文明建设都是着手于处理人与自然关系，应当首先解决思想与价值观层面的认识问题，要理念先行、认识先行。

鲁丰先等（2012）指出，低碳经济与循环经济、生态经济、绿色经济发展目标具有一致性，即倡导的是一种与环境和谐的经济发展模式，以资源高效利用和循环利用为核心，以低消耗、低排放、高效率为基本特征，以生态产业链为发展载体，以清洁生产为重要手段，达到物质资源的有效利用和经济与生态的可持续发展。其本质上就是一种循环经济、生态经济、绿色经济模式，要求运用生态学规律来指导人类社会的经济活动，是在可持续发展的指导下，按照清洁生产的方式，对能源及其废弃物实行综合利用的生产活动过程，实现经济活动低碳化、生态化、绿色化，坚持可持续发展和节能减排。

杨春平等（2015）认为，绿色发展、循环发展、低碳发展内涵虽各有侧重，内容也有交叉，但本质相同。三者具有相同的资源观、发展观、生产观、消费观，都强调人类在追求物质财富、社会福祉、社会公平的同时，要减少对自然的伤害，尊重自然、保护自然，在资源环境可承载、资源可更替再生的基础上，实现经济社会与资源环境的协调发展，三者都是符合可持续发展理念的经济社会发展方式。三者相互关联、相互促进，统一于生态文明建设的实践中，是转变经济发展方式的重点任务和重要内涵，是推进生态文明建设的基本途径和方式。

以上学者对于绿色发展的研究都各有独到的见解，但本质上都认为绿色发展与循环发展、低碳发展存在辩证统一关系。

第二节　生产率相关概念

一、碳生产率

Kaya 和 Yokobofi 在 1993 年首次提出碳生产率的概念，并将之定义为一定时期内（一般是 1 年）特定国家（地区）国内生产总值与同期碳排放量之比，数值上等于单位 GDP 碳排放强度的倒数，能反映出单位碳排放所产生的经济效益。2008 年 10 月，麦肯锡发布报告《碳生产率的挑战：遏制气候变化，保持经济增长》，全面阐述了碳生产率的内涵及其结构性演进，它被定义为单位 CO_2 的 GDP 产出水平，也被称为“碳均 GDP”。报告指出：任何成功的气候变化减缓技术必须支持两个目标，即既能稳定大气中的温室气体含量，又能保持经济增长。而“碳生产率”能将这两个目标有机结合起来，它既是低碳发展的经济机制，又是促进低碳发展的重要政策工具。此外，报告还初步提出了碳生产率杠杆效应（王永龙，2011）。

也有学者基于其他视角给出了碳生产率的定义。如潘家华（2010）从经济学的角度，认为碳生产率是将碳排放作为一种隐含在能源和物质产品中的要素投入，衡量一个经济体消耗单位碳资源所带来的相应产出，可与传统的劳动或资本生产率相比较。

二、全要素生产率（Total Factor Productivity，简称 TFP）

指各要素（如资本和劳动等）投入之外的技术进步（变化）对经济增长贡献的因素。以 Solow 为代表的新古典经济学认为，长期促进经济增长的唯一源泉就是全要素生产率。钟学义（1996）指出，通过对全要素生产率的分析，可确定经济增长中各种要素投入的贡献，识别国家或地区经济增长的方式。如今，学术界普遍认为，全要素生产率是一个国家和地区经济增长质量和技术进步、管理效率提高的重要标志。

三、绿色全要素生产率

随着能源资源消耗和环境污染问题的日益突出，学者们开始尝试从绿色角度来研究生产率的内涵。李俊和徐晋涛在2009年正式提出“绿色全要素生产率”的概念，即在全要素生产率计算中加入反映环境变化的变量，并将其作为衡量和评价经济发展质量的指标。由于投入要素或非期望产出中考虑了资源环境的约束（即环境污染），或者说在构建环境综合指数时，将产出转化为绿色产出进行处理，绿色全要素生产率低于传统的全要素生产率。目前，绿色全要素生产率被普遍运用于衡量地区经济增长质量和环境管理效率方面。

四、碳排放效率

它是指分析主体的碳排放量与主体产值的比值，本质上是纳入了碳排放的生产技术效率。由于碳排放效率能够衡量现有资源的利用程度，所以常被作为环境污染的替代性指标。即一个地区的 CO_2 排放量越多，就意味着该地区单位碳排放的实际产出越少，碳排放效率也越低。关于碳排放效率的测度，传统的单要素 CO_2 排放效率衡量了 CO_2 排放与单一投入或产出之间的一个比例关系，较为常用的评价指标主要有人均单位 GDP 碳排放量、单位 GDP 的碳排放量、单位能源的碳排放量等。众多学者一致认为，碳排放效率最能体现碳排放与经济发展、能源消费等因素之间的关系。

五、环境效率

目前学术界对环境效率的概念并没有统一的说法，大家广泛认可的是世界可持续发展工商业委员会（World Business Council for Sustainable Developmen, WBCSD）提出的概念，即：环境效率是指通过提供能满足人类需求和提高生活质量的竞争性定价商品和服务，同时使整个生命周期的环境影响与资源强度降低到至少与地球的估计承载相一致的水平。也有学者将非期望产出纳入传统的效率测算框架，从产出角度将生产效率定义为实际产出与潜在产出之比，在考虑污染排放等非期望产出时，把实际污染排放与潜在污染排放的相对差距作为环境效率。

第三节 碳排放文献回顾

一、测算方法方面

目前对碳排放测算方法的研究不断增多和完善，涉及面比较广泛，研究的领域也在不断拓宽。本节将给出当前不同行业碳排放量的主流测算方法与研究结果，并对各类研究方法进行梳理、归纳。就现有文献来看，主要有以下几种较为经典的测度方法：卫星账户法、自下而上法、自上而下法、碳排放系数法、投入产出法、生命周期评价法等。

在少数已建立旅游统计体系和国家环境经济核算体系的发达国家，可利用旅游卫星账户（Tourism Satellite Account，TSA）的统计数据来测算旅游业的碳排放。这种估算方法与实证研究法相比，避免了在研究初期对旅游业各子类别进行数据收集的繁杂过程。如 Sabine Perch - Nielsen（2010）在瑞士的研究中使用了这种方法较为准确地测度了旅游产业的碳排放量。

鉴于中国目前尚未建立起完善的国家和地区层面的温室气体排放的统计监测体系，运用卫星账户法、自上而下法估算旅游业碳排放量有较大难度，故学术界普遍采用自下而上法对旅游业直接碳排放量进行测度。在具体应用时，学者常结合实证研究法确定旅游业碳排放的重点领域和主要环节（一般为旅游交通、旅游住宿、旅游活动等），在此基础上，采取先分解后加总的方法对各个重点领域以及整体旅游产业的碳排放量进行测度。如李彩云等（2016）、陶玉国等（2014）、李强谊等（2017）、王凯等（2014）均运用此类方法分别研究了地区、省域、国家三个不同尺度上的旅游业碳排放量，结果发现：旅游交通是旅游业碳排放的最主要来源，因此可通过改善旅游交通工具的使用有效降低旅游业碳排放量。也有学者通过改进传统的自下而上法，减少计算误差。如陶玉国（2015）利用替代式自下而上法，构建了区域旅游交通碳排放测算模型，并以长三角地区为例展开实证研究。但此类研究一般会忽视旅游业间接碳排放，使得测算值小于真实值。

以 Becken 为代表的不少国外学者利用自上而下法、生产法和支出法、投入产出法、延伸式旅游卫星记事方法等计量手段，测度了新西兰（Becken S，2006）、澳大利亚（Dwyer L 等，2010）、罗马尼亚（Camelia S 等，2012）等国家的旅游业间接碳排放，研究表明：旅游业间接碳排放占总量的较高比重。由此可见，旅游业间接碳排放也是测算中不可忽略的关键因素。

还有学者借助系数法计算旅游业能耗的碳排放，如谢园方和赵媛（2012）借助“旅游消费剥离系数”概念，将其运用于旅游能源消费领域，通过计算“旅游消费剥离系数”，将旅游业的能源消费量从能源消费总量中剥离出来，构建出符合我国目前统计口径的旅游业碳排放测度方法，并测度和对比分析了长江三角洲地区旅游业碳排放。韩元军和吴普（2016）也采用了相同的方法对京津冀三省份的旅游碳排放指标进行了比较分析。钟章奇等（2016）引入平均碳排放系数，依据王铮等（2008）构造的各省平均碳排放系数对分省能源碳排放折算方法，对不同地区的总碳排放量进行了科学计算。

此外，能源产业是碳排放的主要来源，各界学者对工业等能源产业的碳排放问题十分关注，并取得了诸多颇有价值的研究成果。在直接碳排放测定方面，常采用实测法和排放系数法。实测法是指环境检测部门借助环境监测站采集排放气体样本，并测量其流速、流量、浓度，进而计算目标气体的总排放量。

显然，实测法是最直观测算碳排放的方法，但它对样本数据的代表性和准确性要求较高，并需要经常测定，可操作性不强。因此在具体应用中，大部分学者基于排放系数法对碳排放进行核算。如张雁飞等（2013）以工业园区基本统计数据和本地化的排放系数作为依据，建立针对工业园区能源直接燃烧，外部输入电力、热力，固体废弃物处理处置和重点行业生产过程碳排放的统计核算方法，并将其运用到对山东省某工业园区的碳排放核算中，进而提出了园区低碳发展建议。

更多学者采用的是碳排放系数法，即在假定某种能源碳排放系数不变的前提下，将生产某种产品消耗的能源量同其碳排放系数相乘即可得其碳排放量。其中，碳排放系数是指每一种能源燃烧或使用过程中单位能源所产生的碳排放数量。这种方法测算能源碳排放量简便易行，具有不可比拟的优势，自联合国政府间气候变化专门委员会在《IPCC 国家温室气体排放清单指南》中提出后，被学术界广泛使用。如武翠芳等（2015）对甘肃省交通部门能源消费碳排放的计算，欧阳斌等（2015）对江苏省公路运输、水路运输（含港口）和城市客运领域的能耗与碳排放的测算，赵敏等（2009）对上海市能源消费的 CO_2 排放量的计算，弓媛媛（2015）基于武汉市交通运输部门数据对碳排放足迹进行的核算等。

在间接碳排放测算方面，生命周期评价与投入产出理论在碳排放的估算中也被广泛运用。有学者指出，这两种理论实质是从“消费”与“生产”视角来计量碳排放，能有效避免旅游业碳漏损。如钟永德（2014）以生命周期评价理论和投入产出分析方法为基础，结合国民经济核算体系、旅游卫星账户、环境经济综合账户等经济与环境计量技术，构建自上而下的旅游业碳排放计量方法体系，并实证计量了中国旅游业碳排放量。

其中，投入产出法多被用于隐含 CO_2 排放的计算。如王丽萍和刘明浩（2018）基于投入产出表对物流业隐含碳排放进行了测算，研究结果显示：物流业的间接碳排放水平被大大低估了，其对物流业碳排放量的贡献已经超过了直接能耗碳排放。何艳秋（2012）利用投入产出法，在全面考虑了行业直接碳排放和消费中间产品的间接碳排放的基础上，对我国 42 个行业的完全碳排放量、边际完全碳排放量进行了精确测量。陈红敏等（2009）借助投入产出法对隐含碳排放的计算框架进行了扩展，由此计算出了各部门由能源消耗导致的隐含碳排放和由某些工业生产过程导致的隐含碳排放。

由于投入产出法在计算结果上缺乏准确度，因此生命周期法得到了不少学者的青睐。具有代表性的研究有：张瑞英等（2015）结合旅游活动的周期性特征，构建旅游者碳足迹生命周期分析模型，并以河北野三坡风景区旅游者为例，对旅游者碳足迹进行了实证分析。方伟（2017）基于生命周期评价方法，采用生命周期评价法对水力发电进行了生命周期划分，提出以 CO_2 当量作为碳排放评价指标，研究分析了各阶段的碳排放源并提出各阶段碳排放计算思路。薛建福等（2017）采用生命周期评价法分析 2004—2013 年山西省小麦生产中不同功能单位的碳足迹变化动态并解析其构成，为山西省小麦的低碳清洁化生产与气候变化的缓解提供了一定的理论依据。

也有学者通过构建相关数学模型进行碳排放水平的预测，如杜强等（2013）以已有的碳排放数据为样本数据，构建碳排放量增长的 Logistic 预测模型对未来中国各省区碳排放进行了预测，并实证检验了预测模型的精确性。丁胜等（2014）根据江苏林业产业的发展现状，将江苏林业产业分为 18 个小类，随后基于 Logistic 模型对江苏各林业产业碳排量进行动态预测，指出江苏林业的碳排放水平总体处于上升阶段，但增幅趋缓。

二、区域差异方面

国内学者主要从行业层面对碳排放区域差异及其敛散性展开了研究。在农业方面，杨钧（2012）基于中国27个省级地区农业生产的相关数据，分析了农业碳排放的地区差异。庞丽（2014）在分析我国地区农业碳排放现状的基础上，从农业碳排放量、人均碳排放和碳排放强度等方面对我国农业碳排放的区域差异进行了评价。杨秀玉（2016）运用泰尔指数及其分解方法，对中国农业碳强度分布的地区差异进行了测度，并实证研究了农业碳强度的地区差异及其敛散性。

在物流业方面，张晶和蔡建峰（2014）以各省市的物流业能源消费数据为基础，运用IPCC的碳排放核算方法对各省市物流业的碳排放量进行了估算，同时引入碳排放Theil指数及区域分离系数，对我国物流业碳排放的地区差异进行了测度和分解。亦有部分学者采用面板数据来研究中国物流业的碳排放，如张立国等（2013）从环境生产技术出发，构建了物流业CO_2排放的绩效测度函数，基于中国各省市、自治区代表物流业的面板数据，对中国物流业的CO_2排放绩效进行了动态变化分析和区域差异对比研究。结果表明：我国物流业碳排放量增长趋势明显。同样的，刘渝等（2017）采用类似的方法来探究物流业碳排放量的区域差异，也得出了一致的结论。

在工业方面，王婷（2012）通过宁波市2001—2010年的GDP、分行业工业产值以及能耗数据，测算了工业分行业的碳排放量，并运用Kruskal - Wallis分析行业间碳排放差异，提出了工业行业减排路径的政策建议。魏庆琦等（2014）基于时间序列数据，结合分布差异测算和收敛性检验技术，对重庆市工业碳强度的行业分布变化进行研究与比较。孙慧等（2014）首先根据新疆15个地州市的年均工业碳排放量的大小进行区域的划分，在此基础上比较分析了各地州市的工业碳排放量及各区域工业碳排放强度的差异，然后实证分析了三大区域工业碳排放强度的影响因素，最后得出研究结论并给出政策建议。

旅游业的相关研究并不多见，具有代表性的主要有：如程占红和韩玉姣（2015）基于自下而上法，从旅游交通、旅游住宿和旅游活动三个方面估算了山西省旅游业碳排放量，同时对碳排放的时空差异进行了分析。张广海等（2016）则采用泰尔指数和空间自相关的研究方法，对中国省域旅游CO_2排放强度的时空格局进行了探讨，并对区域差异及变化趋势加以分析。钟章奇（2016）基于标准差和变异系数研究我国各省区旅游业碳排放差异的总体特征，借助可多层次分解的Theil系数分析了2001—2009年我国旅游业碳排放时间尺度上的地带内、地带间和省际差异变化状况。李强谊（2017）等运用Dagum基尼系数及其分解方法，估算了中国各省旅游业CO_2排放量，并基于经济学中较为经典的收敛检验模型，实证检验了中国旅游业 CO_2 排放的空间分布规律和收敛特征。

三、影响因素方面

对碳排放影响因素进行研究是有效降低碳排放的关键问题，关系到减排政策的制定和实施。因此，近年来众多学者利用不同的计量方法对此展开了研究。如翟石艳和王铮（2013）利用长三角的能源经济样本数据，使用 ARDL 模型和 Granger 因果检验模型，研究了碳排放量、能源消费量和经济增长的关系。结果发现：在长期关系中，存在经济增长对碳排放量的负向弹性影响。能源消费对经济增长的影响为正，碳排放量对经济增长的长期影响为负。另外，存在从经济增长到能源消费和碳排放量倒的单向因果关系，不存在从能源消费和碳排放量到经济增长的单向因果关系，且亦不存在碳排放量和能源消费的双向因果关系。张珍花等（2011）采用最能全面反映碳排放水平的碳排放强度为研究对象，假定能源消费结构、能源利用效率、经济发展水平、产业结构、技术进步等因素共同影响碳排放强度，通过建立传统的面板数据模型并选择可行的广义最小二乘法模型来分析得出碳排放强度的影响因素。结果显示经济发展水平，能源消费结构，产业结构是影响三大区域碳排放强度的共同因素。

从现有文献来看，已有不少学者借助 LMDI 模型对碳排放的影响因素进行了分解，如刘传江等（2013）系统测量了我国中部六省的碳排放量，从产业、能源和城乡三个方面分析碳排放的结构，利用 LMDI 模型将碳排放量的影响因素分解为经济规模、产业结构、能源强度、能源结构以及碳排放系数，结果表明：经济因素是碳排放量增加的最主要因素，能源结构等对碳排放量具有一定抑制作用，但效果不够显著且波动性较强。李玉敏和张友国（2016）采用相同方法对 30 个省份的碳排放变化进行空间分解分析后也得出类似结论。亦有部分学者基于 STIRPAT 模型定量分析碳排放量的影响因素，如黄蕊（2016），宋德勇和徐安（2011），李国志和李宗植（2010）等。

此外还有学者运用 Kaya 恒等式、自回归模型、投入产出模型、灰色系统关联分析法等方法研究了碳排放的影响因素。他们认为城市化、人口等其他因素也会影响到碳排放。例如申笑颜（2010）采用灰色系统关联分析方法，讨论了中国碳排放及其与各影响因素之间的关系，发现人口增长对碳排放贡献最大。陈莹敏和朱丽香（2011）利用 Kaya 恒等式，分解并实证分析了福建省的碳排放影响因素。结果表明：人口增长因素对于碳排放的增加有一定的助推作用。林伯强和刘希颖（2010）针对中国当前阶段性经济增长和能源消费特征，对 Kaya 恒等式做出适当修正，引入城市化因素，研究了现阶段碳排放的影响因素。结果显示：城市化的确对碳排放有重要影响。

四、碳排放与经济增长

自从 20 世纪 90 年代克鲁格和格罗斯曼等经济学家将库茨涅兹曲线的思想运用到环境与经济增长分析中，提出著名的“环境库茨涅兹曲线（EKC）”假设后，国内外学术界纷纷开展对环境质量与经济增长之间的关系研究，其中关于碳排放与经济增长关系的研究成为焦点，研究成果不断涌现。

陈向阳和李奕君（2018）利用广东省 1995—2014 年的统计数据，运用环境库兹涅茨曲线建立模型，实证检验能源消费、碳排放与经济增长之间的关系。通过理论模型推导发现，能源消费、碳排放与经济增长之间呈现出一种先递增后递减的倒 U 型关系，并得到碳排放与能源消费在未来出现的拐点。赵晶（2018）、王菲（2018）等研究结果也都进一步为倒 U 型环境库兹涅茨曲线的成立提供了支持。

但也有部分学者的相关研究得出了相反的结论，如王银和刘孟雄（2018）采用环境库兹涅茨曲线对河北省的碳排放进行了分析，以 SPSS 软件为手段，用 ARIMA 模型对河北省碳排放进行了预测。分析结果表明：河北省碳排放环境库兹涅茨曲线（EKC）呈现正 U 型。秦昌才和肖橙（2017）将产业结构因素引入兹涅茨曲线中，基于 30 个省份的面板数据实证分析了我国省际间 CO_2 排放问题。研究发现：我国人均碳排放量和人均 GDP 之间并不存在倒 U 型关系。

还有学者运用其他方法对中国碳排放进行 EKC 检验，具有代表性的有：如刘芳芳（2018）等在对 1995—2015 年人均 GDP 超过 1 万美元的中国 9 个省市经济增长与地区碳排放的脱钩状态进行了详细分析的基础上，进一步构建碳排放增长率与人均 GDP 增长率的面板数据库兹涅茨模型。结果表明：地区经济增长与碳排放和碳强度之间并不存在环境库兹涅茨的倒 U 型曲线关系，而是呈现倒 N 型曲线关系且长期稳定。说明 9 个省市的经济增长与碳排放之间的关系存在两个拐点，但是最终会往经济处于增长而碳排放量处于下降的良好态势发展。同样邓沛勇（2016）等通过对广州市经济发展与碳排放关联性的研究分析，也得出了相似的结论。

此外，还有学者运用脱钩理论探讨了经济增长与碳排放之间的脱钩状态。“脱钩”一词最早应用于物理学研究领域，表示相互联系的变量之间响应关系淡化甚至完全脱离的现象。经济合作与发展组织为探讨经济发展与环境污染之间的关联性，将其引入到资源环境领域的研究中。随着学术界对碳排放研究的深入，脱钩理论逐渐被应用到碳排放与经济增长之间的关系研究中，为定量化描述经济增长与碳排放相关关系提供了全新视角。近年来越来越多的学者进行了相关研究，并取得了丰厚的研究成果。

杨嵘和常烜钰（2012）首先应用脱钩理论对西部城市碳排放与经济增长特征进行分析，进而构建碳排放模型深入研究其驱动因素。结果显示：经济规模的高速增长是导致碳排放增加的主要因素，经济结构的调整变化对碳排放的减少有很大潜力，能源利用效率的提高是抑制碳排放减少的关键因素，能源结构的优化是控制碳排放增加的潜在因素。李丹和刘若蕾（2017）、邢鹏和肖瑶（2017）基于脱钩理论，分别对辽宁省和安徽省碳排放与经济增长之间的脱钩关系进行测度，并且提出了有针对性的改进措施。结果均显示：碳排放与经济的脱钩程度不大。

由于Tapio提出的弹性分析法在分解指标方面的优越性，学术界在构建脱钩分析模型时大多采用这种方法，具有代表性的是余利娥（2018）根据中国六大行业的能源消费量和国民生产总值，在估算中国六大行业能源消耗产生的碳排放量的基础上，利用Tapio脱钩模型分析了六大行业碳排放与经济增长的关系。研究发现：2014年各行业的碳排放与经济增长均实现“脱钩”。石文和唐建荣（2018）采用Tapio脱钩模型，以2007年为首个基数年，对无锡市2008—2016年碳排放与经济发展水平进行脱钩分析，结果显示无锡市碳排放与经济发展整体上处于弱脱钩状态，碳排放主要来自煤类能源，还有进一步向实现强脱钩转变的潜力。

第四节　碳生产率文献回顾

一、测度方法方面

碳生产率在数值上等于一段时期内一国GDP与同期CO_2排放量之比，是形成单位GDP的过程中消耗的碳排放强度的倒数，反映了单位二氧化碳排放产生的经济效益。其中，国内生产总值可以从历年统计年鉴中获取，对于二氧化碳排放量的测算，大部分学者采用联合国政府间气候变化专门委员会（Intergovernmental Panel on Climate Change，IPCC）推荐的方法，即采用各种能源消费量乘以折标准煤系数再乘以碳排放系数。由此根据 GDP 和 CO_2 排放量计算出碳生产率。用此方法计算虽然简便，但包含的要素过少，会忽略其他生产要素的作用，缺乏一定的严谨性。

近年来，学者开始尝试将其他方法应用于碳生产率的测算领域，并取得了积极的进展。其中，较为典型的是运用随机前沿分析法（Stochastic Frontier Analysis，SFA）和数据包络法（Data Envelopment Analysis，DEA）计算碳排放约束下的生产率。但前者要求设定无效项与生产函数（成本函数）的分布形式，后者则无需确定任何权重及具体函数的表达式，并能够对生产率进行分解，故基于 DEA 模型的 Malmquist 指数法在碳生产率的测算中应用更广泛。如刘传江和赵晓梦（2016）将碳排放引入全要素生产率分析框架之中，利用 Malmquist 指数测算了长江经济带上中下游省市的碳生产率和全要素碳生产率，并在此基础上观察其时间演化规律和空间上的分布特点，分析测度长江经济带上中下游区域的减排空间。张丽峰（2013）利用我国各地区的 GDP、资本、劳动力、能源和碳排放的数据，借助 DEA – Malmquist 全要素碳生产率模型对我国东部、中部、西部三大区域以及全国的全要素碳生产率进行了测度。张巍钰（2014）为了探讨产业结构合理化与区域碳生产率的关系，在针对中国各区域产业结构的合理化水平展开评价与分析的基础上，进一步采用 DEA – Malmquist 分析法测度了包括碳排放要素在内的各区域广义碳生产率。

部分学者基于 SBM 方向距离函数构造出 DEA 模型对碳生产率进行测算，如赵国浩和高文静（2013）基于广义碳生产率的概念，通过对前沿分析方法的比较，选择基于方向性距离函数的 DEA 方法，测算了中国工业部门各细分行业的广义碳生产率指数，并对其变化进行了分解。由于混合性方向性距离函数对投入产出值的技术条件有严格的限制，测算结果易出现不稳定性或与实际的生产活动不相符的情况，因此目前许多学者参照 Oh（2010）的方法，将全域 Malmquist – Luenberger 指数建立在全域 SBM 方向性距离函数的基础上，能有效减少误差，计算出相对准确的碳生产率结果。

譬如，国家省域层面的有：李小平和王洋（2017）、蒋雨桥和周大川（2016）基于松弛的 SBM 方向性距离函数和全域 Malmquist – Luenberger 指数，分别计算了“一带一路”沿线主要国家及我国 30 个省份的碳生产率。不同行业的研究尺度上，范丹和王维国（2013）将 CO_2 排放纳入工业能源绩效的评价体系之中，基于 SBM 方向距离函数及 Luenberger 指数测度了我国工业 36 个行业的能源效率与生产率，利用核密度估计分析了能源效率的动态演进，并对其驱动因素进行了实证分析。滕泽伟等（2017）将碳生产率的测算及收敛性研究延伸到服务业领域，采用 SBM 方向性距离函数和全域 Malmquist – Luenberger 指数，对中国服务业分行业的碳生产率进行测算，并对其进行收敛性检验。杨翔等（2015）基于松弛的方向性距离函数和全域 Malmquist – Luenberger 指数，测算了中国制造业行业的碳生产率。上述学者的研究均表明碳生产率呈现增长态势。

此外，投入产出模型在碳生产率的测算中也有涉及，具有代表性的有：祝树金等（2015）基于投入产出模型对中国 26 个行业的碳生产率进行测算，并通过构建 Tapio 脱钩指标对其进行动态分析，结果显示我国碳生产率存在阶段性特征，行业差异明显，且总体在波动中上升。徐大丰（2013）利用投入产出数据构建模型计算并比较了沪陕两地的碳生产率，发现碳生产率存在明显的地区差异和行业差异，认为各地区实施侧重点不同的低碳经济结构调整可以有效降低我国的碳排放量。

二、影响因素方面

关于碳生产率影响因素的研究，国内外众多学者综合运用了先进的数理分析方法进行了一系列尝试，并取得了极具价值的研究成果。

如唐志鹏等（2017）基于空间自相关方法，以产业结构作为全局变量，能源结构、技术进步和劳动生产率作为局域变量来确定中国省域碳生产率影响因素的空间相关性，通过混合地理加权回归估计了 4 个影响因素的回归参数值并对其进行分析。研究结果显示：能源结构对于碳生产率具有负向影响，且在空间分布上呈现出明显的自南向北递减特征；而产业结构、技术进步和劳动生产率对于碳生产率具有正向影响，呈现出明显的自北向南递减特征。其中，产业结构的影响程度占据主导地位，并在逐渐增大。其次是能源结构，再次是技术进步，最后为劳动生产率。总体上能源结构和劳动生产率对碳生产率的影响程度在减小，而技术进步的影响在增大。

刘晨跃和徐盈之（2016）、黄元生和李慧（2016）都借鉴了 LMDI（Logarithmic Mean Divisia Index）分解模型，对碳生产率的变化进行了详细研究。前者在此基础上，对工业细分行业进行了分析。研究发现，中国碳生产率在研究期内呈现出波动上升的态势，能源利用效率和能源排放比率是其上升的主导因素，而能源利用效率是影响我国工业碳生产率走势的最主要因素。此外受传统制造业和重化工业的影响，能源排放比率对工业碳生产率的影响由正转负，从而抑制了碳生产率的上升，而产业结构调整对工业碳生产率并未产生影响。后者在年份、产业和外部影响因素（包括技术进步和产业结构调整）三个维度上研究碳生产率在过去一段时间的变化趋势，揭示其变化的主要驱动因素和抑制因素。结果表明：与产业结构调整相比，技术进步因素更能促进碳生产率的提高；在产业结构中，工业和出口贸易对碳生产率的影响相对较大。

由于面板数据的易获得性，大量学者基于面板数据构建模型来研究碳生产率的影响因素。如赵皋（2014）利用面板单位根和面板协整方法考察了碳生产率增长与FDI、贸易开放度、城市化、产业结构和人均收入之间的长期稳定关系，结果表明：外商直接投资和贸易开放对我国碳生产率增长起正向促进作用；城市化进程对我国碳生产率水平的提高起抑制作用；第二产业所占份额的增加与碳生产率增长呈反向关系；人均收入的提高对于我国碳生产率的增长是有利的。赵秀娟和张捷（2016）借助面板数据构造了静态、动态面板模型，实证分析了对外贸易对碳生产率的影响，结果表明：进出口依存度、出口依存度、进口依存度均与碳生产率正相关，且高收入组比中等收入组更容易通过对外贸易渠道提升碳生产率。高大伟（2016）基于面板数据构建出系统GMM模型，分析了国际研发资本和金融发展对我国区域碳生产率的影响，结果显示，在国际研发资本方面，FDI和进口贸易技术溢出可以有效提高我国碳生产率。在金融发展方面，金融相关率与碳生产率之间存在负相关关系，但不显著；金融系统率与碳生产率之间存在显著的正相关关系。张成等（2014）以面板数据为样本，将生产率信息纳入全要素框架，对碳生产率增长率进行了七重因素分解，发现碳生产率增长率的变化主要受三个分解变量的影响：正的技术进步效应和资本——能源替代效应以及负的劳动——能源替代效应。龙如银和周颖（2017）采用面板回归模型探究OFDI逆向技术溢出效应对碳生产率的影响，发现了OFDI逆向技术溢出对碳生产率的正向促进作用。

此外，也有学者运用加权最小二乘法与向量自回归法（宛睿，2016）、VEC模型（范晓莉，2015）等对碳生产率增长影响因素进行了实证研究。以及运用拉氏分解法对中国碳生产率的变动情况进行解析，如张永军（2011）、路正南（2014）等，他们的研究结果均表明：技术进步是推动碳生产率提高的主要因素。

综上所述，影响碳生产率的因素主要有能源消费结构、产业结构、技术进步、宏观经济政策等，且大量研究结果均表明：技术进步因素能有效促进碳生产率的提高。

三、政策路径方面

提高碳生产率，是我国协调经济发展与应对气候变化的根本途径，也是我国解决能源资源和国内环境容量瓶颈性约束，保障能源供应安全，实现能源、环境、经济协调和可持续发展的内在需求。近年来，随着碳生产率理论研究的深入，很多研究者提出了提高碳生产率的路径与对策。王永龙（2011）分析了我国高碳发展模式下的碳生产率增长，认为经济的碳生产率增长主要面临挖掘潜力，技术促进，能源优化，制度激励四种基本的路径机制选择，影响我国未来碳生产率增长的首要因素仍在于转变经济发展方式、持续促进结构转型升级。提出了推进产业结构战略性调整、大力发展高新技术产业和现代服务业、加强新能源和可再生能源先进技术研发和产业化步伐、不断提高能源转换和利用效率等措施来提高碳生产率。

部分学者从空间视角或者区域视角对碳生产率差异进行了研究，随后有针对性地提出了提高碳生产率的对策。譬如，李小平和王洋（2017）基于松弛的 SBM 方向性距离函数和全域 Malmquist – Luenberger 指数，对“一带一路”沿线主要国家的碳生产率及其收敛性进行测算，认为人均 GDP、对外开放度、工业化和投资率的提高是提高碳生产率的有效途径。张丽峰（2013）测算了我国 30 个地区、东部、中部、西部三大区域以及全国的全要素碳生产率，并分解为技术效率指数和技术进步变化指数，最后运用面板数据模型对全要素碳生产率的影响因素进行分析，研究发现能源利用效率的提高有利于促进全要素碳生产率的提高。以此提出了不断调整优化产业内部结构，提高能源利用效率，利用好城市化进程，调整能源消费结构的政策建议。在此基础上，该学者还运用 LMDI 分解法将我国碳生产率的总体变动按东、中、西三大区域分解为能源效率、碳排放能耗和碳排放结构三个影响因素。研究表明：能源效率是影响我国碳生产率变动的主要因素，其变动趋势决定了碳生产率的变动趋势，单位碳排放能耗影响较小；而碳排放结构抑制了碳生产率的增加。因此，提高区域能源效率，改善区域碳排放结构，对提高我国碳生产率具有重要意义。

此外，有学者认为，提高碳生产率主要是为了降低碳排放水平（何建坤，2009）。因此，在某种程度上，可以认为碳减排路径即碳生产率提升路径。如刘亦文等（2013）通过对中国碳排放变化的因素分解，认为减缓碳排放增长应通过降低能源强度、降低能源消费结构中高碳能源比例、增加低碳能源消费，以及控制人口数量来实现。周鹏等（2012）从碳减排成本的含义出发，探讨了自下而上和自上而下两种对应的碳减排成本分析框架，并进一步探讨了碳减排成本模型的适用范围的应用情况。都泊桦（2017）借助 CGE 碳排放减排模型，利用计算机软件 GAMS 进行模拟分析，提出了增加第三产业比率、提高煤炭利用率、合理征税等减排路径。王爱国和王一川（2012）结合我国的实际情况，建议中国应该同时采用开征碳税和建立碳交易市场两种碳减排政策，积极推进各种碳减排政策的国际协调与趋同，抢占未来经济社会发展的制高点。梁文群等（2015）对我国区域人均碳排放的差异进行了分析，并基于 STIRPAT 模型，运用系统广义矩估计法，从动态视角对影响区域人均碳排放的驱动因素进行了系统研究，并从提高能源效率、优化能源消费结构、调整产业结构和加快经济增长方式转变等方面提出了具体的减排措施。黄国华等（2016）采用长江经济带的能源消耗与经济社会数据，结合弹性计算和矩阵分类的方法，分析了长江经济带的碳排放现状，认为应该有序推进产业结构优化，增加植被面积，提升碳汇能力来降低碳强度。也有的学者针对某一行业的碳减排进行了研究，如查建平（2016）参照 SBM 方向距离函数，构建考虑环境因素的旅游产业发展效率评估模型，对中国 30 个省份低碳旅游发展效率及减排潜力进行了测度，进而对我国省级旅游产业减排路径做出了分析与解读。

在国外，英国是低碳经济的倡导者和先行者，其采取的碳减排措施已取得了显著成果，主要有开征气候变化税，成立碳基金，启动气体排放贸易计划等。Teffers（2005）指出，挪威要实现减排温室气体的国家目标，可以通过四步措施来实现：一是各个行业提高能效，如建筑、交通节能等；二是用可再生能源替代化学能源；三是投资碳捕捉和储存；四是减少砍伐森林。此外，还有学者对德国（Malte Schneider，2008）、澳大利亚（Martine，2007）、意大利（David，2008）等国家进行了相关研究。2007 年日本提出了“低碳社会”的理念，认为没有“低碳社会”就无法发展“低碳经济”。而低碳城市较好地融合了“低碳经济”和“低碳社会”概念，因此，发展低碳城市是低碳经济的重要内容之一。目前，众多学者在发展低碳城市和低碳经济方面展开了大量实践与实现路径的研究。

在国内，低碳城市得到了学者的广泛关注。卓德保等（2014）基于碳减排视角，通过上海城市化发展与生态环境交互关系的演变，认为低碳城市发展是一个多目标问题，涉及政府、企业以及居民三方面，其中政府在低碳城市建设中起引导作用，居民是低碳城市建设的核心动力，企业则是连接政府与居民的纽带。刘传江和冯碧梅（2009）通过分析武汉市的生态足迹赤字和节能减排发展情况，指出武汉城市圈所面临的环境压力，得出结论：建设低碳城市应在解决资源、环境与经济发展的矛盾上有所探索，发展内生性经济。郝洪等（2013）则从建设大浑南低碳发展样板区、实施低碳交通体系建设工程、建设低碳电力供应工程、开展低碳社区建设工程等方面出发，提出了沈阳市实现低碳发展的战略构想。崔博等（2010）从低碳产业布局、低碳公共交通系统、可再生能源利用、碳汇系统布局、低碳城市空间结构、低碳空间管制六个方面对厦门市低碳城市总体规划进行了理论探索和实践尝试，提出了低碳城市规划的新方法和途径。

综上可见，学者们基于不同的研究视角，对碳生产率展开了详细研究，并取得了丰厚的研究成果。目前关于碳生产率的研究大致可以分为碳生产率的测算方法、碳生产率的增长和影响因素以及碳生产率提升路径三个方面。

（1）碳生产率的测算方法研究：主要是运用随机前沿分析法（SFA）和数据包络法（DEA）计算碳排放约束下的全要素生产率。后者的使用更广泛，通常会结合 SBM 方向距离函数构造出 DEA 模型来进行碳生产率的测算。研究内容基本分为两类：一类以区域划分为基础，结果表明不同地区碳生产率发展不均衡且区域差异性较大。另一类是以行业划分为基础，研究发现各部门碳生产率也存在显著差异。

（2）碳生产率影响因素研究：通过多种不同的数理分析方法，探索碳生产率增长的影响因素。主要是对碳生产率增长率进行分解，研究分解因素对我国碳生产率增长的作用及相关性，亦或对碳生产率增长影响因素进行实证研究。概括来说，碳生产率影响因素主要有能源消费结构、产业结构、技术进步、宏观经济政策等。此外，FDI、贸易开放度、城市化、产业结构和人均收入对区域碳生产率增长也有一定的作用。其中，技术进步对碳生产率增长的贡献较大，能有效促进碳生产率的提高，而能源消费结构的贡献值为负，对碳生产率的提高起阻碍作用。

（3）碳生产率提升路径研究：从研究思路上来看，主要有三种：一是通过碳排放与碳生产率的关系，提出碳减排路径。二是先对碳生产率进行相关核算，再分析碳生产率的增长和影响因素，进而探究出可行的碳生产率提升路径。三是研究碳生产率差异或收敛性，随后根据实证结果有针对性地提出碳生产率的提高对策。即提高碳生产率的关键是降低碳排放水平，主要途径是转变经济增长方式，提高能源利用效率和产业结构优化升级。

第三章

主要城市旅游业绿色发展现状统计分析

本章以2003—2015年中国21个主要城市面板数据为研究对象，运用增速、极值和离散系数等统计指标，对其旅游业发展规模与资源环境现状进行描述。其结构安排如下：首先从旅行社、星级饭店和景区等方面分析主要城市旅游业发展规模；其次从自然资源的开发利用和环境治理状况等两个方面对主要城市资源环境现状进行分析。

第一节　旅游业发展规模

一、旅行社

1. 旅行社企业数

如图3－1所示，2003—2015年中国主要城市旅行社企业数呈上升趋势，从2003年的3 268家增长到2015年的6 268家，平均年增长率为6%。其发展趋势具体为："十五"时期，中国主要城市旅行社企业数呈上升趋势，年均增长7%；"十一五"时期发展波动性较大，年均增长6%；"十二五"时期，中国主要城市旅行社企业数增速平稳，但仍较快，年均增幅为7%。

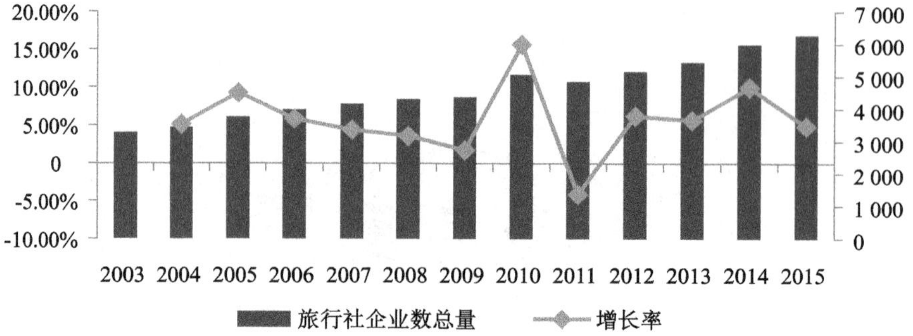

图 3－1　2003—2015 年中国主要城市旅行社企业数和增长率

从表 3－1 可知，2003 年以来东、中、西部城市旅行社企业数也呈上升趋势[①]。分时期看，在“十一五”时期，东部城市旅行社企业数所占比重维持在 70% 左右，该时期也是东部与中、西部城市旅行社企业规模差距逐渐拉大的主要时期；“十二五”期间，其差距略有扩大，东部城市旅行社企业数所占比重达 73%，中部城市则保持 13% 较稳定，而西部城市旅行社企业数比重则逐年下降，降为 14%。

表 3－1　2003—2015 年东、中、西部城市旅行社企业数　单位：家

年份/时期	东部城市	中部城市	西部城市
2003	2 168	420	680
2004	2 273	459	703
2005	2 564	470	719
2006	2 731	508	733
2007	2 843	548	755
2008	2 963	558	773
2009	3 012	577	779
2010	3 455	639	957
2011	3 424	612	806
2012	3 642	674	827

① 《中国旅游统计年鉴（副本）》一报告中对 23 个中国主要城市的旅游发展水平进行了长期的统计，但由于黄山、中山两个城市涉及的旅游业碳排放量采集数据缺失较多，故本书未纳入研究对象。按照 21 个主要城市所在省份的划分原则，确定东部主要城市（简称东部城市）包括沈阳、大连、南京、无锡、苏州、杭州、宁波、福州、厦门、青岛、广州、深圳、珠海、海口；中部主要城市（简称中部城市）包括长春、哈尔滨、武汉；西部主要城市（简称西部城市）包括桂林、成都、昆明、西安。

续表

年份/时期	东部城市	中部城市	西部城市
2013	3 854	735	845
2014	4 301	793	883
2015	4 553	814	901

就城市间差异性比较，杭州、南京、大连、青岛的旅行社企业数排名始终位于前5位，而福州、桂林和珠海的旅行社企业数排名始终保持在后5位；同时，有9个城市旅行社企业数的排名有所上升，分别为杭州、广州、宁波、苏州、深圳、海口、长春、厦门和珠海，其中深圳上升最显著，由第14名上升至第2名；而南京、大连、成都、沈阳和桂林5个城市的旅行社企业数排名有所下降，幅度最大的是成都，由第5位下降至第21位；其余7个城市的旅行社企业数排名则在小范围内有一定的波动。

表3－2　　中国21个主要城市旅行社企业数及排名　　单位：家

排名	"十五"时期		"十一五"时期		"十二五"时期	
	主要城市	企业数	主要城市	企业数	主要城市	企业数
1	南京	393	杭州	516	杭州	659
2	大连	351	南京	466	深圳	594
3	杭州	321	大连	356	南京	538
4	青岛	282	西安	333	青岛	450
5	成都	215	青岛	330	大连	407
6	西安	215	武汉	264	广州	355
7	武汉	210	成都	259	西安	348
8	昆明	196	广州	250	武汉	329
9	哈尔滨	173	深圳	241	昆明	325
10	广州	163	昆明	236	哈尔滨	315
11	沈阳	154	宁波	233	宁波	275
12	宁波	146	哈尔滨	221	苏州	236
13	苏州	142	苏州	202	厦门	219
14	深圳	134	海口	194	海口	211
15	海口	134	沈阳	185	沈阳	189
16	无锡	99	长春	154	长春	170
17	福州	99	厦门	132	无锡	161

续表

排名	“十五”时期		“十一五”时期		“十二五”时期	
	主要城市	企业数	主要城市	企业数	主要城市	企业数
18	桂林	93	桂林	129	福州	147
19	长春	87	无锡	126	桂林	133
20	厦门	81	福州	123	珠海	112
21	珠海	65	珠海	101	成都	95

2. 旅行社从业人数

如图 3－2 所示，东、中、西部城市旅行社从业人数增速呈现“M”型结构。增长较快的年份分别为“十一五”期的 2006 年（11%）、“十二五”时期的 2011 年（18%）及 2012 年（30%）；增长较慢的年份分别是“十五”时期的 2004 年（－10%）、“十一五”时期的 2010 年（－14%）、“十二五”时期的 2014 年（－14%）。“十五”末期，东部城市增速最快，中、西部城市则呈负增长，差距由此逐渐增大。“十一五”前期，东、中、西部城市旅行社从业人数增长迅速，其差距逐渐缩小，该时期是中、西部城市追赶东部城市的关键时期；“十一五”后期均出现大幅下降，中部城市甚至出现历史最低增速，在 2010 年为－14.3%；“十二五”前期，中、西部城市增速逐步超过东部城市，但在后期发展速度放缓，研究期间内，西部城市旅行社从业人数的增速在 2014 年出现了历史最低值为－13.8%。

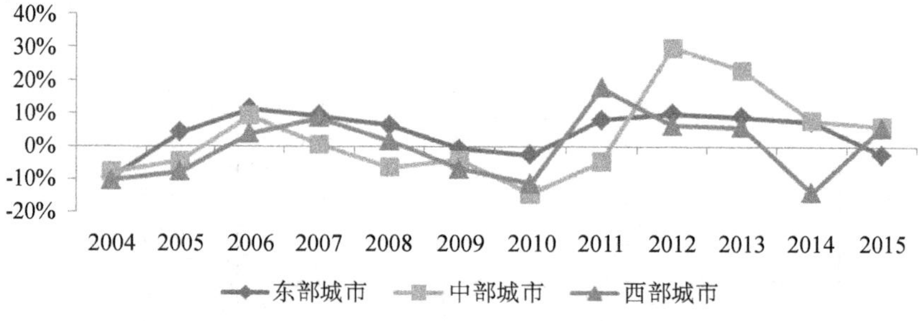

图 3－2 2004—2015 年东、中、西部城市旅行社从业人数增速

就城市差异性而言，首先广州、杭州、武汉、深圳的旅行社从业人数在研究周期内始终排在前 5 位，且除武汉外均属于经济发达的东部城市，其旅行社从业人数逐年递增；而桂林、无锡在研究周期内始终排在后 5 位。其次，城市间的两极分化日益严重，根据表 3－3 可得：“十五”时期，从业人数最多的广州和最小的长春的差距为 7 251 人（相差 6 倍）；“十一五”时期，从业人数最多的杭州和最小的哈尔滨的差距为8 420人（相差11倍）；“十二五”时期，从业人数最多的深圳和最小的珠海的差距为13 880人（相差16倍）。最后，从业人数排名有明显上升的是深圳、西安、南京、苏州、厦门、福州、无锡和长春8个城市，其中福州的旅行社从业人数的排名上升幅度最大，从第18位上升到第7位；而广州、武汉、成都、昆明、海口、大连和桂林等7个城市的旅行社从业人数排名下降明显，其中下降幅度最大的是海口，由第7名下降至第17名；其余6个城市的排名则有一定的波动，其中青岛、大连、哈尔滨、珠海4个城市波动较明显。

表3-3　　中国21个主要城市旅行社从业人数及排名　　单位：人

排名	“十五”时期		“十一五”时期		“十二五”时期	
	主要城市	从业人数	主要城市	从业人数	主要城市	从业人数
1	广州	8 553	杭州	9 208	深圳	14 745
2	杭州	6 392	广州	8 201	广州	12 899
3	武汉	6 133	深圳	7 846	杭州	10 661
4	深圳	4 638	武汉	6 626	武汉	8 245
5	成都	4 623	南京	5 912	南京	7 932
6	昆明	4 622	青岛	4 911	西安	7 633
7	海口	4 363	西安	4 904	福州	5 343
8	西安	4 331	昆明	4 521	厦门	5 343
9	南京	4 263	海口	4 175	青岛	4 506
10	大连	3 494	成都	3 824	成都	4 496
11	青岛	3 363	宁波	3 510	昆明	4 304
12	桂林	2 994	厦门	3 434	苏州	4 297
13	苏州	2 557	苏州	3 074	宁波	4 064
14	厦门	2 485	珠海	2 641	沈阳	4 038
15	宁波	2 355	大连	2 524	哈尔滨	3 798
16	哈尔滨	2 338	福州	2 516	大连	3 533
17	沈阳	1 933	桂林	2 456	海口	3 393
18	福州	1 928	无锡	2 326	无锡	2 603
19	无锡	1 908	沈阳	1 738	桂林	2 535
20	珠海	1 384	长春	851	长春	2 368
21	长春	1 302	哈尔滨	788	珠海	865

3. 旅行社营业收入

如图 3－3 所示，东、中、西部城市旅行社营业收入增速最快的年份均为“十五”时期的 2004 年，其增速分别是 44%、54% 和 65%；增长速度最慢的年份分别为“十二五”时期的 2013 年、“十五”时期的 2005 年、2004 年及“十一五”时期的 2008 年，其增速分别为－10%，4% 和－19%，“十二五”时期，东、中、西部城市增速波动幅度较大。通过分析离散系数发现，旅行社营业收入离散程度最大的是中部城市，峰值达到了 1.19（2013 年）；东部城市居中，峰值为 0.85（2012 年）；西部城市最后，峰值为 0.48（2013 年）。

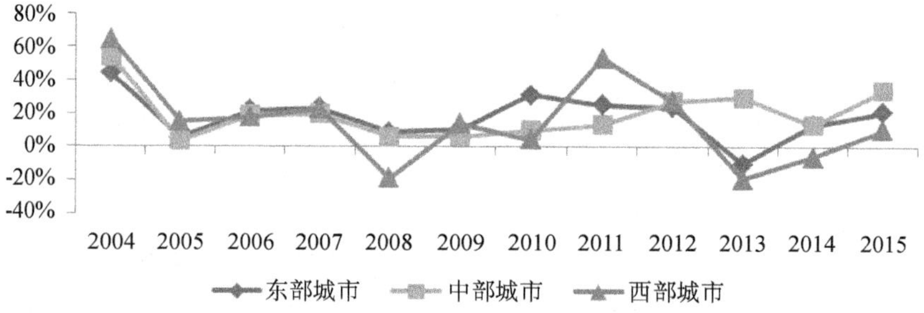

图 3－3　2004—2015 年东、中、西部城市旅行社营业收入增速

就城市差异性而言，旅行社营业收入排名始终位于前 5 位的分别是广州、杭州、深圳、南京，且都属东部城市，其中广州稳居第 1 位；排名始终位于后 5 位的分别是哈尔滨、大连、珠海、长春。同时，在研究周期内，有 5 个城市的旅行社营业收入排名有所提升，分别是深圳、武汉、福州、沈阳和珠海，其中提升幅度最大的是沈阳，由第 17 名上升至第 6 名；杭州、昆明、西安、桂林和海口 5 个城市旅行社营业收入的排名均有不同幅度的下降，其中下降幅度最大的是桂林，其排名下降了 10 个名次；广州、南京、苏州的旅行社营业收入排名则保持不变；其余 8 个城市的旅行社营业收入排名有一定的波动，其中成都的波动较大，由第 6 名先下降至第 15 名再上升到第 9 名。

表 3－4　中国 21 个主要城市旅行社营业收入及排名　　单位：万元

排名	2005 年		2010 年		2015 年	
	主要城市	营业收入	主要城市	营业收入	主要城市	营业收入
1	广州	722 284.31	广州	1 532 679.95	广州	2 545 711.41
2	杭州	413 423.05	杭州	1 154 065.44	深圳	2 277 035.81
3	深圳	385 403.31	深圳	990 070.06	杭州	1 598 698.97
4	南京	301 001.82	南京	653 025.99	南京	1 581 795.02

续表

排名	2005 年		2010 年		2015 年	
	主要城市	营业收入	主要城市	营业收入	主要城市	营业收入
5	昆明	287 463.01	无锡	490 562.61	福州	1 052 941.72
6	成都	236 182.96	昆明	481 520.07	沈阳	937 750.24
7	无锡	229 024.48	武汉	356 284.30	武汉	825 600.53
8	苏州	184 517.28	苏州	355 173.37	苏州	776 461.98
9	西安	177 980.28	青岛	316 873.18	成都	659 041.34
10	桂林	142 882.32	福州	314 282.56	厦门	637 562.14
11	武汉	136 594.31	西安	300 031.33	青岛	629 060.22
12	厦门	133 955.57	沈阳	298 431.19	西安	595 111.58
13	青岛	122 808.18	宁波	295 125.39	无锡	520 189.45
14	福州	112 770.51	厦门	276 441.77	昆明	470 785.16
15	海口	112 741.84	成都	269 994.44	宁波	382 461.75
16	宁波	100 295.37	海口	240 936.59	海口	336 468.08
17	沈阳	96 417.90	大连	172 179.65	哈尔滨	286 748.53
18	哈尔滨	85 232.95	桂林	129 306.81	大连	268 546.42
19	大连	77 166.62	珠海	125 076.49	珠海	256 123.73
20	珠海	67 116.90	长春	59 202.30	桂林	214 958.74
21	长春	23 560.91	哈尔滨	15 885.93	长春	115 089.34

二、星级饭店和景区

1. 星级饭店企业数

由表 3－5 可知，星级饭店企业数位居前 5 的依次是海口、珠海、深圳、广州和青岛，排名后 5 位的分别为南京、大连、沈阳、哈尔滨和长春。研究周期内，5 个城市的星级饭店企业数排名有所提升，分别为厦门、宁波、杭州、哈尔滨和长春 5 个城市，其中提升幅度最大的是宁波和哈尔滨，均上升了 2 个名次；昆明、大连和沈阳等 3 个城市星级饭店企业数排名有不同幅度的下降，其中下降幅度最大的是昆明和沈阳，其排名均下降了 3 位；海口、珠海、深圳、广州、青岛、无锡和南京 7 个城市星级饭店企业数排名在研究周期内未发生变动。

表 3-5 中国 21 个主要城市星级饭店企业数及排名 单位：户

排名	"十五"时期		"十一五"时期		"十二五"时期	
	主要城市	企业数	主要城市	企业数	主要城市	企业数
1	海口	590	海口	1 316	海口	962
2	珠海	580	珠海	1 048	珠海	789
3	深圳	528	深圳	944	深圳	654
4	广州	453	广州	898	广州	637
5	青岛	399	青岛	849	青岛	597
6	西安	386	厦门	796	厦门	571
7	桂林	368	福州	723	西安	522
8	厦门	359	西安	708	福州	501
9	昆明	358	宁波	662	宁波	453
10	福州	339	昆明	597	桂林	395
11	宁波	309	杭州	576	杭州	386
12	杭州	301	桂林	552	昆明	362
13	苏州	244	成都	486	苏州	358
14	武汉	242	苏州	440	武汉	351
15	成都	242	武汉	438	成都	306.5
16	无锡	218	无锡	389	无锡	304
17	南京	210	南京	380	南京	279
18	大连	197	大连	367	哈尔滨	278
19	沈阳	186	哈尔滨	340	大连	255
20	哈尔滨	184	沈阳	338	长春	238
21	长春	141	长春	280	沈阳	172

2. 星级饭店从业人数

按不同增长趋势分阶段有：①平稳阶段（2003—2007 年）：这一时期中国主要城市星级饭店从业人数在 2007 年达到峰值 457 117 人，其年增长率呈小幅波动，但始终维持正向增长。②下降阶段（2008—2011 年）：该阶段中国主要城市星级饭店从业人数总量呈现下降趋势，其年增长率急剧下降，且于 2011 年出现最低增速 -21%，呈负增长态势。③波动阶段（2012—2015 年）：该时期中国主要城市星级饭店从业人数总量呈较大幅度上下波动状态。

由表 3-6 可知，星级饭店从业人数始终位居前 5 的分别为海口、珠海、深圳、广州和西安；排名始终位于后 5 位的分别为大连、沈阳、哈尔滨和长

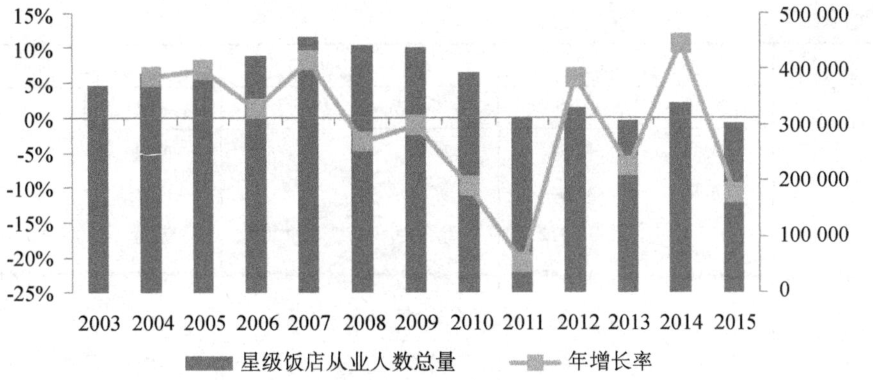

图 3－4 2003—2015 年中国主要城市星级饭店从业人数及年增长率

春。通过对主要城市星级饭店从业人数进行排名，可以发现：研究周期内，8 个城市的星级饭店从业人数有所提升，分别为青岛、宁波、杭州、成都、苏州、无锡、南京和大连，其中提升幅度最大的是青岛和南京，均上升了 2 个名次；4 个城市星级饭店从业人数的排名出现了不同幅度的下降，为桂林、武汉、哈尔滨和长春，其中下降幅度最大的是桂林，其排名下降了 7 位；4 个城市星级饭店从业人数排名未发生变动，依次为海口、珠海、深圳和沈阳；其余 5 个城市星级饭店从业人数排名则存在轻微的波动。

表 3－6 中国 21 个主要城市星级饭店从业人数及排名 单位：人

排名	“十五”时期		“十一五”时期		“十二五”时期	
	主要城市	从业人数	主要城市	从业人数	主要城市	从业人数
1	海口	136 426	海口	246 993	海口	201 177
2	珠海	107 206	珠海	202 349	珠海	126 912
3	深圳	94 017	深圳	161 482	深圳	113 299
4	西安	69 057	广州	132 020	西安	106 790
5	广州	64 872	西安	127 664	广州	95 422
6	昆明	62 286	青岛	126 060	青岛	88 324
7	桂林	60 444	厦门	116 770	昆明	83 902
8	青岛	57 109	福州	109 007	厦门	83 799
9	厦门	55 495	昆明	102 793	福州	77 905
10	福州	52 172	宁波	100 118	宁波	73 746
11	宁波	49 525	桂林	98 586	杭州	68 714
12	杭州	48 869	杭州	87 078	成都	67 492

续表

排名	"十五"时期		"十一五"时期		"十二五"时期	
	主要城市	从业人数	主要城市	从业人数	主要城市	从业人数
13	成都	47 952	成都	83 000	苏州	62 594
14	苏州	43 644	苏州	78 642	桂林	59 774
15	武汉	37 512	无锡	65 120	无锡	55 477
16	无锡	37 459	武汉	63 428	南京	52 644
17	哈尔滨	34 059	南京	59 989	武汉	46 515
18	南京	33 478	哈尔滨	56 409	哈尔滨	37 943
19	长春	29 509	大连	48 379	大连	36 680
20	大连	28 752	长春	46 364	长春	30 107
21	沈阳	26 814	沈阳	38 656	沈阳	20 183

3. 星级景区数

见表3-7，星级景区个数始终排在前5位的分别是苏州、杭州、桂林，其中苏州在研究时期内均排名第1；排序始终在后5位的是珠海和海口。通过进一步比较分析可得：研究周期内，6个城市的星级景区个数排名出现不同程度的上升，分别为宁波、哈尔滨、成都、青岛、深圳和海口，其中成都的星级景区个数排名上升最大，从排名第17位上升到第5位；西安、沈阳、南京、大连、昆明、厦门、福州、长春和珠海9个城市的星级景区数排名出现了下降，其中下降幅度最大的是沈阳，其排名下降9位，从第4位跌至第13名；除了苏州、广州星级景区个数排名没有变动外，其余4个城市的星级景区数排名均有一定的波动。

表3-7　　中国21个主要城市星级景区数及排名　　单位：个

排名	"十五"时期		"十一五"时期		"十二五"时期	
	主要城市	景区数	主要城市	景区数	主要城市	景区数
1	苏州	43	苏州	127	苏州	212
2	杭州	39	桂林	98	杭州	166
3	西安	27	杭州	96	桂林	165
4	沈阳	26	宁波	85	宁波	156
5	桂林	26	无锡	75	成都	146
6	广州	24	广州	70	广州	129
7	武汉	19	西安	70	西安	129

续表

排名	"十五"时期		"十一五"时期		"十二五"时期	
	主要城市	景区数	主要城市	景区数	主要城市	景区数
8	南京	17	成都	69	无锡	122
9	无锡	17	沈阳	64	青岛	116
10	宁波	17	南京	53	武汉	107
11	大连	15	武汉	50	哈尔滨	98
12	哈尔滨	15	哈尔滨	48	南京	87
13	昆明	15	青岛	47	沈阳	80
14	厦门	13	大连	45	大连	78
15	福州	11	厦门	41	厦门	65
16	长春	10	昆明	40	深圳	59
17	成都	9	长春	30	长春	58
18	青岛	8	深圳	27	昆明	57
19	深圳	6	福州	22	福州	54
20	珠海	3	珠海	10	海口	15
21	海口	0	海口	10	珠海	12

三、旅游业期望产出

本节主要考察在第五章旅游业碳生产率计算过程中所涉及的期望产出指标，包括旅游收入和接待旅游客人数等。利用国内旅游收入和国外旅游收入、接待国内旅游客人数和接待国外旅游客人数分别作为衡量中国主要城市旅游收入和接待旅游客人数。

1. 国内旅游收入

如图 3－5 所示，东、中、西部城市国内旅游收入增长率最快的年份分别为"十二五"时期的 2011 年（21%）、"十一五"时期的 2010 年（36%）、"十二五"时期的 2011 年（30%），增长最慢的年份分别是"十五"时期的 2004 年（－9%）、"十一五"时期的 2008 年（4%）、"十二五"时期的 2014 年（16%）。在"十五"时期，东部城市居领先地位，但与中、西部城市差距在逐渐缩小；"十一五"前期，中部城市国内旅游收入增长速度最快，东部城市居中，西部城市最慢，而"十一五"后期，东部城市增长速度逐渐放慢，且低于中、西部城市；中部城市增长速度于 2010 年达到最大值，该时期是中、西部城市追赶东部城市的主要时期；"十二五"时期，中、西部城市增长速度交替领先，东部城市位列末位。

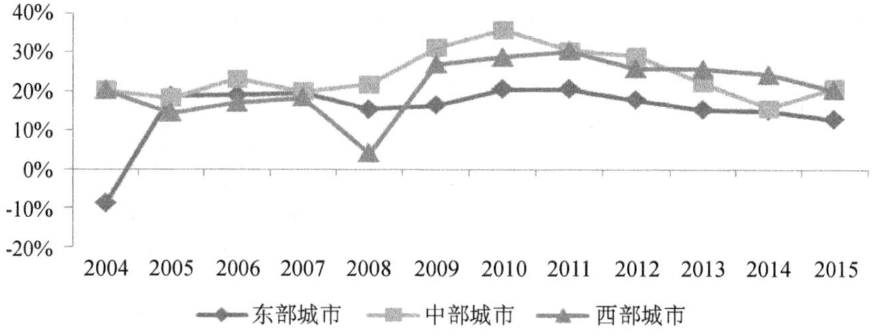

图 3－5 2004—2015 年东、中、西部城市国内旅游收入增长速度

见表 3－8，国内旅游收入始终在前 5 位的分别是广州、杭州、苏州，其中广州在研究周期内持续排名第 1，始终排在后 5 位的分别为珠海、海口、桂林。通过进一步对比分析发现：4 个城市的国内旅游收入出现不同程度的上升，分别是武汉、沈阳、长春和桂林，其中武汉国内旅游收入排名上升幅度最大，从排名第 10 位上升到第 2 位；杭州、南京、无锡、深圳、厦门、福州、珠海和海口 8 个城市的国内旅游收入排名出现明显的下降，其中下降幅度最大的是深圳，其排名下降了 7 位；广州和青岛 2 个城市的国内旅游收入排名未发生改变；其他 7 个城市的国内旅游收入排名则有不同程度的波动，其中成都、大连、哈尔滨 3 个城市波动较为明显。

表 3－8 中国 21 个主要城市国内旅游收入及排名 单位：万元

排名	2005 年		2010 年		2015 年	
	主要城市	旅游收入	主要城市	旅游收入	主要城市	旅游收入
1	广州	4 364 500	广州	9 360 000	广州	25 205 185
2	杭州	4 036 000	苏州	9 178 000	武汉	21 974 100
3	苏州	3 802 800	杭州	9 109 000	杭州	20 197 000
4	南京	3 282 000	南京	8 524 000	成都	19 870 000
5	无锡	2 800 700	武汉	7 214 000	苏州	17 287 900
6	成都	2 724 600	无锡	7 039 000	南京	16 485 020
7	深圳	2 548 800	宁波	6 107 000	无锡	13 562 500
8	宁波	2 384 000	成都	5 846 000	宁波	11 839 000
9	青岛	2 226 000	青岛	5 401 000	青岛	11 330 000
10	武汉	2 212 000	大连	4 955 000	沈阳	10 789 157

续表

排名	2005 年		2010 年		2015 年	
	主要城市	旅游收入	主要城市	旅游收入	主要城市	旅游收入
11	沈阳	2 122 400	沈阳	4 897 000	西安	10 736 900
12	大连	1 780 600	深圳	4 126 000	长春	10 545 169
13	西安	1 452 000	哈尔滨	3 718 000	大连	9 766 925
14	厦门	1 371 738	西安	3 628 000	深圳	9 382 300
15	昆明	1 240 819	长春	3 505 000	哈尔滨	9 009 000
16	福州	1 165 953	厦门	2 959 000	昆明	6 962 941
17	长春	1 161 300	昆明	2 848 000	厦门	6 892 272
18	哈尔滨	1 132 000	福州	2 103 000	桂林	4 535 133
19	珠海	579 300	珠海	1 362 000	福州	4 115 017
20	海口	472 000	桂林	1 342 000	珠海	2 173 300
21	桂林	387 674	海口	696 000	海口	1 575 279

2. 国际旅游收入

图 3－6 反映了东、中、西部城市国际旅游收入的离散情况。东部城市国际旅游收入变异程度最大的是 2003 年（1.09），最小的是 2008 年（0.87）；中部城市国际旅游收入变异程度最大的是 2015 年（0.91），变异程度最小的是 2008 年（0.33）；西部城市国际旅游收入变异程度最大的是 2004 年（0.40），变异程度最小的是 2003 年（0.15）。分不同时期看，“十五”期间，东、中、西部城市国际旅游收入地区间变异系数差距较大，但之后内部差异逐渐缩小；从变化趋势来看，东部城市国际旅游收入的离散系数呈平稳态势；中部城市离散系数大致呈上升趋势；西部城市离散系数始终较平稳，在“十一五”时期后轻微下降，其中，国际旅游收入离散程度最大的是东部城市，峰值达到了 1.09；中部城市居中，峰值为 0.91；西部城市的离散程度最小，峰值出现在 2004 年，为 0.40。

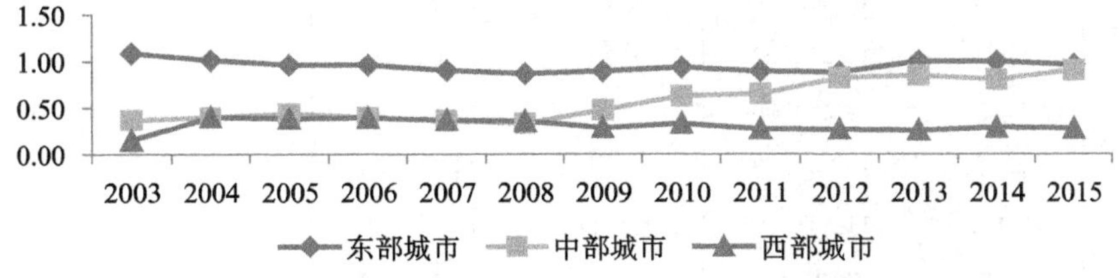

图 3－6　2003—2015 年东、中、西部城市国际旅游收入离散系数

各城市情况见表3－9，国际旅游收入始终排在前5位的分别是广州、深圳、杭州和苏州，始终排在后5位的分别为昆明、哈尔滨、长春和海口。研究周期内，6个城市的国际旅游收入排名出现了明显的上升，分别是厦门、福州、桂林、沈阳、武汉和长春，其中武汉国际旅游收入排名上升幅度最大，从排名第18位上升至第6位；而珠海、南京、青岛、大连、无锡和哈尔滨6个城市的国际旅游收入排名明显下降，其中下降幅度最大的是南京，由第6位下降至第15位；广州、深圳、杭州3个城市的国际旅游收入排名保持稳定；其他7个城市的国际旅游收入排名则呈现出不同程度的波动，其中西安、大连、成都3个城市排名的波动较为明显。

表3－9　　中国21个主要城市国际旅游收入及排名　　单位：万美元

排名	2005年		2010年		2015年	
	主要城市	国际旅游收入	主要城市	国际旅游收入	主要城市	国际旅游收入
1	广州	229 408.00	广州	468 858.30	广州	569 601.00
2	深圳	200 869.00	深圳	318 057.80	深圳	496 830.00
3	杭州	75 804.00	杭州	169 008.40	杭州	293 100.00
4	珠海	70 148.00	苏州	125 059.00	厦门	238 009.00
5	苏州	63 905.00	珠海	122 338.50	苏州	200 183.00
6	南京	57 557.00	厦门	108 552.30	武汉	133 700.00
7	厦门	55 233.00	南京	98 062.00	福州	119 980.00
8	青岛	41 493.00	福州	84 299.00	桂林	102 458.70
9	西安	40 900.00	大连	80 386.00	西安	98 814.00
10	大连	40 000.00	青岛	60 103.50	珠海	96 263.52
11	福州	27 266.00	宁波	59 066.30	青岛	91 798.00
12	无锡	26 323.00	西安	53 000.00	成都	87 264.00
13	宁波	24 833.00	桂林	50 417.00	沈阳	80 087.00
14	桂林	23 635.00	无锡	48 146.00	宁波	80 019.00
15	成都	17 640.00	武汉	47 578.30	南京	63 900.00
16	沈阳	17 272.00	沈阳	40 023.50	大连	51 625.00
17	昆明	17 250.00	成都	27 558.50	昆明	44 033.00
18	武汉	17 248.00	昆明	24 252.00	无锡	35 783.00
19	哈尔滨	11 567.00	哈尔滨	14 272.00	长春	31 850.19
20	长春	5 103.00	长春	13 747.90	哈尔滨	11 421.00
21	海口	4 003.00	海口	3 755.70	海口	4 084.27

3. 国内旅游人数

如图 3－7 所示，“十五”时期，接待国内旅游人数的增长率从 2004 年的 26%下降到 2005 年的 13%；“十一五”前期，接待国内游客人数总量增速平稳，其增长率维持在 14%左右，“十一五”后期，其年增长率出现明显的下降，2008 年年增长率出现最低值 4%，2009 年恢复增长，而 2010 年增速再次减缓；“十二五”时期，接待国内游客人数总量增速逐年放慢，其增速从 2011 年的 18%下降到 2015 年的 10%，下降了 8 个百分点。

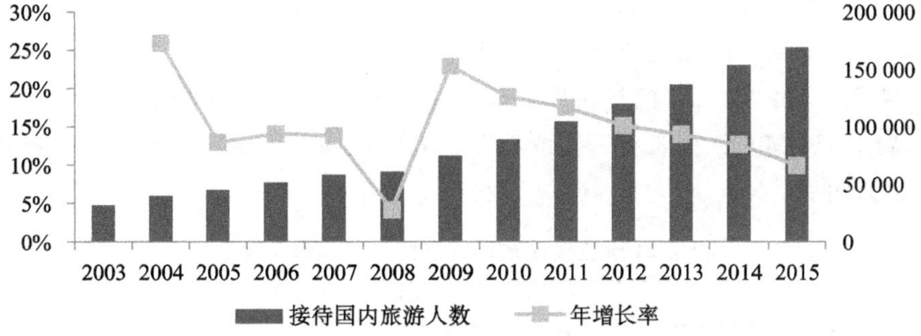

图 3－7　2003—2015 年中国主要城市接待国内旅游人数及增长率

2003 年以来国内旅游人数呈现逐年增长的趋势，但地区间差异较大：东部城市接待国内旅游人数占比最高，西部城市居中，中部城市最低。从离散程度分析，2010 年之前，接待国内游客人数离散程度最大的是东部城市，其次是西部城市，中部城市最后；“十五”时期和“十一五”时期东、中、西部城市接待国内游客人数离散系数的走势总体一致，且其离散系数数值相近，而“十二五”时期，东、中、西部城市接待国内游客人数离散系数差距增大，其中东部城市接待国内游客人数的离散系数在整个研究周期内波动较小，中、西部城市在“十二五”初期有较为明显的上升趋势。

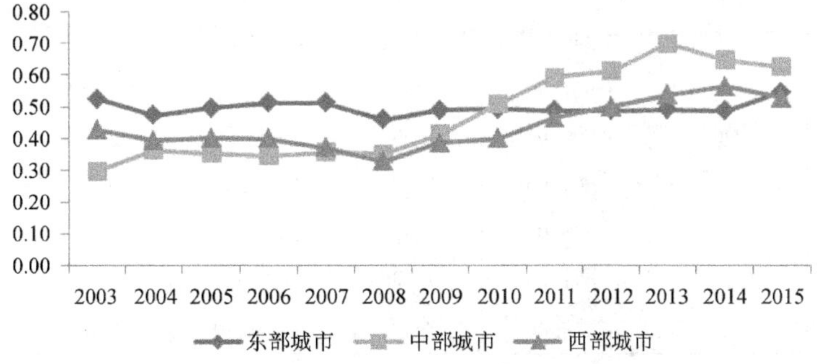

图 3－8　2003—2015 年东、中、西部城市接待国内旅游人数离散系数

由表3-10可知，接待国内游客人数始终位居前5的分别是成都、杭州、南京，排名始终在后2位的是珠海和海口。整个研究周期内我国21个主要城市接待国内游客人数的两极分化日益严重：2005年时期，苏州为接待国内游客人数最多的城市，海口最少，两者相差3 322万人；2015年时期，武汉接待国内游客人数升至首位，海口仍位于末位，相差19 319.98万人。通过分析排名可发现：研究周期内，6个城市的接待国内游客人数排名有所提升，分别是南京、武汉、宁波、西安、大连、长春，其中西安提升幅度最大，由第10名上升至第4名；苏州、沈阳、杭州、广州、深圳和厦门6个城市接待国内游客人数的排名出现不同幅度的下降，其中下降幅度最大的是沈阳，由第3名下降至第14名；珠海和海口的接待国内游客人数排名未发生变动；其他7个城市的接待国内游客人数排名有一定的波动，其中昆明、哈尔滨、福州3个城市的波动较为明显。

表3-10　中国21个主要城市接待国内旅游人数及排名　单位：万人

排名	2005年		2010年		2015年	
	主要城市	国内游客数	主要城市	国内游客数	主要城市	国内游客数
1	苏州	3 657.00	武汉	8 852.30	武汉	20 532.98
2	成都	3 620.00	苏州	7 004.90	成都	18 904.00
3	沈阳	3 500.00	成都	6 738.30	南京	14 175.19
4	杭州	3 266.00	南京	6 365.50	西安	13 600.80
5	南京	3 190.00	杭州	6 304.90	杭州	12 040.00
6	武汉	2 901.00	沈阳	5 705.30	苏州	10 605.65
7	无锡	2 638.00	西安	5 201.00	无锡	8 043.33
8	青岛	2 449.00	无锡	5 067.30	宁波	7 832.46
9	宁波	2 352.00	宁波	4 624.00	青岛	7 322.00
10	西安	2 346.00	青岛	4 396.70	大连	6 828.10
11	广州	2 340.00	哈尔滨	4 124.00	昆明	6 797.00
12	昆明	1 971.00	大连	3 777.10	哈尔滨	6 496.00
13	大连	1 900.00	广州	3 691.60	长春	5 682.99
14	哈尔滨	1 801.00	昆明	3 471.00	沈阳	5 654.50
15	深圳	1 526.00	长春	2 637.60	广州	4 854.37
16	厦门	1 471.20	福州	2 275.10	桂林	4 253.61
17	长春	1 218.00	深圳	2 264.70	福州	4 169.87

续表

排名	2005 年		2010 年		2015 年	
	主要城市	国内游客数	主要城市	国内游客数	主要城市	国内游客数
18	桂林	1 105.00	厦门	2 178.40	深圳	4 156.50
19	福州	798.29	桂林	2 097.70	厦门	4 052.72
20	珠海	467.00	珠海	1 055.40	珠海	1 709.00
21	海口	335.00	海口	722.80	海口	1 213.00

表 3 - 11　　中国主要城市接待国内旅游人数极差情况　　单位：万人

时期	2005 年		2010 年		2015 年	
	最大值	最小值	最大值	最小值	最大值	最小值
主要城市	苏州	海口	武汉	海口	武汉	海口
国内旅游人数	3 657.00	335.00	8 852.30	722.80	20 532.98	1 213.00
极值	3 322.00		8 129.50		19 319.98	

4. 国外游客人数

如图 3 - 9 所示，“十五”时期，东、中、西部城市国际游客增速均处于下降趋势，但西部城市始终保持领先；“十一五”时期波动较小，增速差距逐渐缩小，中部城市表现最佳，且均高于平均增长速度，其他城市在 2008 年甚至出现了负增长；“十二五”时期，东部城市增速波动较大，在 2013 年出现了最小值，而中、西部城市增速相对平稳，其中 2015 年东、中、西部城市增速差距缩至最小。

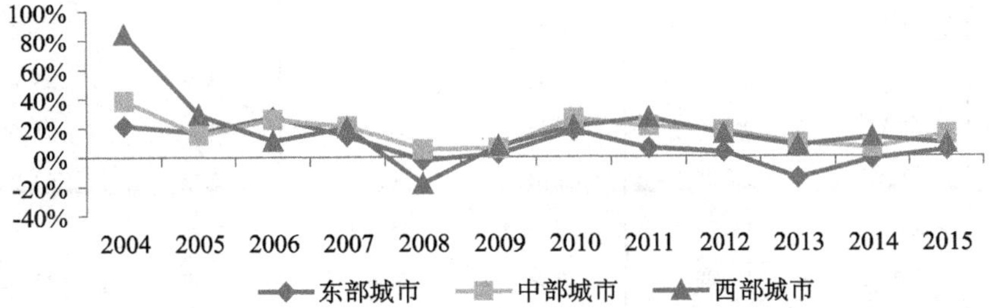

图 3 - 9　2004—2015 年东、中、西部城市接待国际游客增长率

由表 3 - 12 可知，接待国外游客人数始终位居前 5 的分别是广州、深圳、杭州，排名始终位于后 5 位的分别为哈尔滨、长春和海口。通过分析各主要城市接待国外游客人数排名可知：在研究周期内，6 个城市的接待国外游客人数排名有所提升，分别为杭州、昆明、武汉、宁波、福州和长春，其中武汉提升幅度最大，上升9个名次；深圳、苏州、青岛、无锡和哈尔滨5个城市接待国外游客人数的排名出现不同幅度的下降，其中下降幅度最大的是无锡，其排名由第10位下降至第19位；除海口接待国外游客人数的排名未发生变动外，其余9个城市国外游客人数的排名均有不同程度的波动，其中南京、大连、厦门波动较为明显。

表3-12　　中国21个主要城市接待国外游客人数及排名　　单位：万人

排名	2005年		2010年		2015年	
	主要城市	国外游客人数	主要城市	国外游客人数	主要城市	国外游客人数
1	广州	140.38	广州	294.40	广州	307.98
2	深圳	120.24	杭州	187.85	杭州	237.85
3	苏州	115.12	苏州	187.25	成都	172.78
4	杭州	102.08	深圳	167.60	深圳	164.65
5	西安	66.00	大连	104.73	武汉	164.12
6	青岛	59.60	桂林	89.75	西安	141.36
7	桂林	58.54	南京	86.80	桂林	121.64
8	大连	52.50	青岛	82.66	昆明	114.49
9	南京	51.41	西安	73.21	青岛	99.62
10	无锡	43.18	武汉	70.17	宁波	87.54
11	昆明	41.57	昆明	66.64	苏州	84.43
12	厦门	40.23	无锡	58.82	大连	83.60
13	成都	34.23	珠海	56.73	厦门	57.60
14	武汉	29.20	成都	54.30	福州	55.61
15	宁波	27.04	宁波	53.89	珠海	53.48
16	沈阳	26.40	厦门	51.11	沈阳	51.50
17	珠海	26.35	沈阳	46.09	南京	43.23
18	福州	18.76	福州	38.92	长春	33.96
19	哈尔滨	14.95	长春	21.98	无锡	29.02
20	长春	8.71	哈尔滨	21.18	哈尔滨	17.06
21	海口	7.70	海口	7.45	海口	6.04

第二节　自然资源与环境治理现状

一、自然资源

1. 自然保护区数量

由表 3－13 可知，2003—2015 年中国 21 个主要城市自然保护区总量逐年稳定增长，从 2003 年的 109 个增加到 2015 年的 134 个，这源于国家对自然保护和合理利用自然资源的重视。从不同时期来看，“十五”时期、“十一五”时期和“十二五”时期的自然保护区数量分别为 114 个、131 个和 134 个，但增长速度并不一致。“十一五”时期较“十五”时期增加 17 个，增长率为 14.91%，而“十二五”时期较“十一五”时期仅增加 3 个，增长率仅为 2.29%；从自然保护区分布来看，数量上从东部城市向中、西部城市逐渐减少，且东部城市自然保护区数量（69 个）远高于中部（39 个）和西部城市（26 个），东、中、西部城市自然保护区数量的增长速度也不一致，中部城市增长最快，增加了 15 个，东部城市次之，增加了 9 个，西部城市增长最慢，仅增加 1 个。

表 3－13　2003—2015 年东、中、西部城市自然保护区数量　单位：个

年份/时期	东部城市	中部城市	西部城市	总量
2003	60	24	25	109
2004	62	27	25	114
2005	62	27	25	114
2006	64	30	26	120
2007	66	30	26	122
2008	66	31	26	123
2009	68	33	26	127
2010	69	36	26	131
2011	69	36	26	131
2012	69	37	26	132
2013	69	39	26	134
2014	69	39	26	134
2015	69	39	26	134

2. 绿地面积

表3－14描述了不同时期中国21个主要城市绿地面积及排名情况。绿地面积始终排在前5位的城市分别为广州、深圳、南京、沈阳；始终排在后5位的城市分别为宁波、珠海、海口和桂林。研究周期内，青岛、杭州、武汉、西安、厦门和宁波6个城市排名有所提升，其中厦门上升幅度最大，由第18名上升至第12名；7个城市的绿地面积排名呈现不同幅度的下降，分别为无锡、成都、大连、哈尔滨、长春、福州和珠海，其中无锡下降幅度最大，由第5位下降至第11位；广州、深圳、南京、沈阳、海口、桂林的绿地面积排名则保持不变；其他2个城市的绿地面积排名则有一定的波动。

表3－14　　中国21个主要城市绿地面积及排名　　单位：公顷

排名	“十五”时期		“十一五”时期		“十二五”时期	
	主要城市	绿地面积	主要城市	绿地面积	主要城市	绿地面积
1	广州	108 701.00	广州	119 446.60	广州	133 043.40
2	深圳	97 895.33	深圳	96 431.60	深圳	96 944.60
3	南京	70 792.00	南京	76 105.60	南京	85 294.00
4	沈阳	17 965.33	沈阳	23 821.40	沈阳	28 759.80
5	无锡	13 096.00	无锡	15 946.00	青岛	25 082.60
6	成都	12 547.67	成都	15 356.20	杭州	20 203.40
7	大连	11 154.67	青岛	15 075.40	苏州	20 012.00
8	青岛	10 004.33	杭州	13 445.00	成都	19 274.80
9	杭州	9 916.33	武汉	13 423.00	武汉	18 501.20
10	苏州	7 079.00	大连	13 170.20	大连	18 297.60
11	武汉	6 785.00	苏州	11 225.60	无锡	18 228.20
12	哈尔滨	6 716.67	厦门	11 184.80	厦门	17 749.00
13	长春	6 711.00	长春	10 979.00	西安	15 597.80
14	福州	5 425.33	西安	10 765.40	长春	14 250.80
15	昆明	5 247.67	哈尔滨	10 506.00	昆明	14 095.20
16	西安	4 626.67	昆明	8 419.00	哈尔滨	13 281.00
17	珠海	4 596.67	宁波	8 313.80	宁波	11 059.20
18	厦门	4 155.00	福州	7 112.20	福州	9 723.20
19	宁波	3 864.00	珠海	5 187.60	珠海	7 939.20
20	海口	2 404.33	海口	3 468.80	海口	4 911.00
21	桂林	2 120.33	桂林	2 269.20	桂林	2 772.00

3. 建成区绿化覆盖率

表3-15列出了不同时期中国21个主要城市建成区绿化覆盖率及排名情况。对比每个时期的建成区绿化覆盖率可以较为明显地看出，主要城市建成区绿化覆盖率是不断上升的态势。其中，始终排在前5位的城市分别为南京、深圳、大连、珠海；只有哈尔滨建成区绿化覆盖率始终在最后5位。进一步分析表3-15可知，研究周期内，7个城市建成区绿化覆盖率排名有所上升，分别为深圳、珠海、无锡、海口、福州、西安、昆明，其中昆明建成区绿化覆盖率排名上升幅度最大，由最末位上升至第8名，上升了13个名次；南京、长春、桂林、宁波、杭州5个城市建成区绿化覆盖率排名有所下降，其中长春下降幅度最大，由第5名下降至第21名；厦门、哈尔滨的建成区绿化覆盖率排名没有变化；其余7个城市建成区绿化覆盖率排名有一定的波动。

表3-15　　中国21个主要城市建成区绿化覆盖率及排名　　单位:%

排名	"十五"时期		"十一五"时期		"十二五"时期	
	主要城市	建成区绿化覆盖率	主要城市	建成区绿化覆盖率	主要城市	建成区绿化覆盖率
1	南京	44.33	南京	45.21	珠海	56.50
2	大连	42.45	深圳	45.01	深圳	45.09
3	深圳	42.40	珠海	44.65	大连	44.84
4	珠海	39.68	大连	44.01	南京	44.36
5	长春	39.65	成都	43.32	青岛	43.62
6	桂林	39.62	苏州	42.78	海口	42.81
7	苏州	38.81	无锡	42.41	无锡	42.79
8	青岛	38.14	沈阳	41.67	昆明	42.70
9	无锡	37.89	海口	41.63	沈阳	42.17
10	沈阳	37.28	青岛	41.07	苏州	42.15
11	宁波	36.72	桂林	41.05	西安	42.08
12	杭州	36.49	西安	40.12	福州	42.04
13	厦门	36.37	厦门	40.03	厦门	41.61
14	武汉	36.34	长春	39.09	桂林	41.55
15	海口	35.20	杭州	39.01	杭州	40.25
16	广州	35.07	福州	37.83	广州	40.03
17	成都	32.99	宁波	37.68	武汉	39.28
18	福州	32.58	广州	37.46	宁波	38.22
19	西安	30.72	昆明	34.36	成都	38.20
20	哈尔滨	27.95	哈尔滨	34.15	哈尔滨	36.53
21	昆明	26.71	武汉	33.59	长春	35.24

二、环境治理

1. 工业固体废物综合利用率

表3－16展示了不同时期中国21个主要城市工业固体废物综合利用率及排名情况。不难发现，只有苏州的工业固体废物综合利用率始终位于前5位，而工业固体废物综合利用率排在最后5名的城市变化较大。研究周期内，苏州、杭州、福州、桂林4个城市工业固体废物综合利用率排名有所下降，其中

表3－16　中国21个主要城市工业固体废物综合利用率及排名　单位：%

排名	"十五"时期		"十一五"时期		"十二五"时期	
	主要城市	工业固体废物综合利用率	主要城市	工业固体废物综合利用率	主要城市	工业固体废物综合利用率
1	海口	98.94	大连	99.37	长春	99.07
2	青岛	97.48	无锡	99.13	成都	97.98
3	苏州	97.47	苏州	98.39	武汉	96.54
4	无锡	97.43	西安	98.29	哈尔滨	95.85
5	长春	95.98	深圳	98.15	苏州	95.78
6	成都	93.83	武汉	98.01	青岛	95.46
7	杭州	93.63	杭州	97.15	广州	95.10
8	福州	92.54	成都	95.64	珠海	94.89
9	广州	92.41	珠海	95.60	海口	94.60
10	武汉	86.45	福州	95.35	厦门	94.55
11	桂林	86.13	南京	94.80	西安	94.52
12	珠海	85.67	海口	94.25	沈阳	93.18
13	厦门	85.49	沈阳	93.00	福州	93.14
14	南京	85.30	长春	92.25	无锡	91.74
15	西安	84.70	昆明	91.25	杭州	91.63
16	深圳	84.67	广州	90.79	宁波	91.39
17	宁波	80.03	桂林	90.66	深圳	91.31
18	哈尔滨	73.83	宁波	90.44	南京	91.20
19	沈阳	73.58	厦门	87.45	大连	88.38
20	大连	70.30	哈尔滨	75.09	桂林	87.52
21	昆明	55.48	青岛	60.83	昆明	40.30

桂林下降幅度最大，由第11名下降至第20名；3个城市工业固体废物综合利用率排名有所上升，分别为武汉、珠海、沈阳，其中武汉、沈阳均上升了7位；其余14个城市工业固体废物综合利用率排名在此期间均有明显的波动。总的来说，“十五”时期到“十二五”时期之间，中国21个主要城市工业固体废物综合利用率排名较不稳定。

图3-10表示2003—2015年中国东、中、西部城市工业固体废物综合利用率变化趋势。“十五”末期，中部和西部城市工业固体废物综合利用率均在2004年有所下降，东部城市工业固体废物综合利用率整体呈增长趋势，东部城市利用率最高、中部城市居中、西部城市利用率最低；“十一五”时期，东、中、西部城市工业固体废物综合利用率呈不同增长态势，前期东部城市仍领先于中部和西部城市，后期西部城市增长幅度逐步追赶中部和东部城市；“十二五”时期，东部和中部城市工业固体废物综合利用率存在小范围波动，但总体上均有所上升且趋于稳定，而西部城市呈下降趋势，且下降幅度较大，从而导致西部城市与中部、东部城市之间的工业固体废物综合利用率差距也逐渐加大。

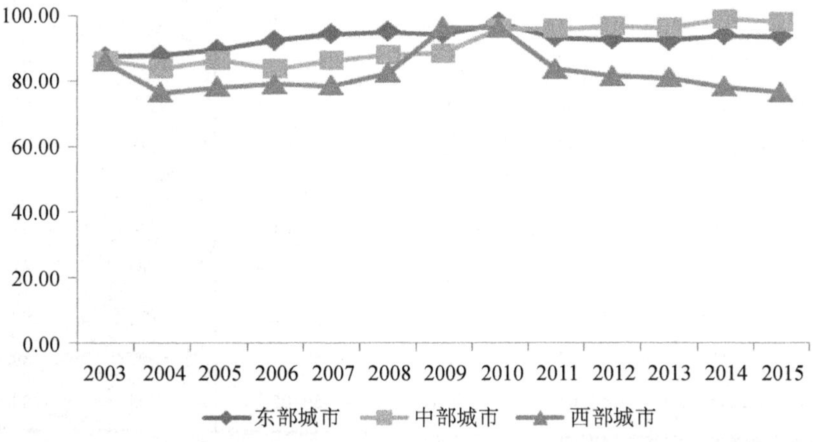

图3-10 2003—2015年东、中、西部城市工业固体废物综合利用率

2. 城镇生活污水集中处理率

表3-17展示了不同时期中国21个主要城市城镇生活污水集中处理率及排名。研究周期内，没有城市城镇生活污水集中处理率排名稳居前五位或后五位，只有无锡城镇生活污水集中处理率排名持续下降。4个城市城镇生活污水集中处理率排名有所上升，分别为青岛、成都、武汉、哈尔滨，其中武汉和成都的上升幅度最大，均上升了12个名次，武汉由第20位升至第8位，其城镇

生活污水集中处理率提升了66.33%，成都第17位升至第5位，其城镇生活污水集中处理率提升了45.25%；其余16个城市城镇生活污水集中处理率排名在此期间内排名均有不同程度的变动，其中广州波动最为明显，由第14名上升至第5名后又下降到第13名。整体上来看，虽然各城市城镇生活污水集中处理率排名在“十五”到“十二五”期间变化较大，但通过计算各时期城镇生活污水集中处理率的均值可以看出，主要城市的城镇生活污水集中处理率呈明显的上涨趋势，城镇生活污水集中处理率的最低值也由“十五”时期的18.90%提高至“十二五”时期的62.72%。

表3－17　中国21个主要城市城镇生活污水集中处理率及排名　单位：%

排名	“十五”时期		“十一五”时期		“十二五”时期	
	主要城市	城镇生活污水集中处理率	主要城市	城镇生活污水集中处理率	主要城市	城镇生活污水集中处理率
1	海口	81.50	厦门	70.92	海口	96.39
2	杭州	76.09	大连	68.31	深圳	95.63
3	无锡	68.70	苏州	67.22	青岛	95.56
4	沈阳	68.67	无锡	66.68	杭州	93.81
5	南京	67.73	广州	66.48	成都	93.75
6	苏州	66.60	海口	66.38	昆明	93.70
7	大连	66.33	杭州	65.54	大连	93.42
8	昆明	65.67	青岛	64.40	武汉	93.00
9	福州	63.49	武汉	63.61	福州	91.66
10	深圳	62.00	成都	62.34	沈阳	91.46
11	厦门	60.34	沈阳	60.12	厦门	90.87
12	青岛	58.52	桂林	59.34	珠海	89.94
13	长春	53.61	昆明	59.05	广州	88.87
14	广州	53.11	宁波	58.61	西安	88.34
15	珠海	52.67	福州	58.45	桂林	87.31
16	宁波	50.06	深圳	58.18	哈尔滨	87.09
17	成都	48.50	南京	55.65	无锡	86.76
18	桂林	47.65	珠海	53.30	长春	85.96
19	西安	40.12	长春	52.72	宁波	77.15
20	武汉	26.67	西安	48.91	苏州	76.85
21	哈尔滨	18.90	哈尔滨	48.08	南京	62.72

图3－11描述了2003—2015年中国东、中、西部城市城镇生活污水集中处理率变化趋势。“十五”时期，东部城市城镇生活污水集中处理率远高于中部和西部城市，西部城市居中，中部城市最低。东部和中部城市整体呈上升趋势，西部城市逐年下降，在2005年西部城市城镇生活污水集中处理率达到最小值，且与东部城市之间差距达到最大；“十一五”前期，中部城市和西部城市变化趋势相似，先上升后下降，而东部城市是逐年上升，且中部城市和西部城市上升幅度大于东部城市上升幅度，“十一五”后期，中部城市城镇生活污水处理率呈直线上升，东部城市和西部城市均呈先上升后下降趋势，且西部城市城镇生活污水处理率始终低于东部城市；“十二五”时期，东、中、西部城市城镇生活污水集中处理率均呈上升趋势，且差距较小，东部城市与中部城市仅相差0.75%，东部城市与西部城市的差距为2.85%。

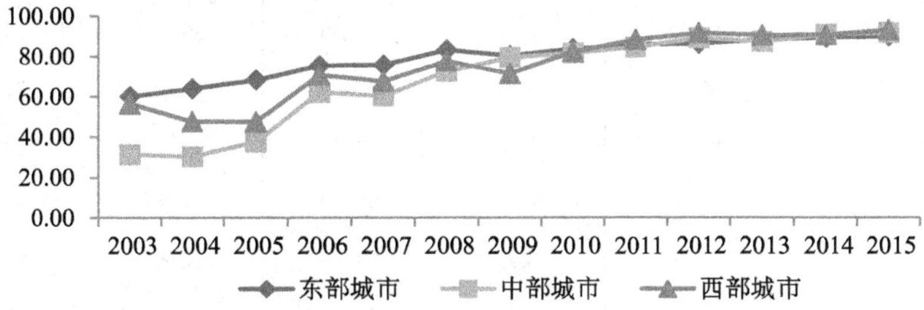

图3－11　2003—2015年东、中、西部城市生活污水集中处理率

3. 生活垃圾无害化处理率

表3－18描述了2003—2015年中国21个主要城市生活垃圾无害化处理率及其排名。其中，沈阳和青岛生活垃圾无害化处理率在各时期内均达到100%；哈尔滨的生活垃圾无害化处理率则虽相对来说不佳但在不断提高。进一步分析可知，福州、海口、桂林、大连、长春、广州6个城市生活垃圾无害化处理率排名有所下降，其中桂林下降幅度最大，由第5位下降至第20位；9个城市生活垃圾无害化处理率排名有所提升，分别为宁波、无锡、成都、武汉、哈尔滨，其中无锡上升幅度最大，从第16位上升至第2位，其生活垃圾无害化处理率提升至100%；由此可见，中国21个主要城市的生活垃圾无害化处理率在研究期间内是逐步递增的，最低值也由“十五”时期的30.13%提升到“十二五”时期的77.7%，“十二五”时期更是有8个城市的生活垃圾无害化处理率达到了100%。

表 3－18　中国 21 个主要城市生活垃圾无害化处理率及排名　单位：%

排名	“十五”时期		“十一五”时期		“十二五”时期	
	主要城市	无害化处理率	主要城市	无害化处理率	主要城市	无害化处理率
1	沈阳	100.00	沈阳	100.00	沈阳	100.00
2	福州	100.00	苏州	100.00	无锡	100.00
3	青岛	100.00	杭州	100.00	苏州	100.00
4	海口	100.00	青岛	100.00	杭州	100.00
5	桂林	100.00	宁波	99.18	宁波	100.00
6	昆明	99.39	福州	98.75	青岛	100.00
7	苏州	99.33	厦门	98.24	珠海	100.00
8	杭州	95.33	无锡	96.28	成都	100.00
9	厦门	93.49	海口	94.49	厦门	99.28
10	宁波	92.97	深圳	94.04	海口	99.26
11	大连	92.67	大连	90.30	西安	97.27
12	西安	92.36	南京	88.60	武汉	97.05
13	长春	89.58	成都	88.28	昆明	95.65
14	广州	89.00	广州	88.00	福州	95.25
15	南京	85.17	昆明	87.45	南京	92.22
16	无锡	84.77	西安	83.88	广州	90.73
17	深圳	83.67	长春	83.61	长春	89.66
18	珠海	81.33	桂林	82.53	大连	88.61
19	成都	75.24	武汉	80.53	哈尔滨	85.98
20	武汉	73.58	珠海	79.69	桂林	85.84
21	哈尔滨	30.13	哈尔滨	76.78	深圳	77.70

续表

第四章

主要城市旅游业碳排放量估算方法及评价

本章以2004—2015年中国21个主要城市面板数据为基础，首先介绍旅游业的碳排放量估算方法，并对相关数据进行说明；其次从旅游交通碳排放量、旅游住宿碳排放量、旅游活动碳排放量等三个方面来分析主要城市旅游业碳排放量构成情况；最后通过引入泰尔系数描述主要城市旅游业碳排放量的区域差异，并构建碳减排指数定量评估主要城市旅游业的碳减排贡献和减排潜力。

第一节 测度方法和数据说明

一、旅游业碳排放量估算方法

因国内统计年鉴缺乏旅游业相关数据，且我国未建立关于温室气体排放的统计监测体系，大部分统计结果都是基于对其碳排放量的估算。由于旅游业碳排放量的主要来源是旅游交通、旅游住宿和旅游活动等，因此可采取“自下而上”的方法，按先分解后加总的方式对主要城市旅游业碳排放量进行估算。具体计算思路可定义为：

$$C_{tj} = C_{Ttj} + C_{Htj} + C_{Rtj} \tag{4-1}$$

其中 C_{tj}表示 t 年 j 城市旅游业 CO_2 排放总量，C_{Ttj}、C_{Htj}、C_{Rtj}分别表示该城

市在某一年旅游交通、旅游住宿和旅游活动的碳排放量。不同来源的碳排放量计算公式分解如下：

1. 旅游交通碳排放量

旅游交通碳排放量是旅游业碳排放量的重要组成，其碳排放量不仅与客运交通的乘客量有关，而且与运输的距离有紧密联系。因而本书将旅游交通碳排放量估算定义为：

$$C_{Ttj} = \sum_{i=1}^{n} P_{tij} \times D_i \times \beta_i \tag{4-2}$$

式（4-2）中，C_{Ttj}为j城市t年旅游交通碳排放量，P_{tij}为j城市t年乘坐第i种交通方式的旅游人数比例，D_i为第i类交通方式的旅客周转量，β_i为第i种交通方式的碳排放因子。在确定各种交通方式的碳排放因子方面，根据何吉成（2010）等研究，中国铁路机车碳排放强度要低于德国、日本等国家，所以铁路碳排放系数选用联合国世界旅游组织（UNWTO）使用的$27gCO_2/pkm$，同时也因为中国同类小汽车能耗水平高于欧盟、美国等国家，而营业性汽车的能耗水平相差不大，因此公路客运碳排放系数采用这些研究结果的最高值，即$133gCO_2/pkm$，而中国民航客运能耗水平要低于美国和日本，所以民航客运碳排放系数选用其中的最低值，即$137gCO_2/pkm$。鉴于中国目前没有比较完整的旅游卫星账户体系和结果，研究中的P_{tij}难以确定，根据全国旅游者实际情况并结合魏艳旭（2012）等的研究，分别选取公路、民航和铁路的比值为13.8%、64.7%和31.6%。

2. 旅游住宿碳排放量

考虑到数据的可获得性，采用星级饭店住宿所产生的碳排放量替代旅游业住宿碳排放量，因此旅游住宿碳排放量计算公式是：

$$C_{Htj} = n \times N_{tj} \times L_{tj} \times \beta \tag{4-3}$$

其中，n为常数，取$n=365$晚，N_{tj}为j城市t年旅游饭店床位数，L_{tj}为j城市t年旅游饭店平均客房出租率，β表示每张床每晚的碳排放量。以石培华（2011）、陶玉国（2011）等采用饭店每张床每晚的碳排放量和能耗数据$130MJ$、$43.29gC/MJ$为计算标准，即有每张床每晚碳排放量取值为$\beta = 130 \times 43.29 = 5\,627.7g$。

3. 旅游活动碳排放量

旅游者是旅游活动的主体，即旅游活动的主要碳排放量产生于旅游者的旅游过程，鉴于数据可获得性，把旅游者类型划分为国内游客和入境游客，同时将国内游客又分为城镇游客和农村游客，并将旅游活动碳排放量计算方式简化为：

$$C_{Rtj} = \sum_{k=1}^{n} \sum_{f=1}^{m} P_{ktj}^{f} \times \gamma_k \tag{4-4}$$

其中，f 为城镇旅游者、农村旅游者和入境旅游者三类游客类型，P_{ktj}^{f} 为 j 城市 t 年 m 类型游客中游览旅游吸引物或参加旅游活动 k 的游客人数，γ_k 为旅游吸引物或旅游活动 k 的 CO_2 排放系数。其相关参数见表 4－1。

表 4－1　各类旅游活动所对应的 CO_2 排放系数　单位：g/人

旅游活动类型	观光游览	度假休闲	商务出差	探亲访友	其他
单位碳排放量	417	1 670	786	691	172

关于中国 21 个主要城市城镇游客和农村游客的人数计算，由于缺乏相关数据，2004—2015 年主要城市国内游客人数城镇旅游者和农村旅游者的数据采用 2004—2015 年全国国内旅游人数中城镇旅游者和农村旅游者的比例估算，其具体数值参见表 4－2。

表 4－2　2004—2015 年全国城镇旅游者和农村旅游者人数比例

年份	全国旅游人数	城镇旅游人数	农村旅游人数	城镇比例	农村比例
2004	11.02	4.59	6.43	42	58
2005	12.12	4.96	7.16	41	59
2006	13.94	5.76	8.18	41	59
2007	16.10	6.12	9.98	38	62
2008	17.12	7.03	10.09	41	59
2009	19.02	9.03	9.99	47	53
2010	21.03	10.65	10.38	51	49
2011	26.41	16.87	9.54	64	36
2012	29.57	19.33	10.24	65	35
2013	32.62	21.86	10.76	67	33
2014	36.11	24.83	11.28	69	31
2015	39.90	28.02	11.88	70	30

注：人数单位为亿人次，比例单位为%。

二、泰尔系数

根据 Theil（1967）等提出的衡量区域差异的 Theil 系数计算方法，并结合钟章奇（2016）的研究，选取能代表旅游业经济发展水平的旅游总收入作为

Theil 系数的权重，并对 Theil 系数进行多层次的分解，借此来更好反映不同区域旅游业碳排放的差异性，以主要城市为单位的中国旅游业碳排放区域差异程度 Theil 系数 T_p 计算公式为：

$$T_p = \sum_i \sum_j \frac{E_{ij}}{E} \ln \frac{E_{ij}/E}{Y_{ij}/Y} \tag{4-5}$$

其中，E_{ij}和 Y_{ij}分别为 i 区域中 j 城市的旅游业碳排放量和旅游总收入，E 和 Y 分别为中国 21 个主要城市的旅游业碳排放量和旅游总收入。

其次定义 T_{pi} 为 i 区域内城市间的差异，T_{BR} 为区域间旅游业碳排放差异，即：

$$T_{pi} = \sum_j \frac{E_{ij}}{E_i} \ln \frac{E_{ij}/E_i}{Y_{ij}/Y_i} \quad T_{BR} = \sum_j \frac{E_i}{E} \ln \frac{E_i/E}{Y_i/Y} \tag{4-6}$$

那么，旅游业碳排放差异可分解为区域内（T_{WR}）和区域间（T_{BR}）差异之和：

$$T_p = \sum_i \sum_j \frac{E_{ij}}{E} \ln \frac{E_{ij}/E}{Y_{ij}/Y} = \sum_i \left(\frac{E_i}{E}\right) T_{pi} = T_{WR} + T_{BR} \tag{4-7}$$

为进一步分析区域间差异和区域内差异对总体差异贡献的大小，分别定义区域间贡献率和区域内贡献率：区域间贡献率为区域间泰尔系数与总体泰尔系数的比值，即 T_{BR}/T_p；区域内贡献率为区域内泰尔系数与总体泰尔系数的比值，即 T_{WR}/T_p。此外，定义区域内各子区域的贡献率为加权后各子区域的泰尔系数与总体泰尔系数的比值，即$(E_i/E) \times (T_{pi}/T_p)$。

第二节 主要城市旅游业碳排放量结果分析

一、旅游交通碳排放量

1. 时序演变分析

根据公式（4-2）计算，得到中国主要城市 2004—2015 年旅游交通碳排放量的结果，具体数值参见表 4-3[①]。

① 数据资料主要来自历年的《中国旅游统计年鉴（副本）》《中国国内旅游抽样调查统计资料》《入境游客抽样调查资料》以及各省、市统计年鉴。

表 4-3　　2004—2015 年中国主要城市旅游交通碳排放量　　单位：吨

年份	铁路	公路	民航	总量
2004	970 459. 66	4 160 243. 94	3 873 764. 56	9 004 468. 17
2005	988 668. 79	4 328 290. 28	4 813 629. 43	10 130 588. 50
2006	1 047 986. 13	4 504 997. 37	5 547 098. 76	11 100 082. 27
2007	1 106 937. 07	5 005 876. 48	6 495 019. 92	12 607 833. 46
2008	1 158 113. 30	5 575 103. 27	6 859 060. 22	13 592 276. 80
2009	1 119 073. 52	5 291 214. 45	7 208 795. 81	13 619 083. 77
2010	1 222 660. 19	5 767 835. 12	7 954 276. 82	14 944 772. 13
2011	1 317 887. 28	6 263 144. 72	8 871 180. 57	16 452 212. 58
2012	1 334 938. 03	6 728 876. 77	9 430 558. 62	17 494 373. 43
2013	1 442 829. 00	7 188 384. 08	10 419 961. 76	19 051 174. 84
2014	1 611 678. 95	7 720 028. 36	12 064 887. 61	21 396 594. 92
2015	1 657 629. 23	8 204 575. 57	12 816 023. 03	22 678 227. 83

由表 4-3 可知，中国 21 个主要城市旅游交通碳排放量呈现逐年上升的趋势，2015 年旅游交通碳排放量达到了 22. 68Mt，2004 年的碳排放量则为 9Mt，年均增速为 8. 76%①。按其增长趋势分为 2004—2005 年（“十五”时期）、2006—2010 年（“十一五”时期）和 2011—2015 年（“十二五”时期）三个阶段，不同阶段旅游交通碳排放量增长速度存在一定的差异性。其中“十五”时期增长速度最快，为 12. 51%；“十二五”时期次之，增长速度为 8. 35%；“十一五”时期增长速度最慢，为 7. 72%。

2. 地区差异分析

从表 4-4 可以发现，我国东、中、西部城市旅游交通碳排放量差异比较明显，碳排放量从东部城市开始向西部城市、中部城市不断减少，并且东部城市远高于中部和西部城市。2004—2015 年东部、中部和西部城市在整体碳排放量的比重依次为 70. 25%、12. 17% 和 17. 58%。从各大地区所占比例变化趋势来看，东部城市旅游交通碳排放量在整体中所占比例有所下降，从 2004 年的 69% 下降到 2015 年的 67%；西部城市旅游交通碳排放量在整体中所占比例则略微上升，从 2004 年的 19% 上升到 2015 年的 21%；而中部城市旅游交通碳排放量在整体中所占比例比较稳定，一直保持在 12% 左右。从时间层面来

① Mt 表示 10^6 t，以下涉及的年均增速均为几何增长率。

看，2004—2015 年东、中、西部城市的旅游交通碳排放量都呈现出逐年增长的趋势。其中，西部城市增长最快，年均增速为 8.74%；中部城市次之，年均增速为 8.01%；东部城市增长最慢，年均增速为 7.78%。

表 4－4　2004—2015 年中国东、中、西部城市旅游交通碳排放量及比例　单位：吨

年份	东部城市	所占比例	中部城市	所占比例	西部城市	所占比例
2004	6 175 906.38	69%	1 091 436.55	12%	1 737 125.23	19%
2005	7 183 671.94	71%	1 206 989.31	12%	1 739 927.25	17%
2006	8 013 065.64	72%	1 320 271.86	12%	1 766 744.76	16%
2007	9 243 493.47	73%	1 483 779.39	12%	1 880 560.60	15%
2008	9 884 785.27	73%	1 682 230.78	12%	2 025 260.75	15%
2009	9 663 203.42	71%	1 766 615.34	13%	2 189 265.00	16%
2010	10 803 804.00	72%	1 936 774.66	13%	2 204 193.48	15%
2011	11 446 531.65	70%	2 032 061.43	12%	2 973 619.50	18%
2012	12 230 152.83	70%	2 144 748.26	12%	3 119 472.34	18%
2013	12 971 101.27	68%	2 275 921.43	12%	3 804 152.15	20%
2014	14 233 041.45	67%	2 572 315.81	12%	4 591 237.67	21%
2015	15 181 910.03	67%	2 750 015.29	12%	4 746 302.51	21%
年均增速	7.78%	—	8.01%	—	8.74%	—

3. 城市差异性分析

图 4－1 显示了 2004—2015 年以来我国 21 个主要城市的旅游交通碳排放量年均值及增速情况。从旅游交通碳排放年均值水平来看，排在前 5 位的是广州、深圳、成都、武汉和珠海。而一些中部和西部城市，如昆明和桂林的碳排放量较低。从年均增速来看，年均增速超过 10% 的城市分别是海南（16.03%）、成都（14.39%）、珠海（13.75%）、深圳（11.98%）、福州（11.41%）、长春（11.11%）和武汉（10.71%）；年均增速未超过 5% 的城市有：西安（4.24%）、杭州（4.14%）、宁波（4.11%）、厦门（3.87%）、哈尔滨（3.40%）和沈阳（－0.07%）。通过以上分析可知，深圳、珠海和成都等城市旅游交通碳排放量年均值及增速都明显较高，需采取有效措施来控制其旅游交通碳排放量；而海南虽然排放基数小，却有着最高的年增长率，这与其旅游业发达有着密切关系，在以后的旅游业发展中应注重与低碳可持续发展理念结合。

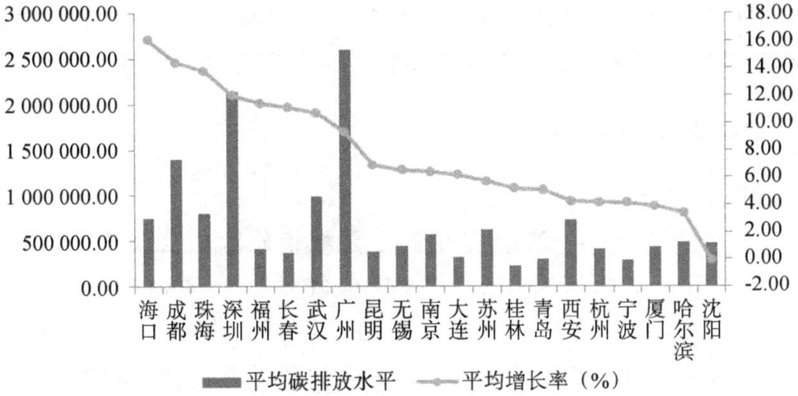

图 4－1　2004—2015 年中国 21 个主要城市旅游交通碳排放量年均值及平均增长率

4. 不同交通方式碳排放量分析

为更加清晰地分析不同交通方式的碳排放量，将中国 21 个主要城市旅游交通分类碳排放量绘成折线图，如图 4－2 所示。

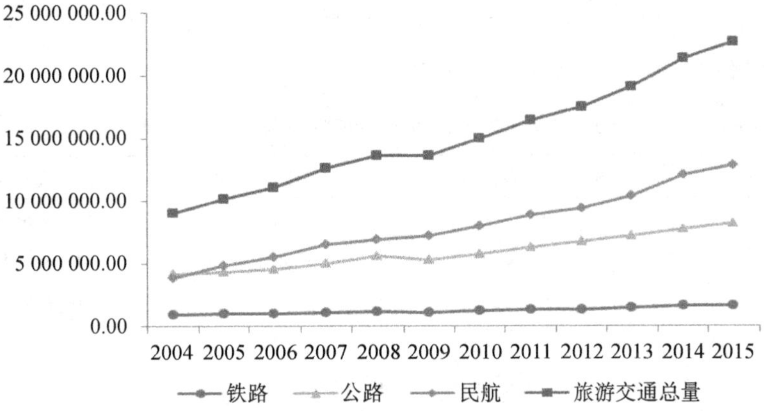

图 4－2　中国 21 个主要城市旅游交通碳排放量分类情况

由图 4－2 可知，不同交通方式的碳排放量也呈现逐年增长的趋势。对比 2004 年与 2015 年铁路、公路和民航的碳排放量，铁路碳排放量增长了 0.69Mt，公路碳排放量增长了 4.04Mt，民航碳排放量增长了 8.95Mt，其年均增速分别为 4.99%、6.37% 和 11.49%。由以上分析可知，公路和民航的碳排放量增长速度均快于铁路的增长速度，民航的增长尤快，其与民航的碳排放系数最高，且是碳排放量最高的一种交通方式有关。就比重而言，在中国主要城市旅游交通业中，公路和铁路的碳排放量占比均有一定下降，分别从 2004 年的 46% 和 11% 降低到 2015 年的 36% 和 7%，而民航的碳排放量占比有所上升，从2004年的43%增加到2015年的57%。因此，要实现中国主要城市旅游业的低碳发展，要着重从改变旅游出行方式和完善绿色交通方面入手。

二、旅游住宿碳排放量

1. 时序演变分析

表4-5呈现了2004—2015年中国主要城市旅游住宿碳排放量的计算结果。总体上来看，主要城市旅游住宿碳排放量呈下降趋势，由2004年的0.66Mt下降到2015年的0.54Mt，年平均下降幅度约为1.83%。具体来看，2006年前中国主要城市旅游住宿碳排放量呈逐年上升趋势，2007年则大幅度明显下降，在经历2008—2009年的短暂上升后，之后的时间段基本处于缓慢下降趋势。究其原因，可能是2010年开始，如家快捷、七天等经济型酒店品牌的入驻对星级饭店造成很大的冲击，星级饭店床位数的减少和客房出租率的下降都导致旅游住宿业碳排放量下降。从分时期来看，不同阶段的旅游住宿碳排放量变化趋势有所不同。其中，“十五”时期旅游住宿碳排放量呈增长趋势，其年均增速为11.85%；“十一五”时期和“十二五”时期则呈下降趋势，其年均下降率分别为5.79%和2.76%。

表4-5　2004—2015年中国主要城市旅游住宿碳排放量　单位：吨

年份	旅游住宿碳排放量	年份	旅游住宿碳排放量
2004	660 967.76	2010	607 825.30
2005	739 294.93	2011	603 356.41
2006	771 610.04	2012	599 873.25
2007	285 720.39	2013	566 593.24
2008	697 285.56	2014	535 606.83
2009	708 612.38	2015	539 465.15

2. 地区差异分析

从表4-6可以发现，中国东、中、西部城市旅游住宿碳排放量差异比较明显，东部城市远远高于中部和西部城市。2004—2015年东部、中部和西部城市在整体碳排放量的比重依次为71.09%、11.24%和17.67%。从各大地区所占比例变化趋势来看，东部城市旅游住宿碳排放量在整体中所占比例有所下降，从2004年的76%下降到2015年的64%；而中部和西部城市旅游住宿碳排放量在整体中所占比例则有所上升，分别从2004年的11%、13%上升到2015年的14%、23%。从时间层面来看，2004—2015年东、中、西部城市的旅游住宿碳排放量的变化趋势存在差异。其中，西部城市和中部城市呈现出逐年增长的态势，其年均增速分别为 3.08% 和 0.42%；而东部城市则呈现出缓慢下降的趋势，年均下降率为 3.42%。

表 4－6 2004—2015 年中国东、中、西部城市旅游住宿碳排放量及比例 单位：吨

年份	东部城市	所占比例	中部城市	所占比例	西部城市	所占比例
2004	502 458.51	76%	70 147.65	11%	88 361.60	13%
2005	561 599.94	76%	76 879.58	10%	100 815.42	14%
2006	573 144.18	74%	85 632.05	11%	112 833.81	15%
2007	227 914.61	80%	16 819.12	6%	40 986.66	14%
2008	501 779.83	72%	89 590.84	13%	105 914.89	15%
2009	500 120.88	71%	92 442.77	13%	116 048.73	16%
2010	429 396.71	71%	71 593.36	12%	106 835.23	18%
2011	410 434.54	68%	73 288.79	12%	119 633.09	20%
2012	431 560.11	72%	58 880.28	10%	109 432.86	18%
2013	381 084.34	67%	54 660.88	10%	130 848.02	23%
2014	338 031.49	63%	74 676.64	14%	122 898.70	23%
2015	342 691.89	64%	73 447.99	14%	123 325.28	23%
年均增速	－3.42%	—	0.42%	—	3.08%	—

3. 城市差异性分析

图 4－3 显示了 2004—2015 年以来中国 21 个主要城市的旅游住宿碳排放量年均值及增速情况。从旅游住宿碳排放年均值水平来看，排在前 5 位的是广州、杭州、苏州、深圳和宁波。而一些中、西部城市，如长春、哈尔滨和桂林的碳排放量较低。从年均增速来看，各城市旅游住宿碳排放量变化趋势呈现较大差异，主要表现为大部分中、西部城市旅游住宿碳排放量呈逐渐上升的趋势，而东部城市旅游住宿碳排放量则呈现出逐年下降的态势。年均增速为正的城市依次为桂林（11.8%）、南京（8.88%）、西安（6.18%）、长春（2.66%）、福州（1.9%）、青岛（1.08%）、成都（0.72%）和昆明（0.04%），其他城市年均增速均为负，其中沈阳年均下降率为 8.56%，为最低。

三、旅游活动碳排放量

1. 时序演变分析

表 4－7 显示了 2004—2015 年中国主要城市旅游活动碳排放量的计算结

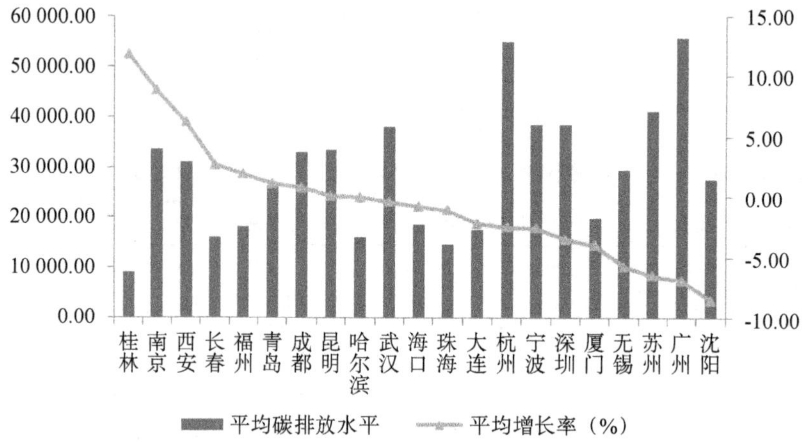

图 4－3　2004—2015 年中国 21 个主要城市旅游住宿碳排放量年均值及增长率

果。从表 4－7 可以看出，2004—2015 年间旅游活动碳排放量整体呈增加趋势，从 2004 年的 0.25Mt 增加到 2015 年的 1.22Mt，增加了 0.97Mt，年均增速为 15.49%。从分时期来看，“十五”时期、“十一五”时期和“十二五”时期的累计碳排放量分别为 0.53Mt、2.25Mt 和 4.91Mt。此外，不同阶段旅游活动碳排放量增长速度存在一定的差异性。其中“十一五”时期增长速度最快，为 17.47%；“十二五”时期次之，增长速度为 13.18%；“十一五”时期增长速度最慢，为 10.56%。

表 4－7　　2004—2015 年中国主要城市旅游活动碳排放量　　单位：吨

年份	旅游住宿碳排放量	年份	旅游住宿碳排放量
2004	250 174.72	2011	743 265.46
2005	276 599.77	2012	860 865.33
“十五”时期	526 774.49	2013	977 957.16
2006	316 258.63	2014	1 109 395.37
2007	364 179.49	2015	1 219 462.56
2008	449 082.11	“十二五”时期	4 910 945.88
2009	515 101.73		
2010	602 237.11		
“十一五”时期	2 246 859.07		

2. 地区差异分析

从表 4 - 8 可知，2004—2015 年东部、中部和西部城市旅游活动碳排放量在整体碳排放量的比重依次为 60. 10% 、15. 73% 和 24. 17% 。从所占比例变化趋势来看，东部城市旅游活动碳排放量在整体中所占比例有所下降，从 2004 年的 65% 下降到 2015 年的 51% ；而中部城市和西部城市旅游活动碳排放量在整体中所占比例则有所上升，分别从 2004 年的 13% 、22% 上升到 2015 年的 18% 、31% 。从时间层面来看，2004—2015 年东、中、西部城市的旅游活动碳排放量都呈现出逐年增长的趋势。其中，中部城市增长最快，年均增速为 18. 92% ；西部城市次之，年均增速为 18. 85% ；东部城市增长最慢，年均增速为 13. 10% 。

表 4 - 8　2004—2015 年中国东、中、西部城市旅游活动碳排放量及比例　单位：吨

年份	东部城市	所占比例	中部城市	所占比例	西部城市	所占比例
2004	161 626. 63	65%	32 601. 00	13%	55 947. 08	22%
2005	181 215. 93	66%	36 963. 34	13%	58 420. 51	21%
2006	203 925. 35	64%	43 429. 76	14%	68 903. 51	22%
2007	240 674. 61	66%	49 896. 34	14%	73 608. 54	20%
2008	302 884. 32	67%	63 023. 17	14%	83 174. 63	19%
2009	328 137. 99	64%	84 427. 53	16%	102 536. 21	20%
2010	368 687. 59	61%	98 964. 66	16%	134 584. 86	22%
2011	428 166. 22	58%	125 717. 20	17%	189 382. 04	25%
2012	477 867. 09	56%	150 438. 56	17%	232 559. 68	27%
2013	516 490. 68	53%	171 900. 01	18%	289 566. 47	30%
2014	564 125. 85	51%	200 604. 05	18%	344 665. 48	31%
2015	626 110. 39	51%	219 392. 78	18%	373 959. 39	31%
年均增速	13. 10%	—	18. 92%	—	18. 85%	—

3. 城市差异性分析

图 4 - 4 显示了 2004—2015 年以来我国 21 个主要城市的旅游活动碳排放量年均值及增速情况。从旅游活动碳排放年均值水平来看，排在前 5 位的是成都、武汉、西安、杭州和南京，排在后 5 位的是长春、福州、厦门、珠海和海口。从年均增速来看，增长速度最快的为西安、武汉、成都、福州、长春、南京和杭州等城市，广州、厦门和沈阳的年均增速最低。通过以上分析可知，西安、武汉和成都等城市旅游活动碳排放量年均值及增速都明显较高，需采取有

效措施来控制其旅游活动碳排放量。

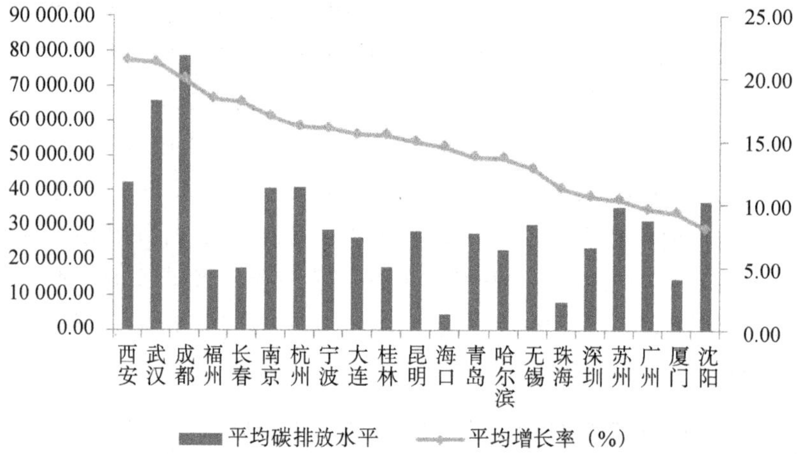

图 4－4　2004—2015 年中国 21 个主要城市旅游活动碳排放量年均值及增长率

4. 各类旅游活动碳排放量分析

表 4－9 显示了 2004—2015 年中国 21 个主要城市不同目的旅游活动碳排放量的情况。从表中可以看出，不同目的的旅游活动碳排放量均呈现出增长的趋势。其中度假休闲碳排放量从 2004 年的 0.07Mt 增加到 2015 年的 0.55Mt，年均增速最高，为 20.4%，剩下的各类活动增长速度从高到低依次是商务、观光旅游、其他和探亲访友碳排放量，其年均增速分别为 15.51%、13.37%、12.44% 和 12.05%。从旅游活动碳排放构成来看，观光旅游、探亲访友、商务、度假休闲和其他等活动方式占旅游活动碳排放量的比例分别是 17%、37%、6%、36% 和 4%。其中，探亲访友所占比重最大，但呈下降趋势，由 2004 年的 42% 下降到 2015 年的 30%；观光旅游占整个旅游活动 CO_2 的比例也略微下降，由 2004 年的 20% 下降到 2015 年的 17%；度假休闲占比有所上升，从 2004 年的 29% 增加到 2015 年的 45%；商务和其他活动的所占比例基本维持不变，分别为 5% 和 3%。

表 4－9　2004—2015 年中国主要城市不同目的旅游活动碳排放量　单位：吨

年份	观光旅游	探亲访友	商务	度假休闲	其他	总量
2004	50 867.97	104 640.66	12 875.75	71 510.75	10 279.57	250 174.72
2005	59 059.87	116 232.93	17 388.71	71 906.54	12 011.72	276 599.77
2006	61 525.47	138 767.54	18 040.59	83 375.27	14 549.76	316 258.63
2007	76 333.46	150 652.71	21 349.51	100 546.47	15 297.34	364 179.49

续表

年份	观光旅游	探亲访友	商务	度假休闲	其他	总量
2008	58 346. 68	189 331. 02	36 181. 09	150 347. 24	14 876. 07	449 082. 11
2009	67 653. 41	224 049. 86	34 576. 90	173 375. 41	15 446. 15	515 101. 73
2010	94 064. 11	212 710. 66	37 563. 78	231 460. 84	26 437. 72	602 237. 11
2011	121 181. 68	237 824. 65	44 048. 80	315 095. 21	25 115. 11	743 265. 46
2012	139 317. 24	270 504. 57	49 756. 92	372 772. 98	28 513. 62	860 865. 33
2013	157 868. 12	303 457. 10	52 865. 75	432 195. 65	31 570. 54	977 957. 16
2014	178 643. 96	336 919. 75	57 867. 81	500 965. 77	34 998. 08	1 109 395. 37
2015	202 324. 27	365 636. 96	62 893. 92	551 275. 36	37 332. 04	1 219 462. 56

四、碳排放量与结构

1. 中国主要城市碳排放量及构成

表 4－10 反映了 2004—2015 年中国 21 个主要城市旅游业碳排放量、旅游交通、旅游住宿和旅游活动碳排放量构成的情况。从增长趋势来看，2004—2015 年间中国 21 个主要城市旅游业碳排放量呈上升趋势，从 2004 年的 9. 92Mt 增加到 2015 年的 24. 44Mt，年均增速为 8. 55%。从旅游业碳排放的部门结构来看，2004—2015 年，旅游交通、旅游住宿和旅游活动在旅游碳排放量中所占的比例依次是 92. 27%、4. 07% 和 3. 66%。由此可见，旅游交通是中国 21 个主要城市旅游业碳排放的主要来源，要实现旅游业的可持续发展，必须着重推动旅游交通的低碳化。同时，旅游活动虽然基数小，但增长速度较快，也应采取有效的应对措施来控制其增长。

表 4－10　　2004—2015 年中国主要城市旅游业碳排放量及构成　　单位：%

年份	旅游交通占比	旅游住宿占比	旅游活动占比	碳排放量
2004	90. 81	6. 67	2. 52	9 915 610. 64
2005	90. 89	6. 63	2. 48	11 146 483. 21
2006	91. 07	6. 33	2. 59	12 187 950. 94
2007	95. 10	2. 16	2. 75	13 257 733. 34
2008	92. 22	4. 73	3. 05	14 738 644. 47
2009	91. 76	4. 77	3. 47	14 842 797. 88
2010	92. 51	3. 76	3. 73	16 154 834. 55
2011	92. 43	3. 39	4. 18	17 798 834. 45

续表

年份	旅游交通占比	旅游住宿占比	旅游活动占比	碳排放量
2012	92.29	3.16	4.54	18 955 112.01
2013	92.50	2.75	4.75	20 595 725.24
2014	92.86	2.32	4.81	23 041 597.12
2015	92.80	2.21	4.99	24 437 155.54

2. 各主要城市年均碳排放量及构成

旅游业碳排放量反映了一个城市旅游业总体的碳排放情况。由图 4-5 可以看出，碳排放量年均值较高的前 3 个城市的是广州、深圳和成都，碳排放量年均值较低的城市依次有青岛、宁波和桂林。从年均增速来看，增速最快的为海口、成都、珠海、深圳和福州等城市，宁波、厦门和沈阳的年均增速最低。其中，成都、深圳和广州等城市的旅游业总排放量及其年均增速都明显较高，因而其减排形势严峻。值得注意的是：2004—2015 年福州具有高达 11.93% 的旅游业碳排放增长率，在所有主要城市中排第 5。长春、昆明和大连等城市也具有与福州相似的情况，虽然减排形势不如成都、深圳等城市严峻，但也需对其增长速度进行重点关注。

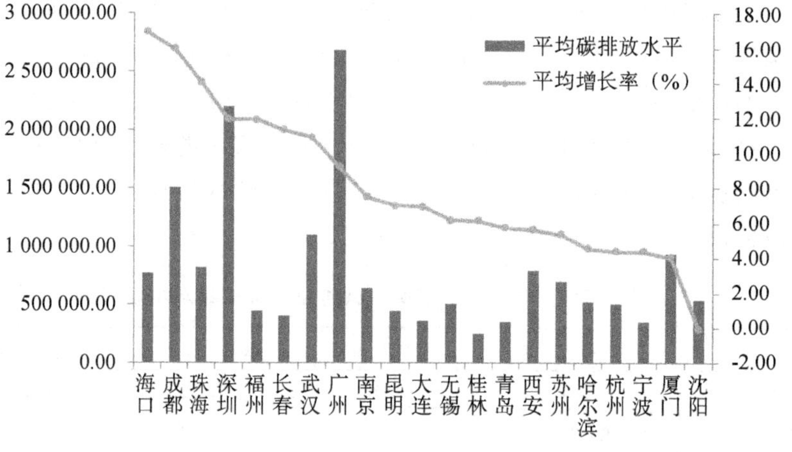

图 4-5 2004—2015 年中国 21 个主要城市碳排放量年均值及增长率

图 4-6 显示了各主要城市在 2004—2015 年间的碳排放量年均值在整体旅游业碳排放量年均值的构成情况。从图中可以看出，广州地区碳排放量年均值最高，其碳排放量占整体旅游业碳排放量年均值的 16.36%；桂林地区碳排放量年均值最低，其碳排放量占整体旅游业碳排放量年均值的 1.53%。从旅游

业碳排放构成趋势来看，2004—2015 年，沈阳旅游业碳排放所占的比例呈逐年下降的趋势，从 2004 年的 6% 下降到 2015 年的 2%；而深圳和成都旅游业碳排放所占的比例呈持续上升趋势，分别从 2004 年的 10%、7% 上升到 2015 年的 14%、13%；其余城市旅游业碳排放所占比例维持稳定趋势。

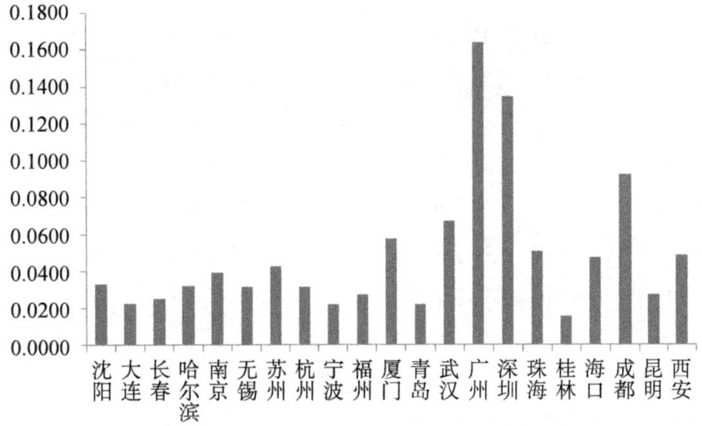

图 4－6　2004—2015 年中国 21 个主要城市碳排放量占比情况

从表 4－11 中可以看出，各城市旅游交通、旅游住宿和旅游活动的碳排放量结构跟整体的碳排放量结构基本相同，即各部门在碳排放量所占比例由高到低依次是旅游交通、旅游住宿和旅游活动。从碳排放量构成变化情况来看，主要可分为四类：一是旅游交通和住宿碳排放量比重下降，旅游活动所占比例上升，这类情况的城市包括沈阳、大连、哈尔滨、青岛和昆明；二是旅游住宿碳排放量比重下降，旅游交通和活动所占比例上升，大部分城市处于此类情况，分别为长春、无锡、苏州、杭州、宁波、福州、厦门、武汉和成都；三是旅游住宿和活动碳排放量比重下降，旅游交通所占比例上升，广州、深圳、珠海和海口属于此类情况；四是旅游交通比重下降，旅游住宿和活动所占比例上升，这类情况包括南京、桂林和西安 3 个城市。通过分析可知，要实现各主要城市的可持续发展，必须着重控制旅游交通和旅游活动的碳排放量。

表 4－11　　中国 21 个主要城市旅游各部门碳排放量及构成

城市	旅游交通碳排放量	旅游交通占比	旅游住宿碳排放量	旅游住宿占比	旅游活动碳排放量	旅游活动占比	旅游碳排放总量
沈阳	477 233.56	88.09	27 421.01	5.06	36 752.90	6.85	541 407.47
大连	317 699.92	87.87	17 389.03	5.04	26 466.37	7.09	361 555.32

续表

城市	旅游交通碳排放量	旅游交通占比	旅游住宿碳排放量	旅游住宿占比	旅游活动碳排放量	旅游活动占比	旅游碳排放总量
长春	375 502.47	91.59	15 985.06	4.41	17 698.01	4.00	409 185.53
哈尔滨	485 973.89	92.64	15 915.81	3.03	22 968.53	4.33	524 858.23
南京	572 385.07	88.61	33 624.84	5.44	40 584.58	5.95	646 594.50
无锡	450 820.25	88.10	29 463.82	6.22	30 157.99	5.68	510 442.07
苏州	624 375.82	88.80	41 129.29	6.27	35 443.62	4.93	700 948.73
杭州	415 229.64	81.39	54 784.81	11.00	41 052.23	7.62	511 066.67
宁波	287 254.37	81.20	38 326.86	11.03	28 851.00	7.78	354 432.24
福州	411 053.95	92.00	18 087.00	4.41	17 015.65	3.59	446 156.61
厦门	435 950.14	92.60	19 878.50	4.41	14 521.68	2.99	470 350.31
青岛	301 432.68	84.89	26 181.91	7.54	27 879.34	7.57	355 493.93
武汉	993 786.98	90.77	37 937.46	3.95	65 780.00	5.29	1 097 504.44
广州	2 598 927.57	96.49	55 601.37	2.35	31 549.83	1.15	2 686 078.78
深圳	2 139 348.59	96.87	38 384.65	2.05	23 844.15	1.08	2 201 577.39
珠海	802 553.15	96.96	14 573.43	2.06	8 074.21	0.99	825 200.79
桂林	224 259.97	89.90	9 213.29	3.40	17 993.22	6.70	251 466.49
海口	751 624.24	96.39	18 504.90	3.03	4 465.82	0.58	774 594.95
成都	1 398 259.04	92.68	32 835.38	2.61	78 625.62	4.70	1 509 720.05
昆明	384 397.63	86.09	33 435.99	7.92	28 546.09	5.99	446 379.71
西安	724 571.80	91.27	31 009.86	3.98	42 110.76	4.75	797 692.42

注：碳排放量单位为吨，所占比例为%。

五、碳排放量的区域差异特征

Theil 系数通过将区域总体差异分解为区域间差异、区域内差异和区域内城市间差异。因此本节通过对 Theil 系数进行分解，来进一步分析区域间差异、区域内差异以及区域内各主要城市旅游业碳排放量差异的变动趋势，揭示造成中国主要城市旅游业总体差异的主要原因。图 4 - 7 和表 4 - 12 分别反映了各泰尔系数的变化趋势以及对总体差异的贡献率。

由图 4 - 7 可知，区域内旅游业碳排放量差异和总体旅游业碳排放量区域差异的变动趋势一致，在 2004—2015 年均趋于不断上升的状态，而区域间旅游业碳排放量差异在 2004—2015 年间呈现出缓慢下降的趋势。就区域内城市间差异而言，西部城市间旅游业碳排放量差异表现出逐渐下降的趋势，变化趋势较为平缓。中部城市间旅游业碳排放量差异总体变化一直维持稳定状态。东部城市间旅游业碳排放量差异在2004—2008年处于快速上升的状态，在2008年以后则呈现缓慢上升的趋势，说明东部城市间的旅游业碳排放量差异程度虽大，但处于不断收敛的稳定状态。

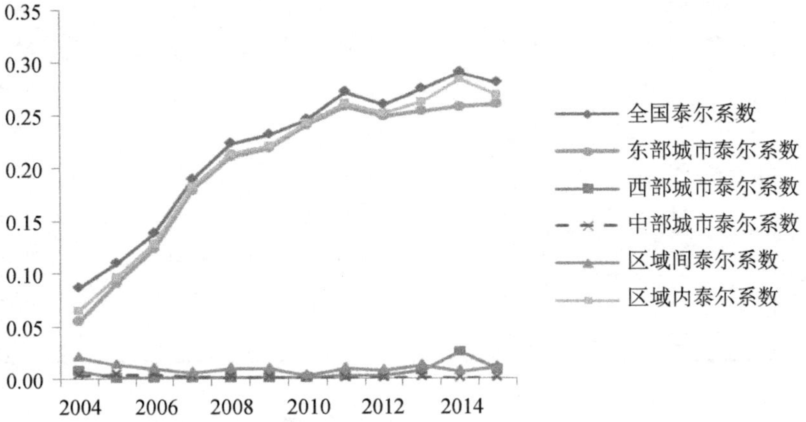

图4-7 2004—2015年中国东、中、西部主要城市旅游业碳排放量泰尔系数

表4-12显示了不同空间尺度的旅游业碳排放量差异对总体旅游业碳排放量差异的影响有较大区别。其中，区域内差异对总体差异的贡献率较大，区域间差异对总体差异的贡献率较小。从具体数值和趋势上来看，区域内差异对总体差异的贡献从2004年的75.65%上升到2015年的96.16%。而区域间的贡献率处于下降的态势，且变化幅度较大，从2004年的24.35%下降到2015年的3.84%。区域内城市间旅游业碳排放量的总体差异则主要由东部城市引起，东部城市的贡献率从2004年的64.02%上升到2015年的93.02%，其平均贡献率为90.31%。中部城市的贡献率在2004—2015年间有一定程度的下降，从2004年的3.14%下降到2015年的0.17%，其平均贡献率为1.09%。西部城市的贡献率呈现出先下降后上升的趋势，从2004年的8.49%下降到2010年的0.43%，之后回升到2015年的2.97%，其平均贡献率为2.42%。由此可见，区域内差异是造成中国主要城市旅游业碳排放量总体差异的主要原因，并且根据不同区域的平均贡献率大小可知，各区域对总体差异的影响程度不一，其中东部城市对总体差异的影响最大，西部城市次之，中部城市最小。

表 4－12　2004—2015 年中国东、中、西部主要城市旅游业碳排放量贡献率情况　单位：%

年份	东部贡献率	中部贡献率	西部贡献率	区域间贡献率	区域内贡献率
2004	64.02	3.14	8.49	24.35	75.65
2005	83.28	3.59	1.00	12.13	87.87
2006	89.70	2.65	0.82	6.83	93.17
2007	94.89	1.30	0.56	3.25	96.75
2008	94.30	0.69	0.60	4.41	95.59
2009	94.52	0.62	0.49	4.36	95.64
2010	98.02	0.24	0.43	1.31	98.69
2011	95.09	0.15	1.06	3.70	96.30
2012	95.81	0.05	1.10	3.04	96.96
2013	92.37	0.32	2.71	4.60	95.40
2014	88.75	0.10	8.79	2.36	97.64
2015	93.02	0.17	2.97	3.84	96.16

第三节　碳减排贡献指数和潜力指数

一、碳减排指标构建

1. 碳减排贡献指数

碳减排贡献是指在社会经济发展过程中采取的降低碳排放强度的所有行为。低碳经济则是指在经济增长的同时碳排放减少的理想经济发展状态。而基于碳排放强度的脱钩指数由于能够体现经济增长与碳排放之间不断“脱钩”的过程，因而用来评估旅游业经济发展过程中的碳减排贡献，借此来判断中国主要城市旅游业是否实现低碳经济转型。鉴于此，本部分构建了基于中国主要城市旅游业碳排放量的脱钩指数：

$$\Delta C_{it} = GDP_{it}CI_{it} - GDP_{it-1}CI_{it-1} = GDP_{it}(CI_{it} - CI_{it-1}) + (GDP_{it} - GDP_{it-1})CI_{it-1} \quad (4-8)$$

式中：i 代表城市；t 表示时间；ΔC、GDP、CI 分别表示旅游业碳排放变化量、旅游业总收入、碳排放强度①。定义产出效应为 $\Delta Y_{it} = (GDP_{it} - GDP_{it-1})CI_{it-1}$，表示由于旅游经济增长所引起的碳排放变化量，定义减排努力为 $\Delta F_{it} = GDP_{it}(CI_{it} - CI_{it-1})$，表示由于减排措施所引起的碳排放变化量，并且在采取有效减排措施的情形下 $\Delta F_{it} < 0$，因此脱钩指数可以定义为：

$$D_{it} = -\Delta F_{it}/\Delta Y_{it} \tag{4-9}$$

其判断标准是：当 $D_{it} \geq 1$，表示强脱钩效应。表明 i 城市旅游业在 t 时期通过各种减排政策及措施所导致的碳排放减少量大于由于经济产出所导致的碳排放增加量。D_{it} 越大表明采取的减排举措的有效性和效率越高；当 $0 < D_{it} < 1$，表示弱脱钩效应。表明 i 城市旅游业在 t 时期通过各种减排政策及措施所导致的碳排放减少量小于由于经济增长所导致的碳排放增加量，表明采取的政策及措施使得碳排放速度有一定程度的下降；当 $D_{it} \leq 0$ 时，表示没有脱钩效应。表明 i 城市旅游业在 t 时期所实行的减排举措还无法很好实现降低碳排放量的目标，其有效性和效率有待提高。

2. 碳减排潜力指数

采用从中国 21 个主要城市中挖掘出来的碳减排潜力指数来进行横向比较，具体构建过程如下：假定 21 个主要城市整体旅游业在 $t-1$ 年的平均碳排放强度为 $TCI_{i(t-1)}$，到第 t 年时碳排放强度的变化为 ΔTCI_{it}，则整体旅游业碳排放强度年变化率为：

$$v_{it} = \Delta TCI_{it}/TCI_{i(t-1)} \tag{4-10}$$

若各主要城市旅游业在第 t 年的碳排放强度变化以整体旅游业碳排放强度年变化率为参照标准，则城市 i 旅游业的参照碳排放强度变化为：

$$\Delta CCI_{it} = v_{wt} CI_{i(t-1)} \tag{4-11}$$

城市 i 旅游业在第 t 年的实际碳排放强度变化为：

$$\Delta RCI_{it} = PCI_{it} - CI_{i(t-1)} \tag{4-12}$$

上式中 $CI_{i(t-1)}$ 为城市 i 旅游业在 $t-1$ 年的平均碳排放强度，PCI_{it} 为城市 i 旅游业在第 t 年的实际碳排放强度。据此我们把城市 i 旅游业在第 t 年相对于整体旅游业平均意义上的减排潜力 Q_{it} 定义为实际碳排放强度变化 ΔRCI_{it} 与该年参考碳排放强度变化 ΔCCI_{it} 的比值，即：

$$Q_{it} = \Delta RCI_{it}/\Delta CCI_{it} \tag{4-13}$$

当 $Q_{it} > 1$ 时，表明城市 i 旅游业在第 t 年实际碳排放强度比参考碳排放强

---

① 根据傅京燕（2017）的研究，碳排放变化主要受经济规模和减排措施的影响；碳排放强度是指单位 GDP 碳排放量。

度变化的大，即意味着其被挖掘的碳减排潜力比整体平均水平大。相反，则表明被挖掘的碳减排潜力小于整体平均水平。而当 $Q_{it}=1$ 时，表明城市 i 旅游业在第 t 年实际碳排放强度与参考碳排放强度的变化程度持平，从而意味着其被挖掘的碳减排潜力与整体平均水平相当。简言之，Q_{it} 越大，则代表该城市旅游业在降低碳排放强度方面越有效，其节能减排效率越高。

二、碳减排贡献指数

1. 时序演变分析

2005—2015 年中国主要城市旅游业碳减排贡献情况见表 4－13。2005—2015 年脱钩指数全为正，且介于 0～1 之间，这表明碳减排政策、措施仅部分抵消了因产出增加对碳排放引起的正向影响，表明中国 21 个主要城市旅游业在 2005—2015 年具有弱脱钩效应。从分时期来看，“十五”时期由于亚洲金融风暴及其滞后影响，我国在国民经济增速放缓的情况下，出于保增长、扩内需、调结构和促发展等方面的内在要求，大力发展以旅游业为龙头的现代服务业，旅游产业的 CO_2 排放量有所增大，导致此期间脱钩指数较低；“十一五”时期我国开始推行低碳经济发展，促进了旅游业资源利用效率的提高，脱钩状态得到改善，尤其 2009 年的脱钩指数高达 0.96，几乎逼近了绝对脱钩状态；进入“十二五”时期以后，节能减排政策的倡导加上旅游业中清洁能源及新技术的使用，旅游业一直处于良性发展状态，其中 2011 年、2012 年和 2015 年的脱钩指数均超过了 0.5。2005—2015 年，中国 21 个主要城市旅游业的平均脱钩指数为 0.45，各种减排政策和措施所导致的碳排放下降速度小于由于旅游经济增长所引起的碳排放增长速度。这意味着中国 21 个主要城市旅游业的发展在碳排放量控制和节能减排效率方面初见成效，以高消耗带来经济增速的方式得以改善，环境压力在一定程度上得到缓解。

表 4－13　2005—2015 年中国主要城市旅游业的碳减排贡献分析

年份	产出效应	减排努力	脱钩指数
2005	1 842 836.52	－611 963.96	0.33
2006	2 043 674.91	－1 002 207.18	0.49
2007	2 276 238.31	－1 206 455.91	0.53
2008	1 489 885.63	－8 974.51	0.01
2009	2 584 184.64	－2 480 031.23	0.96
2010	3 437 500.77	－2 125 464.10	0.62

续表

年份	产出效应	减排努力	脱钩指数
2011	3 471 264. 18	-1 827 264. 28	0. 53
2012	3 452 494. 93	-2 296 217. 37	0. 67
2013	2 958 346. 36	-1 317 733. 13	0. 45
2014	3 727 996. 32	-1 282 124. 44	0. 34
2015	2 936 332. 76	-1 540 774. 34	0. 52

2. 地区差异分析

表4－14列出了2005—2015年中国东部、中部和西部城市的旅游业碳减排贡献情况。从表中可以看出，研究期间东、中、西部城市呈现出不同的脱钩状态。从具体数值来看，东部城市大部分年份的脱钩指数介于0～1之间，具有弱脱钩效应，此外2009年的脱钩指数大于1，具有强脱钩效应；中部城市2005—2015年的脱钩指数均介于0～1之间，表明其旅游经济增长的同时，环境压力相对得到改善，但是碳排放量仍在增加；西部城市脱钩指数除2008年和2011年出现负值外，在其他年份均为正，其中最大值为2010年的0.95，最小值为2008年的－24.83。从变化趋势来看，具体可以划分为两个阶段：第一阶段是2006—2009年，东、中、西部城市表现出一致的增长趋势，即“上升—下降—上升”的发展历程；第二阶段是2010—2015年，东部城市和中部城市继续保持相同的变化趋势，在此期间均具有弱脱钩效应；而西部城市则呈现出完全相反的态势，甚至在2011年脱钩指数出现了负值，2015年脱钩指数低于整体平均水平（0.45），说明其在碳减排上的努力仍缺乏有效性，是旅游业节能减排的重点区域。

表4－14　2005—2015年中国东、中、西部城市旅游业碳减排贡献分析

年份	东部城市		中部城市		西部城市	
	脱钩指数	脱钩状态	脱钩指数	脱钩状态	脱钩指数	脱钩状态
2005	0. 17	弱脱钩	0. 44	弱脱钩	0. 94	弱脱钩
2006	0. 40	弱脱钩	0. 57	弱脱钩	0. 84	弱脱钩
2007	0. 44	弱脱钩	0. 64	弱脱钩	0. 87	弱脱钩
2008	0. 15	弱脱钩	0. 12	弱脱钩	-24. 83	未脱钩
2009	1. 13	强脱钩	0. 80	弱脱钩	0. 65	弱脱钩
2010	0. 48	弱脱钩	0. 76	弱脱钩	0. 95	弱脱钩
2011	0. 68	弱脱钩	0. 80	弱脱钩	-0. 14	未脱钩

续表

年份	东部城市		中部城市		西部城市	
	脱钩指数	脱钩状态	脱钩指数	脱钩状态	脱钩指数	脱钩状态
2012	0.58	弱脱钩	0.81	弱脱钩	0.78	弱脱钩
2013	0.56	弱脱钩	0.71	弱脱钩	0.11	弱脱钩
2014	0.34	弱脱钩	0.10	弱脱钩	0.51	弱脱钩
2015	0.48	弱脱钩	0.68	弱脱钩	0.33	弱脱钩

3. 城市差异性分析

表4－15列出了2005—2015年中国各主要城市的旅游业碳减排贡献情况。从总体上来看，中国21个主要城市强脱钩、弱脱钩和未脱钩状态的占比分别为21.27%、62.22%和16.51%。其中，“十五”时期强脱钩、弱脱钩和未脱钩状态的占比分别为28.57%、52.38%和19.05%；“十一五”时期这一比例调整为25.71%、55.24%和19.05%；“十二五”时期这一比例变化为9.52%、79.05%和11.43%。在2005—2015年间，强脱钩和弱脱钩两者比例之和不断增加，这说明资源消耗的压力不断减轻，我国旅游业在节能减排方面取得了较大进展。从具体上来看，各主要城市的碳排放减排贡献情况存在较大差异，具体可分为三类：第一类是发展状况良好的城市，这类城市主要有沈阳、南京、无锡、苏州和厦门，其脱钩指数均是大于0甚至大于1的；第二类是发展状况不错，但个别年份未脱钩的城市，大连、长春、哈尔滨、杭州、宁波、青岛、武汉、广州、桂林、昆明和西安这11个城市均属于此类情况；第三类是发展状况不稳定的城市，这类情况包括福州、深圳、珠海、海口和成都，表现为脱钩指数时而大于0时而小于0。通过以上分析可知，大部分城市低碳旅游经济发展水平不断提高，而少数城市在资源利用效率、碳排放量控制方面还有待加强。

表4－15　2005—2015年中国21个主要城市旅游业碳减排贡献分析

主要城市	2005	2006	2007	2008	2009	2010	2011	2012	2013	2014	2015
沈阳	1.17	0.44	1.38	1.10	1.91	1.18	1.04	0.69	0.59	0.06	1.97
大连	1.33	1.10	1.15	0.39	1.11	0.82	0.89	0.64	0.62	－0.60	－27.44
长春	0.74	0.98	0.21	－0.41	0.88	0.44	0.70	0.89	0.48	0.44	0.58
哈尔滨	0.16	0.65	1.10	0.67	0.68	1.73	1.42	0.59	1.67	－8.24	0.93
南京	0.17	0.41	0.52	0.21	2.20	0.69	0.47	0.45	0.21	0.57	0.21
无锡	0.64	0.51	0.82	0.32	1.65	0.60	0.50	0.43	0.31	0.54	0.63
苏州	0.73	0.52	0.60	0.26	2.19	0.50	0.56	0.45	0.48	0.69	0.68

续表

主要城市	2005	2006	2007	2008	2009	2010	2011	2012	2013	2014	2015
杭州	1.22	1.08	1.27	-0.87	1.05	0.84	0.79	0.60	0.85	0.54	0.35
宁波	0.83	1.05	1.04	-0.32	0.89	1.01	0.94	0.77	1.15	0.58	0.20
福州	1.52	-3.59	0.78	-0.44	-10.92	0.25	0.35	0.47	0.97	-0.01	-0.50
厦门	1.59	1.70	0.65	0.50	0.69	0.18	0.34	0.55	0.94	0.84	0.51
青岛	0.51	0.31	0.76	0.67	-0.41	1.25	1.05	0.94	0.94	0.80	0.72
武汉	0.52	0.26	0.44	-0.09	0.84	0.54	0.69	0.84	0.45	0.55	0.52
广州	-1.36	0.36	-0.16	0.26	0.75	0.41	1.02	0.76	0.69	0.48	0.72
深圳	-2.80	-0.19	-0.34	-0.30	1.15	-0.16	0.36	0.24	0.28	0.20	0.62
珠海	-2.91	0.09	-0.75	-3.36	0.92	0.45	-4.54	0.40	1.66	-0.43	-2.79
桂林	0.83	0.89	0.53	0.97	0.88	0.44	0.60	0.71	1.00	0.99	-1.15
海口	0.45	-31.62	-5.21	-3.40	1.94	0.82	-1.34	0.88	0.01	0.42	0.45
成都	0.39	1.14	0.74	-1.28	0.47	1.77	-0.99	0.61	-0.28	0.14	0.78
昆明	-15.56	0.00	1.52	0.58	0.62	0.75	0.58	0.63	0.46	0.37	0.95
西安	1.63	0.70	1.01	-2.79	1.06	0.40	0.52	1.30	0.54	0.03	0.93

三、碳减排潜力指数

图 4-8 呈现了 2005—2015 年我国东部、中部和西部城市的旅游业碳减排潜力情况。从图中可以看出，东、中、西部城市的碳减排潜力指数存在一定差异。从变化趋势来看，东部城市碳减排潜力指数在 2005—2008 年处于快速上升的状态，在 2008 年以后则呈现缓慢上升的趋势；中部城市碳减排潜力指数表现出逐渐上升的趋势，变化趋势较为平缓；西部城市碳减排潜力指数在 2005—2008 年呈现出与东部城市碳减排潜力指数完全相反的趋势，即处于大幅下降的态势。在此之后一直处于“M”型变化趋势。从具体数值来看，年平均碳减排潜力从大到小依次是中部城市（1.42）、西部城市（1.27）和东部城市（0.86）。碳减排潜力越大，表明该地区旅游业的节能效率越高。由此可见，中部城市和西部城市在降低碳排放强度方面的效率高于整体旅游业平均地区水平，而东部城市由于年平均碳减排潜力指数小于 1，其碳减排潜力还有待挖掘。

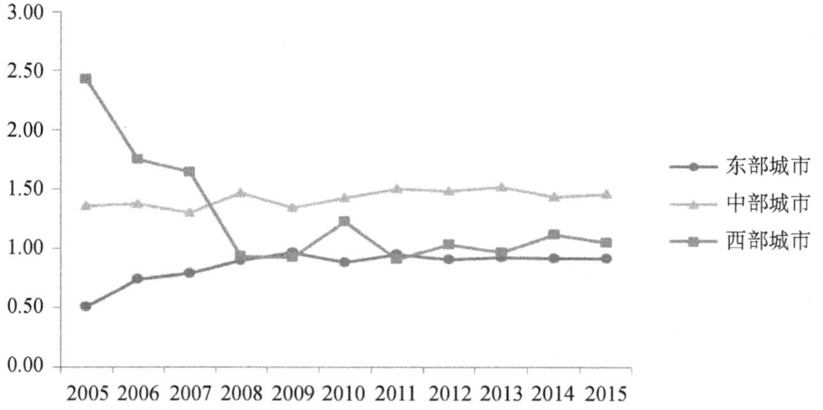

图 4-8 2005—2015 年中国东、中、西部城市旅游业碳减排潜力分析

在科学测度中国21个主要城市旅游业碳排放强度年变化率的基础上，以2004年的碳排放强度为基期，计算出2005—2015年各城市碳减排潜力指数（表4-16），可以发现，各主要城市旅游业的年均碳减排潜力存在较大的差异。从具体数值来看，海口、珠海、深圳等7个城市的碳减排潜力均小于1，其中，海口碳减排潜力最小，为-1.60，表明这些城市旅游业的低碳经济效率低于整体旅游业平均水平；南京、武汉和青岛这3个城市的碳减排潜力指数略微大于1，表明这些城市旅游业的节能减排效率与整体旅游业平均水平相当；长春、苏州和大连等11个城市的碳减排潜力指数远大于1，其中大连数值最大，为2.22，表明这些城市旅游业在降低碳排放强度方面的效率远高于整体旅游业平均水平。碳减排潜力数值的大小代表了旅游业节能减排效率的高低。由此可见，47.62%的主要城市所“挖掘”的碳减排潜力勉强达到整体平均水平，因此其未来仍然具有较大的碳减排潜力。

表 4-16 2005—2015 年中国 21 个主要城市旅游业碳减排潜力分析

主要城市	海口	珠海	深圳	广州	福州	昆明	成都	南京	武汉	青岛	长春
碳减排潜力	-1.60	-1.04	-0.62	0.22	0.36	0.68	0.83	1.12	1.19	1.23	1.42
主要城市	苏州	杭州	无锡	桂林	哈尔滨	宁波	厦门	西安	沈阳	大连	
碳减排潜力	1.55	1.56	1.57	1.77	1.77	1.79	1.85	1.97	2.16	2.22	

第五章

主要城市旅游业碳生产率的测度分析

本章在考虑碳排放约束的前提下，将碳排放引入传统的旅游业生产率分析框架，以中国 21 个主要城市的投入产出数据为基础，测算并比较中国主要城市在未考虑碳排放约束和考虑碳排放约束下的旅游业生产率水平和旅游业碳生产率水平。本章的结构具体安排如下：首先简要介绍环境生产技术、相邻前沿交叉参比 Malmquist 指数以及基于 SBM 的 Malmquist - Luenberger 生产率指数等模型，并对投入产出数据进行说明；其次对未考虑碳排放约束的中国主要城市旅游业生产率进行测度分析；最后阐明环境因素在碳生产率测算中的处理方式，并对中国主要城市旅游业碳生产率进行差异性分析。

第一节　实证模型与数据说明

一、变量和数据说明

本书选择 2003—2013 年中国 21 个主要城市的面板数据进行分析，这些城市或是各省、市、自治区的省会城市，或是著名风景旅游城市，因此被称作旅游业“主要城市”，从地位和收入水平上看，这些城市代表了我国城市旅游发展的最高水平，以此为研究对象进行碳生产率计算可以反映我国城市旅游业的真实绩效。数据资料主要来自历年的《中国旅游统计年鉴（副本）》《中国区域经济统计年鉴》《国家旅游景区发展报告》及国家、各省旅游局的公告。其投入与产出变量的统计描述结果见表 5-1。

（1）投入要素。投入指标能够综合反映出某一城市（地区）旅游发展过程中所投入的各类要素，经济学意义上最基本的生产要素包括土地、劳动、资本。但是城市旅游生产不受土地面积约束，因而土地面积不能作为投入变量。要素定义为：劳动投入指标，用旅行社及星级饭店从业人数表示；资本投入指标，用旅行社及星级饭店的固定资产原值表示；资源投入约束指标用星级景区数量表示，4A、5A 景区按照 1:1.2 的权重进行统计分析。

（2）产出要素。产出指标能综合反映城市（地区）旅游发展的总体水平。鉴于数据的可得性选取了以下产出指标：旅游业收入（国内旅游收入与国际旅游收入之和）；接待游客人数（国内旅游者人数与国际旅游者人数之和，国际旅游者不包括港澳台人数）；非期望产出指标：旅游业碳排放量（包括旅游交通碳排放量、旅游住宿碳排放量和旅游活动碳排放量）。

表 5-1　　主要变量统计描述结果

主要变量	样本数	最小值	最大值	平均数	标准差
固定资产原值（万元）	231	127 103.28	1 843 030.79	653 513.07	342 821.96
人均固定资产原值（万元）	231	25.13	266.70	47.80	18.69
从业人数（人）	231	6 168.00	62 132.00	22 792.17	11 405.21
企业数（户）	231	114.00	750.00	317.46	136.14
星级景区个数综合（个）	231	0.00	43.20	11.58	8.29
国内旅游收入（亿元）	231	5.62	1 882.29	412.75	346.93
国际旅游收入（万美元）	231	2 075.00	516 883.62	78 111.64	94 641.38
接待国内游客数量（万人次）	231	276.00	17 022.00	3 534.09	2 611.68
接待国外游客数量（万人次）	231	2.60	294.40	71.42	59.29
旅游活动 CO_2 总排放量（吨）	231	0.02	6.86	0.80	1.14
旅游交通 CO_2 总排放量（吨）	231	455.99	31 030.01	3 848.33	4 342.21
旅游住宿 CO_2 总排放量（吨）	231	0.01	0.10	0.035	0.02
旅游业 CO_2 总排放量（吨）	231	456.05	31 031.48	3 849.16	4 342.52

第二节　未考虑碳排放约束的主要城市旅游业生产率测度

本部分采用 MAXDEA 6.6 软件对中国 21 个主要城市在未考虑碳排放约束情形下的旅游业 Malmquist 生产率指数进行测度。具体结果及分析如下。

一、时序演变分析

从表 5-2 可以看出，在未考虑碳排放约束下，2003—2013 年中国主要城市旅游业生产率年均增长 16%。从其分解结果来看，考察期内技术效率指数年均增长 6%，技术进步指数年均增长 10%，这说明，不考虑碳排放的旅游业生产率增长呈波动状态。按其增长趋势分为 2003—2005 年（“十五”时期）、2006—2010 年（“十一五”时期）和 2011—2013 年（“十二五”时期）三个阶段。不同阶段旅游业生产率增长速度及源泉存在一定的差异性。其中“十五”时期旅游业的生产率年均增长为 19%，其增长主要来源于技术效率指数，年均增长 42%，而技术进步指数则出现了负增长，制约了旅游业生产率的增长；“十一五”时期旅游业生产率年均增长 13%，与“十五”时期相比增速明显放缓，其中技术效率指数年均增长为 1%，相比前一阶段下降幅度较大，但技术进步指数得到了明显的改善，年均增长为 12%；“十二五”时期旅游业生产率相比前两个阶段增长速度最快，年均增长为 20%，增长模式转变成为技术进步的单独驱动，年均增长 26%，而技术效率则出现了退化现象，年均负增长 5%。

表 5-2　2003—2013 年中国主要城市旅游业生产率及其分解结果

年份/时期	M 指数	MEFFCH 指数	MTECH 指数
2003—2004	1.35	2.10	0.65
2004—2005	1.05	0.96	1.09
“十五”时期	1.19	1.42	0.84
2005—2006	1.13	1.12	1.01
2006—2007	1.04	0.97	1.07
2007—2008	1.09	0.96	1.14
2008—2009	1.11	0.98	1.13

续表

年份/时期	M 指数	MEFFCH 指数	MTECH 指数
2009—2010	1.30	1.03	1.27
“十一五”时期	1.13	1.01	1.12
2010—2011	1.24	0.91	1.37
2011—2012	1.18	0.92	1.27
2012—2013	1.19	1.04	1.14
“十二五”时期	1.20	0.95	1.26
均值	1.16	1.06	1.10

二、实证模型与方法介绍

1. 环境生产技术

随着旅游业的快速发展，在“好”产出生产的过程，必然会伴随着“坏”产出的生产。为将碳排放纳入到旅游业生产率的分析框架中，需构造出一个既包含期望产出又包含非期望产出的生产可能性集，即环境生产技术（The Environmental-Production Technology）。假设每一个决策单元（Decision Making Unit，DMU）使用 N 种投入要素 $x=(x_1,\cdots,x_n)\in R_N^+$，得到 M 种期望产出 $y=(y_1,\cdots,y_n)\in R_M^+$ 以及 I 种非期望产出 $u=(u_1,\cdots,u_n)\in R_I^+$。用 $P(x)$ 表示生产可能性集：

$$P(x)=\{(x,y,u):(y,u),x\in P(x)\} \tag{5-1}$$

生产可能性集是一个有界的闭集，需满足以下几个条件：

（1）若 $(y,u)\in P(x)$，且 $0\leqslant\theta\leqslant1$，则 $(\theta_y,\theta_u)\in P(x)$。即期望产出与非期望产出具有联合弱可处置性（Jointly Weak Disposability）。表示在既定产出下，非期望产出减少时，相应的期望产出也会减少。此假设保证了生产可能性集的函数凸性。

（2）投入和期望产出的强可处置性（Strong or Free Disposability）。有 $x'\leqslant x$，那么 $P(x')\subseteq P(x)$；如果 $(y,u)\in P(x)$，且 $y'\leqslant y$，那么 $(y',u)\in P(x)$。即期望产出可以自由支配，但非期望产出却保持不变。

（3）副产品公理（Byproducts Axiom）假设：若 $(y,u)\in P(x)$，$u=0$，则 $y=0$。DMU 在获得期望产出的同时，一定会有非期望产出，并保证 $P(x)$ 通过原点。

假定在每个时期为 $t=1$，…，T 和第 $k=1$，…，K 时的观测值投入产出集合向量为(x_k^t, y_k^t, u_k^t)。那么通过数据包络分析可以将环境技术集转化为：

$$P^t(x)^t \begin{Bmatrix} (y^t, u^t): \sum_{k=1}^{K} z_k^t y_{k,m}^t \geqslant y_m^t, m = 1, \cdots, M; \\ \sum_{k=1}^{K} z_k^t x_{k,m}^t \leqslant x_n^t, n = 1, \cdots, N; \\ \sum_{k=1}^{K} z_k^t x_{k,i}^t = u_i^t, i = 1, \cdots, I; z_k^t \geqslant 0, k = 1, \cdots, K \end{Bmatrix} \tag{5-2}$$

式（5－2）中的z_k^t为密度变量，反映的是每一个截面的DMU被赋予权重情况。权重变量的和为1与非负的权重变量两个约束条件表示可变规模报酬（Variable Return to Scale，VRS）。若去掉权重变量的和为1的约束，则表示不变规模报酬（Constant Returns to Scale，CRS）假设。为表达期望产出与非期望产出的零结合性，假定：

$$\sum_{k=1}^{K} u_{k,i}^t > 0, i = 1, \cdots, I; \qquad \sum_{i=1}^{I} u_{k,i}^t > 0, k = 1, \cdots, K \tag{5-3}$$

式（5－3）中分别表示至少有一个DMU在生产所有非期望产出；每一个DMU至少生产一种非期望产出。

2. 方向性距离函数

DDF（Directional Distance Function）最初由Chambers等（1996）提出，它是在某种生产技术水平下，基于固定的投入（或产出），描述产出指标变量（或投入指标变量）最优比例的一种代表性函数。他们将决策者的主观偏好与DEA模型相结合，被广泛应用于考虑非期望产出的效率和生产率测度上。需要指出的是，该模型属于径向和角度的DEA度量方法，换言之，投入和产出均按照相同比例扩张或缩减，而没有考虑到松弛问题，当存在非零松弛时，径向测度方法可能会高估效率值（Fukuyama和Weber，2009）。如图5－1所示，图中显示的是两种投入（X_1，X_2）和一种产出（Y）的生产率测算情况。LL_1为C点和D点所构成的生产前沿面，其中C点和D点位于LL_1之上，生产有效率，而A_1点和B_1点位于LL_1内部，生产无效率。根据Farrell（1957）的定义，A_1点和B_1点的效率分别为OA/OA_1和OB/OB_1。以C点为参照，在保证生产率有效的前提下，A点生产所浪费的要素投入可表示为$A_1A + AC$，因此，在经典的经济学中，A点并不是真正有效率的点，学术上称A_1A为A_1到C的“径向调整量”，AC则被称为“松弛调整量”，它们分别反映了技术的无效率和资源配置的无效率。

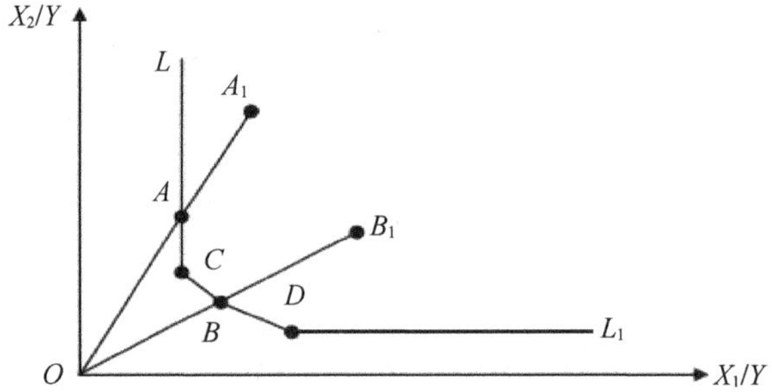

图 5-1　传统生产率测度中的投入松弛问题

3. 超效率 SBM 方向性距离函数

为了弥补径向和角度 DEA 的缺陷，Tone（2001）通过在目标函数中引入投入和产出松弛量，提出了基于松弛的 SBM（Slacks - based Measure）效率测度模型。它是一个非径向、非角度的 DEA 模型，能有效避免传统 DEA 模型固有的松弛问题和角度选择问题，提高计算结果的精准性，且能解决非期望产出存在条件下的效率评价问题。SBM 模型的基本形式表示如下：

$$\vec{D}_0^t(x^{t,k'},y^{t,k'},u^{t,k'};g) = \min\rho \frac{1-\frac{1}{N}\sum_{n=1}^{N}S_n^x/x_{n_0}}{1+\frac{1}{M+1}\left(\sum_{m=1}^{M}S_m^y/y_{m_0}+\sum_{i=1}^{I}S_i^u/u_{i_0}\right)}$$

$$\text{s.t.} \sum_{k=1}^{K} z_k x_{nk} + s_n^x = x_{n_0}, n = 1,2,\cdots,N;$$

$$\sum_{k=1}^{K} z_k y_{mk} + s_m^y = y_{m_0}, m = 1,2,\cdots,M; \tag{5-4}$$

$$\sum_{k=1}^{K} z_k = 1;\ \sum_{k=1}^{K} z_k u_{mk} + s_i^u = u_i^0, i = 1,2,\cdots,I; z_k \geq 0;\ s_n^x \geq 0; s_i^u \geq 0$$

式（5-4）中，$(x^{t,k'},y^{t,k'},u^{t,k'})$是 t 时期中国主要城市 k'的投入和产出的方向向量，(s_n^x,s_m^y,s_i^u)是表示投入冗余、期望产出不足和非期望产出冗余的松弛向量，各变量值均大于零时，表示实际的投入和碳排放量大于边界的投入和碳排放量，而实际的产出则小于边界的产出。式（5-4）是 VRS 条件下的方向性距离函数，若去掉权重变量之和为 1 的约束，则为 CRS 条件下的方向性距离函数。

式（5-4）中，目标函数ρ的分子、分母分别测度生产单元实际投入、产出与生产前沿面的平均距离，即投入无效率和产出无效率程度。因此，其值越大，代表的效率水平就越低。当且仅当 $\rho=1$ 时，生产单元完全有效率，此时

$s_n^x = s_m^y = s_i^u = 0$，即最优解中不存在投入过剩和产出不足；当 $\rho < 1$ 时，表示生产单元存在效率损失，在投入产出上存在进一步改进的空间。

然而，在实际情况中，可能出现多个决策单元均有效的情况，Tone（2002）在 SBM 的基础上提出了超效率 SBM 模型，该方法结合了超效率 DEA 模型和 SBM 模型的优势，相比传统的 DEA 模型，不仅可以更恰当地处理非期望产出，而且可以在有效的决策单元中进一步作出比较。基本原理是：假设有 n 个决策单元，每个决策单元由投入 m，期望产出 r_1 和非期望产出 r_2 三个部分构成，用向量表示为 $x \in R^m$；$y^d \in R^{r1}$，$y^u \in R^{r2}$；X、Y^d 和 Y^u 是矩阵，$X = [x_1 \cdots x_n] \in R^{m \times n}$，$Y_d = [y_1^d \cdots y_n^d] \in R^{r_1 \times n}$ 和 $Y^u = [y_1^u \cdots y_n^u] \in R^{r_2 \times n}$。本书在讨论超效率 SBM 时，定义决策单元是有效的。超效率 SBM 模型表示如下：

$$\min\varphi = \frac{1/m \times \sum_{i=1}^{m} \bar{x}/x_{ik}}{1/(r_1 + r_2) \times \left(\sum_{s=1}^{r_1} \overline{y^d}/y_{sk}^d + \sum_{q=1}^{r_2} \overline{y^u}/y_{qk}^u\right)}$$

$$\text{s. t. } \bar{x} \geqslant \sum_{j=1,\neq k}^{n} x_{ij}\lambda_j, i = 1, \cdots, m$$

$$\overline{y^d} \leqslant \sum_{j=1,\neq k}^{n} y_{sj}^d\lambda_j, s = 1, \cdots, r$$

$$\overline{y^d} \geqslant \sum_{j=1,\neq k}^{n} y_{qj}^u\lambda_j, q = 1, \cdots, r_2 \tag{5-5}$$

$\lambda_j > 0, j = 1, \cdots, n;\ j \neq 0; \bar{x} \geqslant x_k, k = 1, \cdots, m; \overline{y^d} \leqslant y_k^d, q = 1, \cdots, r_1; \overline{y^u} \geqslant y_k^u, u = 1, \cdots, r_2$

4. 生产率指数及其分解

（1）Malmquist 生产率指数，是一种基于 DEA 模型提出的，利用距离函数的比率来计算投入产出效率的指数，其最初由 Malmquist（1953）作为一种消费指数而提出，Caves 等（1982）最先将该指数应用于生产率变化测算，后与 Charnes 等（1978）建立的数据包络分析相结合，此后该指数便广泛应用于生产率测算中。Malmquist 生产率指数的实质是通过两个不同时刻距离函数的比值来刻画生产率的变化，而距离函数的求解则需要借助于 DEA 的数学线性规划模型，其基本逻辑是利用投入产出观测数据构造出最佳生产前沿面，然后计算每一个 DMU 在两个时期分别相对于最佳生产前沿面的距离，并以此定义相对效率的变化。Färe 等（1994）给出的以产出为导向的 Malmquist 生产率指数为：

$$M_0(x^{t+1},y^{t+1},x^t,y^t)=\left[\left(\frac{D_0^t(x^{t+1},y^{t+1})}{D_0^t(x^t,y^t)}\times\frac{D_0^{t+1}(x^{t+1},y^{t+1})}{D_0^{t+1}(x^t,y^t)}\right)\right]^{1/2} \tag{5-6}$$

式（5-6）刻画了从 t 到 $t+1$ 时刻的生产率变化，为了避免前沿技术参照系选择时的随意性，Färe 等使用了以产出距离函数构造的两个 Malmquist 生产率指数的几何平均。其中，$D_0^t(x^t,y^t)$，$D_0^t(x^{t+1},y^{t+1})$ 分别为以 t 时刻的前沿生产技术为参考的 t 时刻和 $t+1$ 时刻的产出距离函数，而 $D_0^{t+1}(x^t,y^t)$，$D_0^{t+1}(x^{t+1},y^{t+1})$ 则分别为以 $t+1$ 时刻的前沿生产技术为参考的 t 和 $t+1$ 时刻的产出距离函数，每一时刻 $t(t=1,2,\cdots,T)$ 的产出距离函数刻画的是在给定要素投入向量 $x^t(x^t\in R_+^N)$ 的情况下，能够获得的可以使产出 $y^t(y^t\in R_+^M)$ 最大的扩展比例，用公式可以表示为：

$$D_0^t(x^t,y^t)=\inf\{\theta:(x^t,y^t/\theta)\in S^t\}=(sup\{\theta:(x^t,\theta y^t)\in S^t\})^{-1} \tag{5-7}$$

其中，θ 为标量，$1/\theta$ 表示技术效率；S^t 为所有可行的投入产出向量的集合，而其中每一个给定投入下的最大产出子集就是生产技术的前沿。式（5-7）中 $D_0^t(x^t,y^t)\leqslant 1$ 当且仅当 $(x^t,y^t)\in S^t$，$D_0^t(x^t,y^t)=1$ 当且仅当 (x^t,y^t) 为技术前沿边界，根据 Farrell（1957），这种情况意味着生产是最有效率的，即在给定投入的情况下实现了最大产出。

对于式（5-6）中的四个距离函数可以借助于非参数规划的数据包络分析技术进行求解。假定有 $k=1,2,\cdots,K$ 个 DMU，在每个时刻 $t=1,2,\cdots,T$ 使用 $n=1,2,\cdots,N$ 种投入 $x_n^{k,t}$ 生产 $m=1,2,\cdots,M$ 种产出 $y_m^{k,t}$，在每个投入产出的观测值为正并且每个时刻的观测值数量保持不变的前提下，t 时刻的参考或边界技术通过数据可以构建为：

$$S^t=\left\{(x^t,y^t):y_m^t\leqslant\sum_{k=1}^{k}z^{k,t}y_m^{k,t};x_n^t\geqslant\sum_{k=1}^{k}z^{k,t}x_n^{k,t}\geqslant 0\right\} \tag{5-8}$$

其中，$z^{k,t}$ 表示第 k 个样本观测值的权重，生产技术具有规模报酬不变且要素自由处置的性质，因为技术效率是距离函数的倒数（Farrell，1957），所以，技术效率就转化为了距离函数倒数的解。对于第 $k'=1,2,\cdots,K$ 个决策单位，$D_0^t(x^{k',t},y^{k',t})$ 的倒数可以通过以下的线性规划模型求解：

$$\begin{aligned}&(D_0^t(x^{k',t},y^{k',t}))^{-1}=\max\theta^{k'}\\&\text{s. t. }\theta^{k'}y_m^{k',t}\leqslant\sum_{k=1}^{k}z^{k,t}y_m^{k,t}\\&x_n^{k',t}\geqslant\sum_{k=1}^{K}z^{k,t}x_n^{k,t}\\&z^{k,t}\geqslant 0\end{aligned} \tag{5-9}$$

式（5-6）中的其他几个混合距离函数可以同理构造求解，如此使用线性规划模型，便可以求解出式（5-6）中的生产率变化指数。

对于 Malmquist 生产率指数的分解，可以通过对式（5-6）的变换得到，Färe 等将式（5-6）变换为：

$$M_0(x^{t+1},y^{t+1},x^t,y^t)=\frac{D_0^{t+1}(x^{t+1},y^{t+1})}{D_0^t(x^t,y^t)}\times\left[\left(\frac{D_0^t(x^{t+1},y^{t+1})}{D_0^{t+1}(x^{t+1},y^{t+1})}\right)\left(\frac{D_0^t(x^t,y^t)}{D_0^{t+1}(x^t,y^t)}\right)\right]^{1/2}=EFFCH\times TECH \quad (5-10)$$

在式（5-10）中，Malmquist 生产率指数被分解为两部分，分别刻画了生产率变化中的相对技术效率变化（Efficiency Change，EFFCH）和技术进步变化（Technological Change，TECH）。EFFCH 是规模报酬不变且要素自由处置条件下的相对效率变化指数，该指数刻画了 t 到 $t+1$ 时刻每个决策单位到最佳实践边界的追赶，即被观测的生产距离最大的潜在生产有多远。TECH 是技术进步指数，它刻画了从 t 到 $t+1$ 时刻技术边界的移动。式（5-10）是对应 CRS 的生产前沿给出的，当对应 VRS 生产前沿时，式（5-10）中的技术效率变化还可以进一步分解为纯技术效率变化和规模效率变化。综上可知，当 $M_0>1$ 时表示生产率水平提高；$M_0=1$ 时表示生产率水平不变；$M_0<1$ 时表示生产率水平下降。

（2）相邻前沿交叉参比 Malmquist 指数（Adjacent Malmquist）。分析被评价决策单元在两个时期的生产率变化，需要参考生产前沿得出其在两个时期的生产效率。现在有两个生产前沿可用，分别为时期 1 的前沿和时期 2 的前沿（简称前沿 1 和前沿 2），参考不同前沿得出的生产效率值是不同的。

图 5-2 分别用上标 1 和 2 表示时期 1 和时期 2 的数据，时期 1 的前沿由 $A^1B^1C^1$ 构成，时期 2 的前沿由 $A^2B^2C^2$ 构成，参考前沿 1，K 的 Malmquist 生产率指数为：

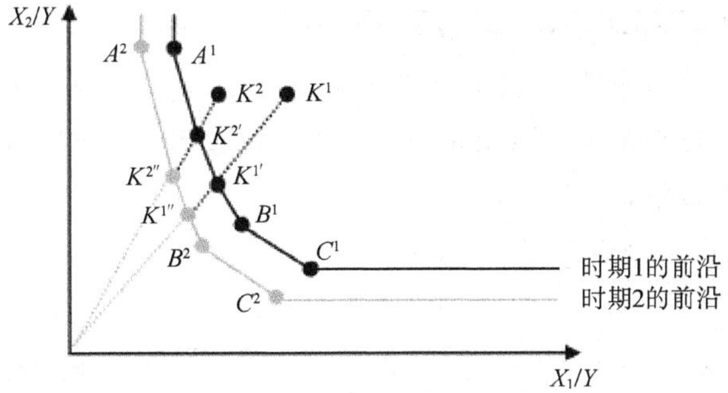

图 5-2　Malmquist 生产率指数示意图

$$E^1(K^1)=\frac{OK^{1'}}{OK^1},E^1(K^2)=\frac{OK^{2'}}{OK^2},\frac{E^1(K^2)}{E^1(K^1)}=\frac{OK^{2'}/OK^2}{OK^{1'}/OK^1} \tag{5-11}$$

参考前沿 2，K 的 Malmquist 生产率指数为：

$$E^2(K^1)=\frac{OK^{1''}}{OK^1},E^1(K^2)=\frac{OK^{2''}}{OK^2},\frac{E^1(K^2)}{E^1(K^1)}=\frac{OK^{2''}/OK^2}{OK^{1''}/OK^1} \tag{5-12}$$

$E^{参考集}$（被评价 DMU）表示 DEA 模型得出的效率值，上标为 1 表示参考集为时期 1 的决策单元，上标为 2 表示参考集为时期 2 的决策单元，被评价决策单元在前沿 1 上的投影用“′”表示，在前沿 2 上的投影用“″”表示。

分别参考前沿 1 和前沿 2 得出了两个 Malmquist 指数，Färe 等人（1992）采用 Caves 等人（1982）计算 Malmquist 指数的方法，采用两个 Malmquist 指数的几何平均值作为被评价 DMU 的 Malmquist 指数，即：

$$M_{ac}(k^2,k^1)=\sqrt{\frac{E^1(K^2)}{E^1(K^1)}\times\frac{E^2(K^2)}{E^2(K^1)}}=\sqrt{\frac{OK^{2'}/OK^2}{OK^{1'}/OK^1}\times\frac{OK^{2''}/OK^2}{OK^{1''}/OK^1}} \tag{5-13}$$

从 t 时期到 $t+1$ 时期的 Malmquist 生产率指数为：

$$M_{ac}(x^{t+1},y^{t+1},x^t,y^t)=\sqrt{\frac{E^t(x^{t+1},y^{t+1})}{E^t(x^t,y^t)}\times\frac{E^{t+1}(x^{t+1},y^{t+1})}{E^{t+1}(x^t,y^t)}} \tag{5-14}$$

在 Malmquist 的计算公式中，$E^t(x^t,y^t)$ 和 $E^{t+1}(x^{t+1},y^{t+1})$ 分别是 K 在两个时期的技术效率值，Färe 等人（1992）将其作为两个时期的技术效率变化：

$$EFFCH_{ac}=\frac{E^{t+1}(x^{t+1},y^{t+1})}{E^t(x^t,y^t)} \tag{5-15}$$

前沿 2 与前沿 1 相比向前的移动情况可以由 $\frac{OK_1'}{OK_1''}=\frac{E^1(x^1,y^1)}{E^2(x^1,y^1)}$ 和 $\frac{OK_2'}{OK_2''}=\frac{E^1(x^2,y^2)}{E^2(x^2,y^2)}$ 反映，比值大于 1 表示前沿前移，小于 1 表示前沿后退，前沿的前移代表着技术进步。Färe 等人（1992）用其几何平均值作为技术进步变化：

$$TECH_{ac}=\sqrt{\frac{E^t(x^t,y^t)}{E^{t+1}(x^t,y^t)}\times\frac{E^t(x^{t+1},y^{t+1})}{E^{t+1}(x^{t+1},y^{t+1})}} \tag{5-16}$$

Malmquist 生产率指数、效率变化和技术进步变化三者之间的数量关系为 $M_{ac}=EFFCH_{ac}\times TECH_{ac}$，即 Malmquist 生产率指数可以分解为技术效率变化和技术进步变化两部分。

$$M_{ac}=\sqrt{\frac{E^t(x^{t+1},y^{t+1})}{E^t(x^t,y^t)}\times\frac{E^{t+1}(x^{t+1},y^{t+1})}{E^{t+1}(x^t,y^t)}} \tag{5-17}$$

$$=\frac{E^{t+1}(x^{t+1},y^{t+1})}{E^t(x^t,y^t)}\sqrt{\frac{E^t(x^t,y^t)}{E^{t+1}(x^t,y^t)}\times\frac{E^t(x^{t+1},y^{t+1})}{E^{t+1}(x^{t+1},y^{t+1})}} \tag{5-18}$$

（3）基于 SBM 的 Malmquist – Luenberger（ML）生产率指数。为准确研判中国 21 个主要城市旅游业碳生产率的动态演化趋势，本书仿照 Malmquist 生产率指数几何平均值的思路，运用 SBM 方向性距离函数计算出从 t 时期到 $t+1$ 时期的 ML 生产率指数：

$$ML=(x^{t+1},y^{t+1},u^{t+1};x^{t},y^{t},u^{t})=\left(\frac{\vec{S}_C^{t}(x^{t+1},y^{t+1},u^{t+1})}{\vec{S}_C^{t}(x^{t},y^{t},u^{t})}\times\frac{\vec{S}_C^{t+1}(x^{t+1},y^{t+1},u^{t+1})}{\vec{S}_C^{t+1}(x^{t},y^{t},u^{t})}\right)^{1/2} \quad (5-19)$$

$$=\frac{\vec{S}_C^{t+1}(x^{t+1},y^{t+1},u^{t+1})}{\vec{S}_C^{t}(x^{t},y^{t},u^{t})}\times\left(\frac{\vec{S}_C^{t}(x^{t+1},y^{t+1},u^{t+1})}{\vec{S}_C^{t+1}(x^{t+1},y^{t+1},u^{t+1})}\times\frac{\vec{S}_C^{t}(x^{t},y^{t},u^{t})}{\vec{S}_C^{t+1}(x^{t},y^{t},u^{t})}\right)^{1/2} \quad (5-20)$$

$$=MLEFFCH(x^{t+1},y^{t+1},u^{t+1},x^{t},y^{t},u^{t})\times MLTECH(x^{t+1},y^{t+1},u^{t+1},x^{t},y^{t},u^{t}) \quad (5-21)$$

基于 SBM 的 ML 生产率指数可以分解为技术效率变化（MLEFFCH）和技术进步变化（MLTECH）。其中 MLEFFCH 表示由于旅游业自身内部效率变化引起的产出增长，主要源于纯技术效率变动和生产规模效率变化两个部分；MLTECH 则表示有技术进步引起的产出增长。如果 ML > 1，那么表明从 t 时期到 $t+1$ 时期的主要城市旅游业碳生产率在上升，反之则下降；MLEFFCH > 1、MLTECH > 1 分别表示技术效率改善和前沿技术进步；MLEFFCH < 1、MLTECH < 1 分别表示技术效率恶化和前沿技术退步。

三、地区差异分析

图 5 – 3 显示的是在不考虑碳排放约束下东部、中部和西部城市旅游业生产率及技术效率指数和技术进步指数的均值。可以看出，不考虑碳排放约束下东、中、西部城市旅游业的生产率之间存在明显的差异性：其中，中部城市最高，年均增长 28%；西部城市次之，年均增长 19%；东部城市居后，年均增长 12%。这说明东部城市旅游发展面临着相对较大的资源节约、节能减排与旅游开发协调发展的任务。从增长源泉来看，除中部城市之外，东部和西部城市的技术进步指数大于技术效率指数。就技术进步指数而言，西部城市最高，年均增长 11%；东部城市次之，年均增长 9%；中部城市比东部城市稍低，年均增长 8%。就技术效率指数而言，东、中、西部城市也呈增长趋势，其中中部城市最高，年均增长 18%；西部城市次之，年均增长 8%；东部城市最低，年均增长 3%。

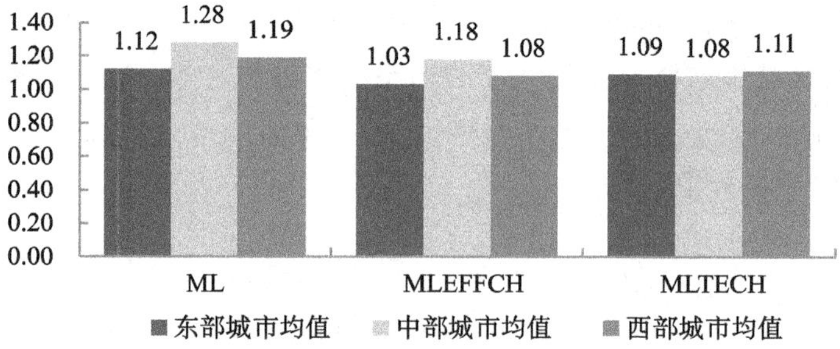

图5-3　不考虑碳排放约束下的中国东、中、西部城市旅游业生产率增长及其分解

四、城市差异性分析

从表5-3可以看出，在不考虑碳排放约束的情况下中2003—2013年间，旅游业生产率排名前5位的城市依次是哈尔滨（1.33）、长春（1.29）、西安（1.26）、海口（1.25）和桂林（1.24），其中除西安之外，哈尔滨、长春、海口和桂林4个城市的技术效率指数均大于技术进步指数，相对而言这4个城市旅游业生产率增长的主要来源是技术效率指数。排名后5位的依次为广州（1.08）、无锡（1.08）、深圳（1.07）、青岛（1.06）和厦门（1.00），除广州之外，其他4个城市的旅游业生产率增长来源主要是技术进步指数，且深圳、青岛和厦门的技术效率指数均小于1。上述分析表明中国21个主要城市旅游业生产率增长较快的主要集中于中部和西部城市，东部城市增长较慢。

表5-3　2003—2013年中国主要城市旅游业生产率均值及排名

主要城市	MEFFCH指数	MTECH指数	M指数	排名
沈阳	0.97	1.20	1.16	8
大连	1.12	1.03	1.15	10
长春	1.18	1.09	1.29	2
哈尔滨	1.22	1.09	1.33	1
南京	0.99	1.11	1.10	15
无锡	1.00	1.07	1.08	18
苏州	0.96	1.19	1.14	12
杭州	0.96	1.20	1.15	11
宁波	1.00	1.18	1.18	7
福州	1.08	1.07	1.15	9
厦门	0.86	1.16	1.00	21

续表

主要城市	MEFFCH 指数	MTECH 指数	M 指数	排名
青岛	0.96	1.11	1.06	20
武汉	1.13	1.07	1.21	6
广州	1.16	0.93	1.08	17
深圳	0.98	1.10	1.07	19
珠海	1.17	0.94	1.09	16
桂林	1.19	1.05	1.24	5
海口	1.24	1.01	1.25	4
成都	0.99	1.13	1.12	14
昆明	1.03	1.11	1.14	13
西安	1.10	1.14	1.26	3

五、技术创新城市

为了研究在生产可能性边界外移的过程中究竟哪些中国主要城市起了重要的推动作用，即哪一个城市是“创新者”。这需要在技术进步率的基础上引进一些条件（李强，2015）。我们认为，若同时满足以下三个条件，则决策单元必定在 t 到 $t+1$ 期间使得生产可能性边界外移。具体如下：

$$TECH > 1\ ;\ D_0^{t+1}(x^{t+1},y^{t+1}) > 1\ ;\ D_0^{t+1}(x^{t+1},y^{t+1}) = 1 \qquad (5-22)$$

表 5－4 列出了每个时间段推动生产可能性边界向外扩展的城市，可以看出，在不考虑碳排放约束下，2003—2013 年间中国主要城市共有 16 个城市充当了旅游业生产率技术创新城市的身份，即在考察期内有 16 个城市至少移动生产可能性边界 1 次。但不同时间段作为创新者的城市也有所差异，技术创新城市主要集中在南京、无锡、苏州、广州、武汉、成都和珠海 7 个城市，南京和无锡是移动生产可能性边界次数最多的城市，均移动 9 次，苏州和广州移动 8 次，武汉移动 7 次，成都和珠海均移动 5 次。

表 5－4　　2003—2013 年中国主要城市旅游业技术创新城市

年度	技术创新城市
2003—2004	沈阳、南京、无锡、苏州、青岛、成都
2004—2005	南京、无锡、苏州、武汉、广州、深圳、成都
2005—2006	沈阳、南京、苏州、杭州、广州、深圳
2006—2007	沈阳、南京、无锡、苏州、杭州、福州、厦门、青岛、广州

续表

年度	技术创新城市
2007—2008	沈阳、南京、无锡、苏州、武汉、西安
2008—2009	沈阳、南京、无锡、苏州、武汉、广州、珠海
2009—2010	沈阳、哈尔滨、南京、无锡、苏州、武汉、广州、深圳、珠海
2010—2011	南京、无锡、苏州、杭州、武汉、广州、珠海、成都
2011—2012	南京、无锡、武汉、广州、珠海、成都
2012—2013	长春、哈尔滨、无锡、武汉、广州、珠海、成都

第三节　考虑碳排放约束的主要城市旅游业碳生产率测度

一、环境因素在生产率测算中的处理方式

1. 非期望产出作投入处理法

其原理是：尽可能在减少非期望产出的情况下不影响提高或扩大期望产出。具体来讲，将非期望产出作为投入要素处理指的是在生产率评价的过程中，将非期望产出作为一种投入要素，和其他常规投入要素一起添加到传统的DEA模型中，以此来分析DMU的环境生产率。根据Pittman（1983），具体可表述为：

$$\max\rho$$

$$s.t.\sum_{k=1}^{K} z_k^t x_{kn}^t \leqslant \rho x_{k'n}^t, n = 1,2,\cdots,N;$$

$$\sum_{k=1}^{K} z_k^t y_{km}^t \geqslant y_{k'm}^t, m = 1,2,\cdots,M;$$

$$\sum_{k=1}^{K} z_k^t u_{ki}^t = \rho u_{k'i}^t, \sum_{k=1}^{K} z_k^t = 1, i = 1,2,\cdots,I; z_k \geqslant 0, k = 1,2,\cdots,K \quad (5-23)$$

将非期望产出作为投入要素的处理方法在保持DMU期望产出不变的情况下，衡量了非期望产出和要素投入的可缩减比例，具有一定的合理性。然而，现实的生产过程中，非期望产出和要素投入并不能总是保持一定的同比例关系。因此，这种环境生产率评价方法不能反映出实际的生产过程，其度量的环境生产率值也只能作为一种参考。

2. 双曲线测度评价法

Färe 等（1989）最早运用投入产出的弱可处置性处理污染变量，他提出一个双曲线形式的非线性规划办法处理非期望产出。其基本思想是：将各种产出以“非对称”的方式处理，允许在增加期望产出的同时，减少非期望产出。具体来说，曲线测度评价法以径向测度来分析期望产出的生产率，而用其倒数（曲线）测度来衡量碳排放等非期望产出的生产率，从而达到在生产率评价的过程中增加期望产出和减少非期望产出的目的。

在 VRS 假定下，双曲线测度方法可分别基于环境因素的弱可处置性和强可处置性。所谓弱可处置性是指要想减少非期望产出必须牺牲部分期望产出。即碳排放的治理是需要代价的。强可处置性是指在生产过程中碳排放能够被自由处置。即对碳排放的处置并不会影响期望产出的产量。如图 5－4 所示，假设 DMU 所生产的期望产出 y，非期望产出（碳排放）为 u。如果环境因素是强可处置性的，则对应的产出集区域为 OEBCD；而如果环境因素是弱可处置性的，则对应的产出集区域为 OABCD。环境因素可处置性的确定没有统一的规则，应根据实际情况而定。一般而言，当外界存在着某种环境规制，DMU 不得不采取一定的措施去减少碳排放时，环境因素则属于弱可处置性的情形。

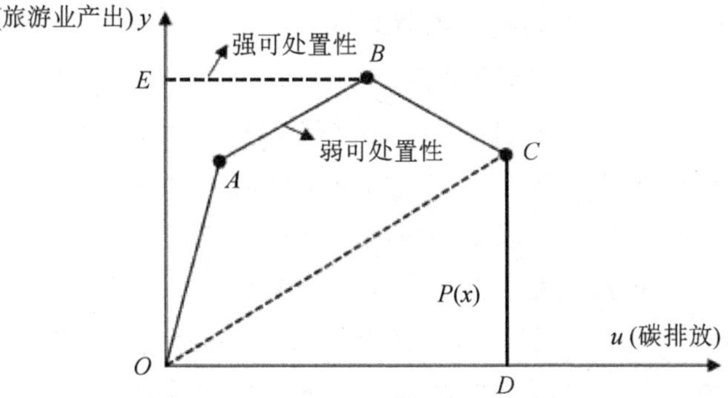

图 5－4 旅游业碳排放的可处置性

假设每一个城市使用 N 种投入 $x=(x_1,x_2,\cdots,x_N)\in R_+^N$，生产出 M 种期望产出 $y=(y_1,y_2,\cdots,y_M)\in R_+^M$ 和 I 种非期望产出 $U=(u_1,u_2,\cdots,u_I)\in R_+^I$，则基于环境因素弱可处置性的曲线环境生产率评价模型为（Zofio 和 Prieto，2001）：

$$\max\lambda$$

$$s.t.\ \sum_{k=1}^{K} z_k^t x_{kn}^t \leqslant x_{k'n}^t, n = 1,2,\cdots,N;$$

$$\sum_{k=1}^{K} z_k^t y_{km}^t \geqslant \lambda y_{k'm}^t, m = 1,2,\cdots,M; \tag{5-24}$$

$$\sum_{k=1}^{K} z_k^t u_{ki}^t = \frac{1}{\lambda} u_{k'i}^t, i = 1,2,\cdots,I; z_k \geqslant 0, k = 1,2,\cdots,K$$

如果环境因素是强可处置性的，则对应的环境生产率评价模型为：

$$\max \lambda$$

$$s.t. \sum_{k=1}^{K} z_k^t x_{kn}^t \leqslant x_{k'n}^t, n = 1,2,\cdots,N;$$

$$\sum_{k=1}^{K} z_k^t y_{km}^t \geqslant \lambda y_{k'm}^t, m = 1,2,\cdots,M; \tag{5-25}$$

$$\sum_{k=1}^{K} z_k^t u_{ki}^t \geqslant \frac{1}{\lambda} u_{k'i}^t, i = 1,2,\cdots,I; z_k \geqslant 0, k = 1,2,\cdots,K$$

曲线测度方法的优点在于其能够在提高期望产出的同时降低或减少非期望产出（碳排放），从而能够较好地反映出环境生产率度量的过程，同时也能对实际生产过程有所反映。然而，由于该种方法是一种非线性规划的生产率评价方法，求解较为困难，尽管 Färe 等给出了近似线性规划的替代求解方法，仍然无法保证解的精确性，从而使其应用受到一定的限制。

3. 非期望产出的数据转换函数处理法

基本思想是：将高的非期望产出转换为低的期望产出，然后将转化后的非期望产出作为普通的期望产出，运用传统的 DEA 模型分析 DMU 的环境生产率。根据非期望产出的转换方式，目前主要有负产出转换法、线性数据转换法以及非线性数据转换法三种数据转换函数形式。

（1）负产出转换法是通过将非期望产出乘以 -1 而转化为一个正的期望产出的方法。同时由于 DEA 模型要求产出向量不能为负值，因此需要添加一个较大的数值 ω 在转换后的非期望产出 $-u_{ki}^t$ 上，以保证产出向量为正。假设 y_{km}^t、u_{ki}^t 分别表示期望产出和非期望产出，则通过负产出转换法转换后，非期望产出变量可重新表示为：$\overline{u}_{ki}^t = -u_{ki}^t + \omega > 0$。根据 Seiford 和 Zhu（2002），在 VRS 下，负产出转换法的非期望产出 DEA 模型为：

$$\max \theta$$

$$s.t. \sum_{k=1}^{K} z_k^t x_{kn}^t \leqslant x_{k'n}^t, n = 1,2,\cdots,N;$$

$$\sum_{k=1}^{K} z_k^t y_{km}^t \geqslant \theta y_{k'm}^t, m = 1,2,\cdots,M; \tag{5-26}$$

$$\sum_{k=1}^{K} z_k^t u_{ki}^t \geqslant \theta \vec{u}_{k'i}, \sum_{k=1}^{K} z_k^t = 1, i = 1,2,\cdots,I; z_k \geqslant 0, k = 1,2,\cdots,K$$

由于负产出转换法要求加入约束条件 $\sum_{k=1}^{K} z_k^t = 1$，即只能在 VRS 的条件下求解生产率，如果放松这一约束条件，线性规划则可能无解。同时，负产出转换法将污染物作为负数处理，这会使得投入/产出数据为负数，不符合生产率评价的基本要求。因此，实际中这种方法的运用并不多见。

（2）线性数据转换法是通过一个线性的数据转化函数 $u_{ki}^{'t} = -u_{ki}^t + \nu$ 将非期望产出转为期望产出，然后将得到的 $u_{ki}^{'t}$ 作为期望产出添加到传统的 DEA 模型中进行环境生产率评价。由于线性数据转换法是基于 BCC 模型的分类不变性原理，所以在 BCC 模型中可以有效地保持凸性和线性关系，但在 CCR 模型中却无法保持分类的一致性（卞亦文，2006）。

（3）非线性数据转换法也称倒数转换法，是通过数据转化函数 $u_{ki}^{''t} = 1/-u_{ki}^t$ 将非期望产出转化为一个更优的期望产出。根据 Scheel（2001）和 Zhu（2003），非线性数据转换法的非期望产出 DEA 模型为：

$$\begin{aligned} & \max \varphi \\ & s.t. \sum_{k=1}^{K} z_k^t x_{kn}^t \leqslant x_{k'n}^t, n = 1,2,\cdots,N; \\ & \sum_{k=1}^{K} z_k^t y_{km}^t \geqslant \varphi y_{k'm}^t, m = 1,2,\cdots,M; \\ & \sum_{k=1}^{K} z_k^t \frac{1}{u_{ki}^t} \geqslant \varphi \frac{1}{u_{ki}^t}, i = 1,2,\cdots,I; z_k \geqslant 0, k = 1,2,\cdots,K \end{aligned} \qquad (5-27)$$

非线性数据转换法虽然可以较好地区分环境生产率的差异，也能够部分地理解环境生产率的实质，但是该方法违背了实际生产过程的实质，度量的环境生产率仍然会是有偏的。

环境因素在生产率测算中的处理方式除了以上三种之外，同时还包括本章第二节中的方向性距离函数和 SBM 方向性距离函数，此处不再赘述。

二、旅游业碳生产率演变趋势

为了研究考虑碳排放约束下的中国主要城市旅游业碳生产率的变化，并探寻碳生产率增长的源泉，本书测度了中国主要城市旅游业碳生产率指数及其分解情况，具体分析如下。

1. 时序演变分析

从表5－5可以看出，在考虑碳排放约束下，2003—2013年中国主要城市旅游业碳生产率年均增长16%，其中技术进步指数年均增长13%，技术效率指数年均增长3%。对比没有考虑碳排放约束的情况，中国旅游业碳生产率的增长主要源于技术进步指数，而其倒退则是受技术效率指数的影响，因而在碳排放的约束下，依靠技术进步、创新才能更为有效地促进旅游业绿色发展。从时序演变来看，2003—2013年间，中国主要城市旅游业碳生产率增长呈波动状态。其中“十五”时期旅游业碳生产率年均增长为19%，其增长主要来源于技术效率指数，年均增长31%，技术进步指数出现了0.09%的负增长；“十一五”时期旅游业碳生产率年均增长12%，与“十五”时期相比增速有所放缓，其中技术效率指数明显下降，年均增长为－1%，但技术进步指数得到了改善，年均增长为13%，增长幅度较大；“十二五”时期旅游业碳生产率相比前两个阶段增长速度最快，年均增长为22%，其中技术进步指数成为推动中国主要城市旅游业碳生产率的决定因素，年均增长29%，而技术效率指数则年均负增长5%。

表5－5　2003—2013年中国主要城市旅游业碳生产率及其分解结果

年份/时期	ML指数	MLEFFCH指数	MLTECH指数
2003—2004	1.36	1.76	0.77
2004—2005	1.04	0.98	1.07
“十五”时期	1.19	1.31	0.91
2005—2006	1.08	0.98	1.10
2006—2007	1.08	0.99	1.10
2007—2008	1.09	1.00	1.09
2008—2009	1.04	0.95	1.09
2009—2010	1.31	1.02	1.29
“十一五”时期	1.12	0.99	1.13
2010—2011	1.22	0.87	1.40
2011—2012	1.17	0.88	1.33
2012—2013	1.27	1.10	1.15
“十二五”时期	1.22	0.95	1.29
均值	1.16	1.03	1.13

2. 地区差异分析

由图5－5可知，加入碳排放约束的影响后，东部城市旅游业的碳生产率与生产率持平，中部和西部城市较之生产率均有所提高，其中中部城市旅游业的碳生产率最高，年均增长 29%，相比旅游业生产率增加了 1%；西部城市次之，年均增长 20%，较之旅游业生产率也增加了 1%；东部城市最低，年均增长 12%。就其增长源泉而言，东部和西部城市旅游业碳生产率的增长主要依靠技术进步指数，中部城市则来源于技术效率指数与技术进步指数的共同增长。从技术进步指数来看，西部城市最高，年均增长 16%；中部城市次之，年均增长 14%；东部城市稍低，年均增长 11%。较不考虑碳排放约束下的技术进步指数分别增加了 5%、6%、2%。从技术效率指数来看，中部城市最高，年均增长 13%；西部城市次之，年均增长 3%；东部城市最低，年均增长 1%。相比不考虑碳排放约束下的技术效率指数分别减少了 5%、5%、2%。

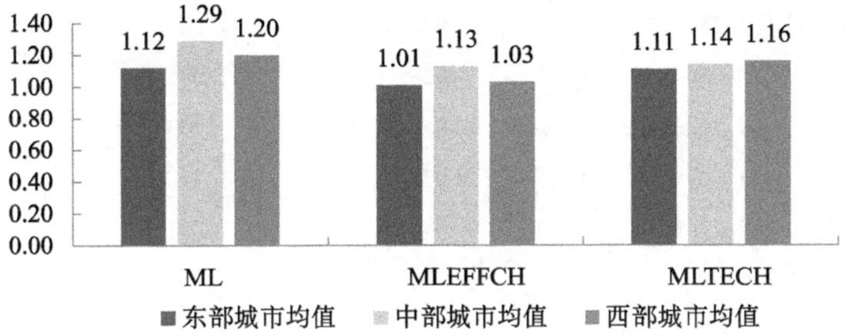

图 5－5　考虑碳排放约束下的中国东、中、西部城市旅游业碳生产率增长及其分解

3. 城间差异性分析

上述来自地区之间平均意义上的分析，还不能完全揭示碳排放约束下中国主要城市旅游业碳生产率的具体变化特征。由于旅游业碳生产率反映的是相对效率的评价状态，因此需要通过各城市的排名变化情况来反映碳排放约束对中国主要城市旅游业碳生产率的影响。表 5－6 列出了 2003—2013 年中国 21 个主要城市考虑碳排放约束下的旅游业碳生产率均值及其排名变动情况。可以发现：

表 5－6　　2003—2013 年中国 21 个主要城市旅游业碳生产率均值及排名

主要城市	MLEFFCH 指数	MLTECH 指数	ML 指数	排名
沈阳	0.94	1.18	1.11	15
大连	1.10	1.19	1.31	3
长春	1.15	1.21	1.39	1
哈尔滨	1.18	1.11	1.31	2

续表

主要城市	MLEFFCH 指数	MLTECH 指数	ML 指数	排名
南京	1.00	1.11	1.11	14
无锡	1.01	1.06	1.07	18
苏州	0.96	1.22	1.16	9
杭州	0.96	1.20	1.16	10
宁波	0.96	1.27	1.22	5
福州	1.04	1.10	1.15	13
厦门	0.88	1.15	1.00	21
青岛	0.90	1.16	1.04	20
武汉	1.08	1.11	1.19	8
广州	1.18	0.92	1.08	17
深圳	0.95	1.12	1.06	19
珠海	1.16	0.95	1.10	16
桂林	1.13	1.07	1.21	7
海口	1.17	1.04	1.22	6
成都	1.00	1.16	1.16	12
昆明	0.96	1.20	1.16	11
西安	1.05	1.22	1.28	4

在考虑碳排放约束的情况下，2003—2013年间，旅游业碳生产率排名前5位的城市依次是长春（1.39）、哈尔滨（1.31）、大连（1.31）、西安（1.28）和宁波（1.22），其中除哈尔滨之外，长春、大连、西安和宁波4个城市的技术进步指数均大于技术效率指数，说明其旅游业碳生产率增长主要依靠技术进步指数。排名后5位的依次为广州（1.08）、无锡（1.07）、深圳（1.06）、青岛（1.04）和厦门（1.00），与不考虑碳排放约束下的排名相同，除广州之外，其他4个城市的旅游业碳生产率增长主要也是依靠技术进步指数，其中深圳、青岛和厦门出现了技术效率指数倒退的现象。通过与不考虑碳排放约束的对比分析，还能得到以下结论：

（1）8个城市的碳生产率排名出现了比较明显的上升，如大连、长春、南京、苏州、杭州、宁波、成都和昆明，其中大连的碳生产率排名上升了7位（10→3），上升幅度主要由技术进步指数所引起，其技术效率指数反而出现了较小幅度的下降，具有相同变化特征的还有长春、宁波和昆明；成都表现为技术效率指数和技术进步指数均上升；南京的旅游业碳生产率提高则是由技术效率指数上升所引起；苏州表现为技术效率指数不变，技术进步指数上升；杭州虽然排名有所变动，但技术效率指数和技术进步指数较之不考虑碳排放情形并未发生变化。

（2）7个城市的碳生产率排名出现了明显的下降，如沈阳、哈尔滨、福州、武汉、桂林、海口和西安，其中下降幅度最大的是沈阳，其排名下降了7位（8→15），除了沈阳的下降幅度是由技术效率指数和技术进步指数二者共同下降所引起之外，其他6个城市均表现为技术效率指数下降、技术进步指数稍有上升的特征。

（3）6个城市的碳生产率排名未发生变动，如无锡、厦门、青岛、广州、深圳和珠海，但其分解发生了变动，如无锡、厦门和广州3个城市的技术效率指数有所上升，而技术进步指数有所下降，深圳和珠海则表现为技术效率指数下降、技术进步指数上升。

4. 技术创新者（城市）

即哪些城市推动了生产可能性边界的外移，Färe et al（2001）提出了以下三个判断条件：

$$
\begin{aligned}
&TECH_t^{t+1} > 1 \\
&D_0^t(x^{t+1}, y^{t+1}, u^{t+1}; y^{t+1}, -u^{t+1}) < 0 \qquad (5-28)\\
&D_0^{t+1}(x^{t+1}, y^{t+1}, u^{t+1}; y^{t+1}, -u^{t+1}) = 0
\end{aligned}
$$

第一个条件：表示技术前沿面向期望产出更多、非期望产出更少的方向移动，即在给定的投入向量下，$t+1$ 期相对于 t 期可能得到更多的期望产出和更少的非期望产出；第二个条件：意味着采用 t 期的技术与 $t+1$ 期的投入是无法产出 $t+1$ 期的产出的，即 $t+1$ 期的产出在 t 期的生产可能性边界之外；第三个条件：创新者 $t+1$ 期应当在技术前沿面上，即保证是有效的。同时满足上述三点，才能被认为是推动生产前沿面外移的“创新者”。

表5-7列出了每个时间段移动生产可能性边界的城市，可以发现，与不考虑碳排放约束相比，考虑碳排放约束下的技术创新城市略有不同，考察期内共有17个城市充当了旅游业碳生产率技术创新城市的身份，即有17个城市至少移动生产可能性边界1次。在所有城市中，技术创新城市主要集中在南京、无锡、苏州、广州、武汉、杭州、沈阳和成都这8个城市，其中南京表现最为突出，共推动生产可能性边界移动10次，无锡移动9次，苏州、广州和武汉移动8次，杭州移动7次、沈阳和成都均移动6次。

表 5－7　碳排放约束下 2003—2013 年中国主要城市旅游业技术创新城市

年份	技术创新城市
2003—2004	沈阳、南京、无锡、苏州、杭州、青岛、武汉、成都
2004—2005	沈阳、南京、无锡、苏州、杭州、厦门、武汉、广州、深圳、成都
2005—2006	沈阳、南京、苏州、杭州、厦门、广州、深圳、成都
2006—2007	沈阳、南京、无锡、苏州、杭州、福州、厦门、青岛、广州
2007—2008	沈阳、南京、无锡、苏州、杭州、武汉、西安
2008—2009	南京、无锡、苏州、杭州、武汉、广州
2009—2010	沈阳、哈尔滨、南京、无锡、苏州、武汉、广州、深圳、珠海
2010—2011	大连、南京、无锡、苏州、杭州、武汉、广州、珠海、成都
2011—2012	南京、无锡、武汉、广州、珠海、成都
2012—2013	长春、哈尔滨、南京、无锡、武汉、广州、珠海、成都

第六章

主要城市旅游业碳生产率动态空间收敛性检验

本章以中国21个主要城市旅游业碳生产率测算结果为基础，探究其收敛性状况及空间演变趋势。具体安排如下：首先对收敛性模型进行介绍及选取；其次采用绝对收敛检验旅游业碳生产率的差异是否会自动消失，使用条件收敛检验旅游业碳生产率的收敛是否与城市特定条件有关，运用俱乐部收敛检验初始水平相近的地区旅游业碳生产率的内部差异是否会逐渐消失；最后建立空间自相关模型并检验主要城市旅游业碳生产率的空间演化情况。

第一节　收敛性检验模型

一、绝对收敛模型

1. 绝对 σ 收敛

σ 收敛指的是不同经济体之间碳生产率的分布离散程度会随着时间的变化而改变，如果其离散程度随着时间的变化而逐渐下降，则说明这些地区的碳生产率具有 σ 收敛性，如果离散程度随着时间的变化而逐渐增加，则各地区的碳生产率具有发散性。在实际运用中，通常采用标准差、离散系数CV（Coefficient of Variance）等指标衡量 σ 的收敛性。本章先采用标准差来衡量其离散程度，在 σ 收敛研究的过程中，不同经济体之间碳生产率的标准差随时间推移而变化，若标准差逐渐变小，则表示经济体碳生产率的离散程度在缩小，趋于 σ 收敛。除此之外，还可采用变异系数加以验证，以消除测量尺度、量纲带来的影响。因此，旅游业碳生产率的 σ 收敛分析还可以用以下方程表示：

$$\sigma_t = \sqrt{\frac{1}{t-1}\sum_{i=1}^{n}(CP_{i,t} - \overline{CP})^2} \tag{6-1}$$

$$CV = \sigma / \sqrt{\overline{CP}} \tag{6-2}$$

其中 σ 为标准差，CV 为变异系数，$CP_{i,t}$为 i 地区在 t 时期的碳生产率样本值，$\overline{CP}$为碳生产率平均值。

对 σ 收敛的进一步检验通过以下模型进行：

$$VAR_{Y,it} = c + \sigma \times t + u_{it} \tag{6-3}$$

式中，$VAR_{Y,it}$为主要城市旅游业碳生产率的变异系数，c 为常数项，t 为时间变量，u_{it}为随机扰动项。如果 $\sigma < 0$ 并显著异于零，则说明旅游业碳生产率水平的差异随着时间的推移在不断缩小，存在着 σ 收敛；如果 $\sigma > 0$ 并在统计上显著，则说明旅游业碳生产率水平的差异随着时间的推移在不断扩大，存在着 σ 发散；如果 $\sigma = 0$，则说明旅游业碳生产率水平的差异既没有扩大也没有缩小，一直维持在原有的水平上。

2. 绝对 β 收敛

绝对 β 收敛的检验假设前提是指各经济体是封闭的且具有完全一致的碳排放特征和完全相同的碳排放增长路径和均衡状态。从本质上来看，绝对 β 收敛性检验就是考察旅游业碳生产率的增长率是否与其初始水平存在负相关关系，如果相关系数 β 小于 0，则表明存在绝对 β 收敛。即初期旅游业碳生产率水平落后的经济体增长速度比发达经济体更快，前者对后者具有“追赶效应”，因而，所有经济体都会趋向于同一稳态水平。定义旅游业碳生产率的绝对 β 收敛检验方程为：

$$\mathrm{Ln}(CP_{i,t+T}/CP_{\mathrm{i},,t})/T = \alpha + \beta \mathrm{Ln}CP_{\mathrm{i},t} + \varepsilon_{i,t} \tag{6-4}$$

其中，$\mathrm{Ln}(CP_{i,t+T}/CP_{i,t})/T$ 表示第 i 个经济体从 t 时期到 $t+T$ 时期的旅游业碳生产率的增长情况，α 为常数项，$\mathrm{Ln}CP_{\mathrm{i},t}$是第 i 个经济体在 t 时期的旅游业碳生产率初始值的对数值，β 是其回归系数。若 β 显著为负则表明存在绝对 β 收敛，即旅游业碳生产率的增长与其初始值成反比，落后经济体存在追赶发达经济体的趋势。同时，它的收敛速度 λ 可表示为：$\beta = -[1-(1-\lambda)^t]/t$。

二、条件收敛模型

除了绝对 β 收敛之外，进行条件 β 收敛检验也是探析旅游业碳生产率变化规律的另一种重要手段，其目的是考察经济体之间碳生产率增长情况是否会收敛于各经济体自身的稳定状态，该方法的前提条件是肯定碳生产率落后的经济体与发达经济体之间存在长期持续的差距。现有文献中对条件 β 收敛的检验有两种可供选择的方法：第一种方法认为即使碳生产率没有出现绝对 β 收敛，也可通过在研究体系中放入碳生产率增长的滞后项，以会改变系数 β 的方向或显著性，此时的收敛是存在一定条件的；亦或是在绝对 β 收敛方程的右边加入一些控制变量，如经济发展水平、生态环境因素等，如果在控制了其他因素后其回归系数显著为负，则认为存在着条件 β 收敛。当然由于控制变量的选择没有专门的原则可以遵循，且这种方法容易产生遗漏解释变量，因此，以 Miller 和 Upadhyay（2002）为代表的学者提出了条件 β 收敛检验的另一种简洁方法：Panel Data 固定效应估计法。这种方法的优势在于能够避免遗漏解释变量，同时也避开了选择解释变量的主观性，研究结果更具客观性（彭国华，2005）；此外，采用截面、时序双重固定效应模型进行检验，可以控制住不同地区在自然条件和气候等方面的差异，从而不仅可以考虑不同城市因为自身条件的差异而具有不同稳态值，也可以考虑个体自身稳态值随时间的变化而变化。基于此，本书采用 Panel Data 固定效应模型来检验条件 β 收敛：

$$\mathrm{Ln}(CP_{i,t}) - \mathrm{Ln}(CP_{i,t-1}) = \alpha - \beta \mathrm{Ln}(CP_{i,t-1}) + \varepsilon_{i,t} \tag{6-5}$$

其中，α 为面板数据中的固定效应项，对应不同经济体的各自稳定状态，$\mathrm{Ln}(CP_{i,t}) - \mathrm{Ln}(CP_{i,t-1})$ 为本期与前期的旅游业碳生产率变化水平，β 为上期碳生产率的估计系数，若值为负表明存在条件 β 收敛，即经济体的碳生产率变化水平收敛于自身的稳定状态。同样，它的收敛速度 λ 可以通过 β 系数计算：$\beta = -(1 - e^{-\lambda t})$。

第二节 旅游业碳生产率的收敛性分析

一、绝对和条件收敛检验

1. σ 收敛性检验

图 6-1 和图 6-2 分别绘出了中国 21 个主要城市以及东、中、西部城市

旅游业碳生产率的 σ 收敛情况，可以看出，标准差和变异系数两者均出现了下降趋势，呈收敛趋势；从考察时期来看，在2003—2007年区间段，主要城市以及东、中、西部城市均从最初的较高位置下降到趋于稳态的位置，其中西部城市降落最为明显，这一时段内出现了明显的收敛态势。在2007—2008年区间段内，由于冰冻灾害、汶川地震、全球金融危机的冲击，政府在采取一系列应对及救助措施后，打破了原有的稳态水平从而引发了发散迹象，其中西部城市表现最为明显。随后在2008—2009年区间段出现了收敛并将这一状态持续到了2010年。中部城市在2010—2011年区间段内出现过短暂的发散趋势，在2011—2012年区间段表现为收敛。此外，在2012—2013年区间段内，东、中、西部城市及中国21个主要城市均呈发散趋势。因此，在考察期内 σ 收敛呈现出显著的波动性收敛特征，为了更准确的考察旅游业碳生产率的收敛情况，本章对主要城市旅游业碳生产率还做了量化程度较高的绝对 β 检验。

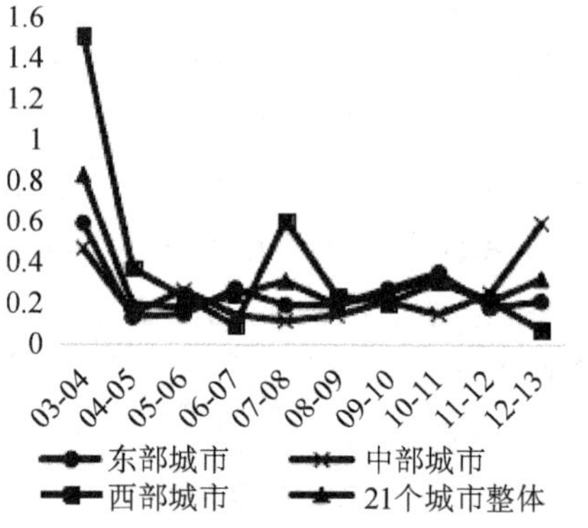

图6-1　旅游业碳生产率标准差趋势图

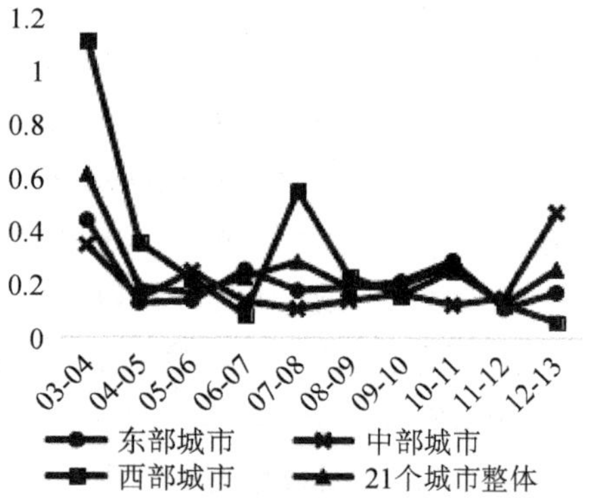

图6-2　旅游业碳生产率变异系数趋势图

2. 绝对 β 收敛检验

表6-1显示了主要城市旅游业碳生产率分时期的绝对 β 收敛检验结果。其中“十五”时期、“十一五”时期、“十二五”时期的碳生产率模型参数 β 的估计值分别是-0.661、-0.084、-0.149，且均在1%的水平下显著，这说明在研究时期内旅游业碳生产率增长水平与其期初水平均呈负相关关系，即较低碳生产率水平相对于其他碳生产率水平较高的地区具有“追赶效应”，进而逐渐趋于收敛并趋同于相同稳态值。就收敛速度而言，碳生产率的收敛速度从慢到快依次是：“十一五”时期、“十二五”时期、“十五”时期，这意味着不同时期内的旅游业碳生产率，均以不同的收敛速度向相同的稳态均衡水平逐步收敛趋同。中国主要城市旅游业碳生产率在研究时期内均存在绝对收敛，这意

味着期初旅游业碳生产率水平较高的地区比期初落后的地区具有相对较慢的增长速度，地区间的旅游业碳生产率水平最终会随着时间的推移达到同一个稳态水平且呈现出差异缩小迹象。

表 6－1　　中国主要城市旅游业碳生产率增长率绝对收敛检验结果

	β	λ	R^2	F 统计量
“十五”时期	−0.661*** (0.213)	2.194	0.704	0.60
“十一五”时期	−0.084*** (0.029)	0.145	0.633	1.59
“十二五”时期	−0.149*** (0.055)	1.887	0.709	1.74

注：***、**、* 分别表示 β 系数在 1%、5%、10% 水平下的显著性。括号里的值是标准误。

3. 条件 β 收敛检验

表 6－2 的估计结果显示，β 值均为负数，所有估计系数都通过了 5% 的显著性水平检验。由此可见，“十五”至“十二五”时期主要城市旅游业碳生产率都存在显著的条件收敛特征，即在动态中趋向其自身的稳态水平。从时序演变来看，“十五”时期的收敛速度最快，自 2000 年以来中国各地培育和发展旅游业经济新增长点取得重大进展和显著成绩，虽然在 2003 年因受“非典”的影响，中国旅游业发展速度有所下降，但 2005 年已全面恢复到之前的增长轨迹。同时，在“十五”期间国家加强旅游城市基础设施建设，改善布局和产业结构，更加促进了旅游业的发展；相比于“十五”时期，“十一五”时期的收敛速度大幅度下降，究其原因是 2008 年中国旅游业连续遭受金融危机和各种突发事件不利因素的冲击。在此期间实施的《2004—2010 年全国红色旅游发展规划纲要》等旅游业发展战略，促使其保持了较快的增长，因此“十一五”时期总体呈收敛趋势。

表 6－2　　中国主要城市旅游业碳生产率增长率条件收敛检验结果

	β	λ	R^2	F 统计量
“十五”时期	−0.935** (0.117)	0.304	0.3545	2.27
“十一五”时期	−0.51** (0.054)	0.079	0.3895	2.20
“十二五”时期	−0.29** (0.119)	0.038	0.2370	5.90

注：***、**、* 分别表示 β 系数在 1%、5%、10% 水平下的显著性。括号里的值是标准误。

二、俱乐部收敛检验

对于中国 21 个主要城市旅游业碳生产率收敛特征的内部层次，以及是否存在东部、中部、西部城市俱乐部趋同情况，需要作进一步的探析，具体结果显示见表6－3：

表6－3　　中国主要城市旅游业碳生产率俱乐部收敛估计结果

	系数	东部城市	中部城市	西部城市
σ 收敛	σ	-0.017^{*}	-0.025^{*}	-0.011^{***}
	调整的 R^2	0.23	0.34	0.21
绝对 β 收敛	β	0.0004	-0.0134^{*}	-0.0055^{*}
	调整的 R^2	0.26	0.28	0.32
	收敛速度	—	0.01273	0.00538
条件 β 收敛	β	-0.029^{***}	-0.016^{***}	-0.028^{***}
	调整的 R^2	0.59	0.56	0.39
	收敛速度	0.0312	0.0243	0.0323

注：***、**、*分别表示系数在1%、5%、10%水平下的显著性。

首先，σ 收敛模型的回归系数均为负，说明我国东部、中部、西部城市内部旅游业碳生产率均表现出了 σ 收敛现象，且它们的差距随着时间的推移都有缩小的趋势。其次，绝对 β 收敛的回归系数中东部城市回归系数为正，中部城市、西部城市回归系数为负，说明中部、西部城市内部旅游业碳生产率呈现出绝对 β 收敛，而东部城市不存在绝对 β 收敛，即东部城市内部旅游业碳生产率水平最终不会达到统一水平。而中、西部城市的检验结果，说明由于旅游业技术创新的共享、旅游市场的优化以及旅游合作中的要素流动，使得它们的旅游业发展知识和技术的壁垒正在逐步降低。最后，条件 β 收敛的回归结果显示，旅游业碳生产率的估计系数均为负且在1%水平下显著，这说明我国东部、中部、西部城市内部的旅游业碳生产率均存在条件收敛。这意味着各城市以不同的收敛速度向相同的稳态均衡水平逐步收敛趋同。

就收敛速度而言，绝对 β 收敛的收敛速度中部城市最快，即内部差距正在以较快的速度缩小。而条件 β 收敛的收敛速度东、中、西部城市分别为0.031、0.024、0.032，其中西部城市收敛速度最快，这说明自2003年起实施的西部大开发战略已见成效，西部城市的地区资源优势得到有效发挥，原有的技术效率和环境技术进步得以全面改善，促进该地区的经济实力得到迅速提升。而且国家为了促进地区间平衡发展，加大了对西部城市的财政支持，由财政支持提供的景观、交通及环境等硬件建设是支持地区旅游业发展的重要基础，这也促使西部城市的碳生产率不断趋向自身的稳态水平；东部城市收敛速度次之，原因在于其旅游业起步比较早，资源与要素投入、效益产出基本达到良性水平，已经进入稳定发展的阶段；中部城市的收敛速度最慢，其原因可能是中部城市旅游业面临着区域经济结构调整与中部崛起战略任务，地区政府和相关经济主体对其发展已经给予了高度重视，不断加强科技要素投入，使得资源配置效率和基础设施建设在一定程度上得到改善，从而促进中部城市旅游业的发展。

第三节　空间自相关性检验

一、空间自相关分析

Griffth（1987）认为空间自相关是表示某些变量在同一地区的观测值存在潜在的互相依赖性。也有国内学者做了相关的研究，发现空间自相关性是表示存在差异的某种变量值之间因空间相邻而形成的互相关系，这样的关系包括空间相互作用和空间扩散过程（王远飞，2007）。由此可见，不仅仅是经济发展中资源要素的投入产出具有相互作用关系，距离差异对事物之间的关系也有一定的影响，距离较近的空间相关性强，距离较远的则相反（W R. Tobler，1970）。按照空间相关关系属性，可以将空间自相关关系分为正向空间相关关系和负向空间相关关系。正向空间相关关系是指同一变量的观测值与相邻区域的观测值呈正相关变化，负向空间相关关系则是指同一变量的观测值与相邻区域的观测值呈负相关变化。按照空间自相关分析所研究空间范围的大小，可分为全局自相关分析和局部自相关分析（姜庆花，2012）。以下将简要对上述方法进行介绍：

1. 全局自相关

全局自相关分析展现了整个研究范围内的变量观测值的空间分布特征，能够直观的分析变量在整个研究范围内是集聚即空间正相关还是分散即空间负相关。全局自相关分析衡量的指标较为常用的是 Moran's I 指数和 Geary's C 指数。Moran's I 指数是 Moran 在 1950 年提出的，是最早衡量全局自相关的指标，并且有学者认为 Moran's I 指数比 Geary's C 指数有更好地诠释意义，所以本书采用 Moran's I 指数作为全局自相关分析的指标，其计算公式：

$$Moran's\ I = \frac{n}{\sum_{i=1}^{n}\sum_{j=1}^{n} W_{ij}} \frac{\sum_{i=1}^{n}\sum_{j=1}^{n} W_{ij}(X_i - \overline{X})(X_j - \overline{X})}{\sum_{i=1}^{n}(X_i - \overline{X})^2} \tag{6-6}$$

其中 n 表示整个区域的变量观测值的总数量；W_{ij}表示城市 i 和城市 j 空间权重矩阵，若城市 i 和城市 j 相邻，则 $W_{ij}=1$；否则，$W_{ij}=0$；X_i 表示城市 i 中变量的观测值；Y_j 表示城市 j 中的变量观测值；$\overline{X}$ 表示城市内变量观测值的平均数。

Moran's I 指数的取值在 -1 到 1 之间，如果 Moran's I 指数小于 0，则说明变量呈空间负相关关系，越接近于 -1 负相关性越强，即变量观测值表现出空间离散格局；如果 Moran's I 指数大于 0，则说明变量呈空间正相关关系，越接近于 1 正相关性越强，即变量观测值表现出空间集聚格局。如果 Moran's I 指数接近于 0，则说明变量空间相关性较弱。为了检验空间自相关性是否显著，需要运用到 Z 统计量。Z 统计量的表达式为：

$$Z=\frac{I-E(I)}{\sqrt{Var(I)}} \tag{6-7}$$

其中：E（I）表示 Moran's I 指数的期望值，等于$\frac{-1}{n-1}$（n 为研究样本总量）；Var（I）表示 Moran's I 指数的方差。

2. 局部自相关

局部自相关分析主要是为了分析变量观测值的空间集聚区域以及各区域之间的空间相关关系，弥补了全局自相关将区域整体作为研究对象的局限。局部自相关的分析都能够得出 Moran's I 散点图，本书选择通过 Moran's I 散点图来更好的呈现各城市的空间集聚特征。Moran's I 散点图的横轴表示城市旅游业碳生产率水平，纵轴表示邻近城市的旅游业碳生产率水平加权值。Moran's I 散点图将空间相关关系分为四种：第一种是处于第一象限的高—高集聚区，即同一变量中观测值高的城市被同样是观测值高的城市围绕；第二种是处于第三象限的低—低集聚区，即同一变量中观测值低的城市被同样是观测值低的城市围绕；第三种是处于第二象限的低—高集聚区，即同一变量中观测值低的城市被观测值高的城市围绕；第四种是处于第四象限的高—低集聚区，即同一变量中观测值高的地区被观测值低的城市围绕。第一种和第二种属于空间正相关区域，第三种和第四种属于空间负相关区域。

3. 空间权重矩阵

空间权重矩阵是指空间单元间的相互作用的力量，主要是为了定义空间对象的邻接关系。在空间自相关分析中比较常用的创建权重矩阵的方法有两种：一种是依据邻接关系建立的空间权重矩阵，该方式是依据两个区域之间是否拥有共同的边界来判断 W_{ij}的值，若相邻，则为 1，否则为 0；另一种则是依据距离建立的空间权重矩阵，该方式是通过判断两个区域是否在给定的空间相关距离内来界定 W_{ij}的值，若两个区域之间的距离在空间相关距离内，则说明两区域相邻，其值为 1，否则为 0。

二、实证结果分析

为了更好地表现主要城市旅游业碳生产率空间差异的变化，本书采用两年的碳生产率平均值来表示某一时间段内的碳生产率水平。在分析主要城市旅游业碳生产率空间自相关性时将 2003—2013 年的碳生产率值分为 10 个时间段，即为 2003—2004 年、2004—2005 年、2006—2007 年、2007—2008 年、2008—2009 年、2009—2010 年、2010—2011 年、2011—2012 年和 2012—2013 年，每个时间段的碳生产率值取前后两年的均值。

1. 全局自相关分析

运用 Geoda 软件对 10 个时间段内的主要城市旅游业碳生产率的 Moran's I 值进行测算，其结果见表 6－4：2003—2010 年主要城市旅游业碳生产率的 Moran's I 值前 7 个时间段为负，从 2010—2011 年时间段开始为正，显著性也在这一时间段开始明显增强。总的来说，Moran's I 值的绝对值的范围在 0.01 到 0.28 之间。在 2003—2010 年间 Moran's I 值一直为负数，说明主要城市旅游业碳生产率的全局空间呈负相关关系，即主要城市旅游业碳生产率水平高的城市与相对碳生产率水平较低的城市是邻近的，而 2010—2011 年后，Moran's I 值开始为正，说明主要城市旅游业碳生产率的全局空间呈正相关关系，即旅游业碳生产率水平高的城市与相对碳生产率水平高的城市是邻近的，说明旅游业碳生产率水平低的城市在提升碳生产率水平中取得了较为明显的成绩。同时，在研究的 10 个时间段里，除 2006—2007 年的 Moran's I 绝对值低于 0.05，其余时间段的 Moran's I 绝对值均高于 0.05，说明在研究时期内大部分城市都呈现出明显的全局空间自相关性，其中全局空间自相关系数绝对值最大的是 2012—2013 年，绝对值较大的还有 2004—2005 年、2007—2008 年、2008—2009 年、2011—2012 年等时区。

从 Moran's I 值的变化趋势图（图 6－3）来看，Moran's I 值总体上呈波动性上升趋势，在 2012—2013 年时间段内达到最大值。同时 Moran's I 值在四个时期的空间自相关变化较为明显：2004—2005 年、2006—2007 年、2009—2010 年、2010—2011 年，其中 2010—2011 年变化最为明显，可以看出主要城

表 6－4　　2003—2013 年中国主要城市旅游业碳生产率的空间相关性

年份	Moran's I	z	E	p	空间形态	相关性[①]
2003—2004	－0.0600	－0.1940	－0.05	0.462	离散	强负相关性
2004—2005	－0.1245	－1.2625	－0.05	0.073	离散	强负相关性
2005—2006	－0.0515	0.0057	－0.05	0.443	离散	强负相关性
2006—2007	－0.0194	0.6713	－0.05	0.214	离散	较弱负相关性
2007—2008	－0.1215	－1.2212	－0.05	0.076	离散	强负相关性
2008—2009	－0.1028	－0.7414	－0.05	0.223	离散	强负相关性
2009—2010	－0.0844	－0.1707	－0.05	0.328	离散	强负相关性
2010—2011	0.0507	1.4628	－0.05	0.077	集聚	强正相关性
2011—2012	0.1712	3.0087	－0.05	0.010	集聚	强正相关性
2012—2013	0.2801	4.9252	－0.05	0.002	集聚	强正相关性

市旅游业碳生产率由原本的离散分布形式逐步变为集聚性的分布形态，空间自相关系数由原来的负数逐步迈向正数，且增速较快，集聚空间格局越来越明显，尤其在 2012—2013 年间最为显著。但是波动性的增长浮动趋势，暗示主要城市旅游业碳生产率水平高的城市或集聚中心对周围邻近城市的碳生产率水平的扩散带动的作用需要进行深入挖掘，以确保可持续均衡平稳的发展。

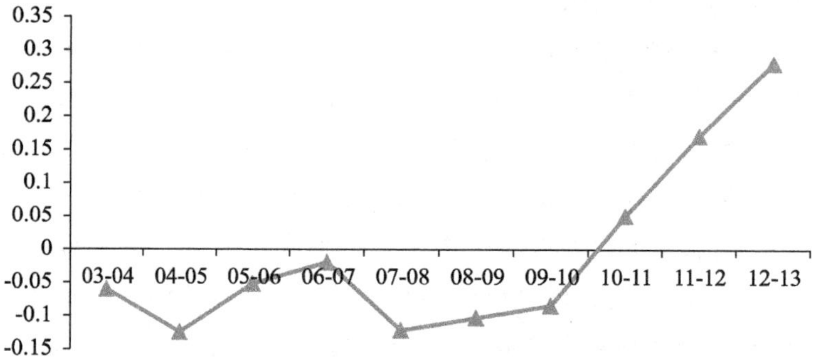

图 6－3　2003—2013 年中国主要城市旅游业碳生产率的 Moran's I 值

2. 局部自相关分析

从全局空间自相关的 Moran's I 值变化趋势可以看出，其上升、下降的分

① 对于相关性强弱的划分，本书根据姜庆花（2012）一文将相关性分为四个阶段，分别为：强相关性（绝对值≥0.05）；较强相关性（0.02≤绝对值≤0.05）；较弱相关性（0.006≤绝对值≤0.02）弱相关性（绝对值≤0.006）

水岭分别出现在2004—2005年、2006—2007年、2009—2010年、2010—2011年，同时2012—2013年的显著性很强具有一定的代表性，因此将对这5个时间段进行研究。通过Moran's I值散点图可以看出：我国21个主要城市旅游业碳生产率只有在靠后时间段内仅有少数城市出现在第一象限，并且随着时间的推移，一、三象限在逐步增多。下面分别从2004—2005年、2006—2007年、2009—2010年、2010—2011年、2012—2013年这5个时间段的Moran's I值散点图进行分析。

从2004—2005年的Moran's I散点图（图6－4）可以看出，主要城市旅游业碳生产率中仅有5个城市存在较弱的空间正相关关系，其余16个城市则存在空间负相关关系。具体来看，2004—2005年主要城市旅游业碳生产率中没有城市位于第一象限，表示这21个主要城市中旅游业碳生产率没有与相邻城市存在高—高碳生产率水平正相关关系；位于第三象限的城市有：成都市、深圳市、南京市、无锡市、宁波市5个城市，表示这些城市存在低—低碳生产率水平的正相关关系；位于第二象限的城市有：长春市、青岛市、桂林市、杭州市、沈阳市5个城市，表示这些城市的旅游业碳生产率水平与相邻城市存在低—高的负相关关系；位于第四象限的城市有：昆明市、广州市、珠海市、苏州市、海口市、武汉市、厦门市、福州市、大连市、西安市、哈尔滨市11个城市，表示这些城市旅游业碳生产率水平与相邻城市存在高—低的负相关关系。

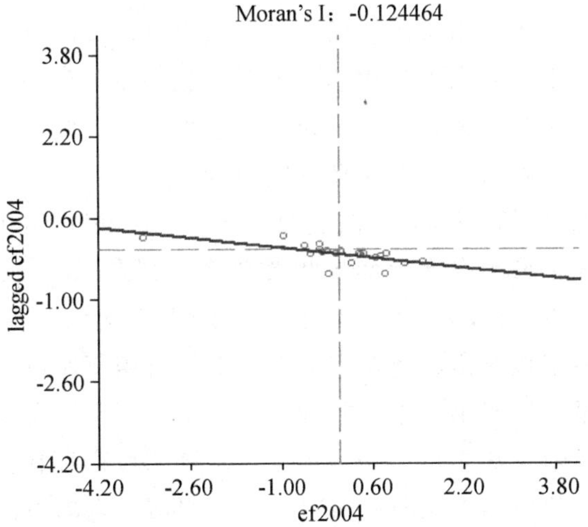

图6－4　2004—2005年Moran's I散点图

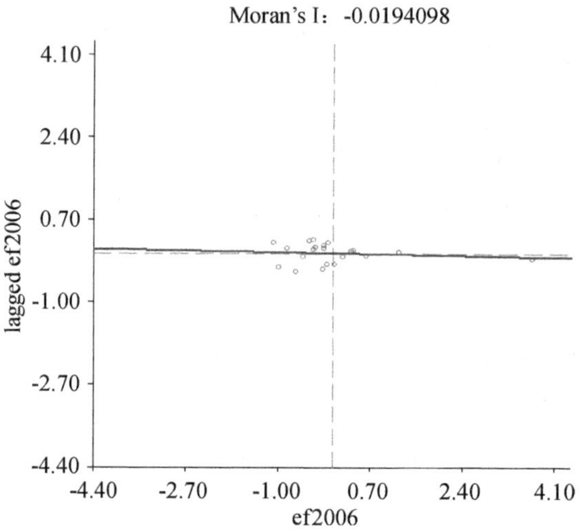

图 6－5　2006—2007 年 Moran's I 散点图

从 2006—2007 年的 Moran's I 散点图（图 6－5）可以看出，主要城市旅游业碳生产率中有 8 个城市存在空间正相关关系，余下 13 个城市则存在空间负相关关系。具体来看，2006—2007 年旅游业碳生产率水平位于第一象限的城市有：宁波市、杭州市、海口市 3 个城市，表示这些城市旅游业碳生产率水平与相邻城市存在高—高碳生产率水平正相关关系；位于第三象限的城市有：昆明市、成都市、沈阳市、西安市、哈尔滨市 5 个城市，表示这些城市存在低—低碳生产率水平的正相关关系；位于第二象限的城市有：青岛市、广州市、深圳市、珠海市、桂林市、南京市、无锡市、苏州市、厦门市 9 个城市，表示这些城市的旅游业碳生产率水平与相邻城市存在低—高的负相关关系；位于第四象限的城市有：武汉市、大连市、长春市、福州市 4 个城市，表示这些城市旅游业碳生产率水平与相邻城市存在高—低的负相关关系。

从 2009—2010 年的 Moran's I 散点图（图 6－6）可以看出，主要城市旅游业碳生产率中有 8 个城市存在空间正相关关系，其余 13 个城市则存在空间负相关关系。具体来看，2009—2010 年旅游业碳生产率水平位于第一象限的城市有：成都市，表示该城市旅游业碳生产率水平与相邻城市存在高—高碳生产率水平正相关关系；位于第三象限的城市有：广州市、珠海市、南京市、杭州市、海口市、福州市、沈阳市 7 个城市，表示这些城市存在低—低碳生产率水平的正相关关系；位于第二象限的城市有：昆明市、青岛市、无锡市、武汉市 4 个城市，表示这些城市的旅游业碳生产率水平与相邻城市存在低—高的负相关关系；位于第四象限的城市有：长春市、深圳市、桂林市、苏州市、宁波市、厦门市、大连市、西安市、哈尔滨市 9 个城市，表示这些城市旅游业碳生产率水平与相邻城市存在高—低的负相关关系。

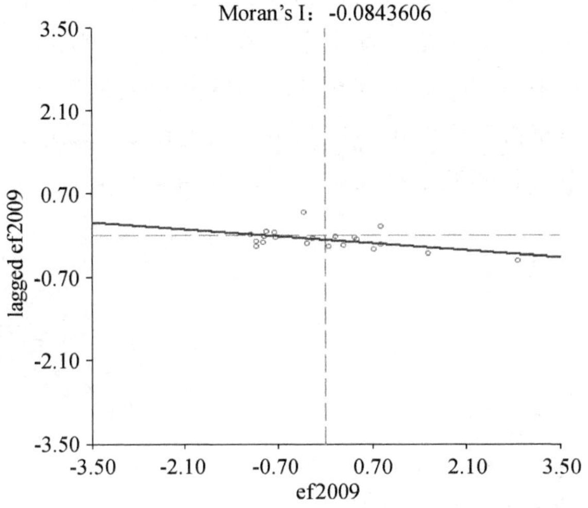

图 6－6　2009—2010 年 Moran's I 散点图

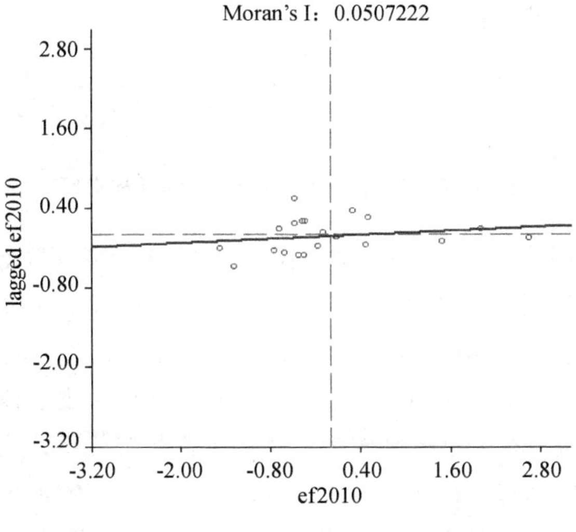

图 6－7　2010—2011 年 Moran's I 散点图

从 2010—2011 年的 Moran's I 散点图（图 6－7）可以看出，主要城市旅游业碳生产率中有 10 个城市存在空间正相关关系，其余 11 个城市则存在空间负相关关系。具体来看，2010—2011 年旅游业碳生产率水平位于第一象限的城市有：长春市、成都市、西安市 3 个城市，表示这些城市旅游业碳生产率水平与相邻城市存在高—高碳生产率水平正相关关系；位于第三象限的城市有：昆明市、广州市、深圳市、珠海市、海口市、厦门市、福州市 7 个城市，表示这些城市存在低—低碳生产率水平的正相关关系；位于第二象限的城市有：青岛市、无锡市、苏州市、武汉市、沈阳市、哈尔滨市 6 个城市，表示这些城市的旅游业碳生产率水平与相邻城市存在低—高的负相关关系；位于第四象限的城市有：桂林市、南京市、宁波市、杭州市、大连市 5 个城市，表示这些城市旅游业碳生产率水平与相邻城市存在高—低的负相关关系。

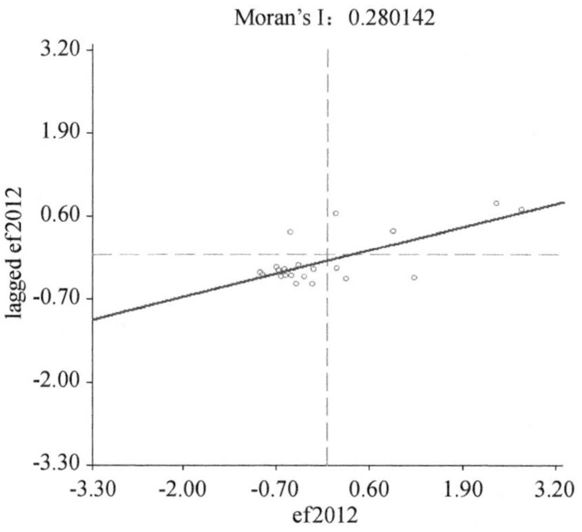

图 6－8　2012—2013 年 Moran's I 散点图

从 2012—2013 年的 Moran's I 散点图（图 6－8）可以看出，主要城市旅游业碳生产率中有 17 个城市存在空间正相关关系，其余 4 个城市则存在空间负相关关系。具体来看，2012—2013 年旅游业碳生产率水平位于第一象限的城市有：长春市、大连市、沈阳市、哈尔滨市 4 个城市，表示该城市旅游业碳生产率水平与相邻城市存在高—高碳生产率水平正相关关系；位于第三象限的城市有：昆明市、成都市、广州市、珠海市、桂林市、南京市、无锡市、宁波市、海口市、武汉市、厦门市、福州市、西安市 13 个城市，表示这些城市存在低—低碳生产率水平的正相关关系；位于第二象限的城市有：青岛市，表示该城市的旅游业碳生产率水平与相邻城市存在低—高的负相关关系；位于第四象限的城市有：深圳市、苏州市、杭州市 3 个城市，表示这些城市旅游业碳生产率水平与相邻城市存在高—低的负相关关系。

综上所述，中国 21 个主要城市旅游业碳生产率水平呈现空间负相关的城市占据绝大部分比例，说明存在明显的空间离散特征，即大部分城市与周围相邻城市有着略微相反水平的旅游业碳生产率水平。并且从 Moran's I 散点图中，我们还可以看出各城市旅游业碳生产率水平的相关关系的动态变化，表 6－5 呈现了各城市旅游业碳生产率的空间相关关系。比如长春市、沈阳市由低—高负相关关系发展为高—高正相关关系，这也说明了旅游业碳生产率水平高的城市对周围城市的带动作用，拥有这样变化趋势的城市还有大连、西安等。也有部分城市处于变动状态，如昆明市由高—低负相关区域变为低—低正相关区域和低—高负相关两个区域的动态模式。

表 6－5　　中国 21 个主要城市旅游业碳生产率水平空间相关关系

年份	高—高（正相关）	低—低（正相关）	高—低（负相关）	低—高（负相关）
2004—2005	无	成都市、深圳市、南京市、无锡市、宁波市	昆明市、广州市、珠海市、苏州市、海口市、武汉市、厦门市、福州市、大连市、西安市、哈尔滨市	长春市、青岛市、桂林市、杭州市、沈阳市
2006—2007	宁波市、杭州市、海口市	昆明市、成都市、沈阳市、西安市、哈尔滨市	武汉市、大连市、长春市、福州市	青岛市、广州市、深圳市、珠海市、桂林市、南京市、无锡市、苏州市、厦门市
2008—2009	成都市	广州市、珠海市、南京市、杭州市、海口市、福州市、沈阳市	长春市、深圳市、桂林市、苏州市、宁波市、厦门市、大连市、西安市、哈尔滨市	昆明市、青岛市、无锡市、武汉市
2010—2011	长春市、成都市、西安市	昆明市、广州市、深圳市、珠海市、海口市、厦门市、福州市	桂林市、南京市、宁波市、杭州市、大连市	青岛市、无锡市、苏州市、武汉市、沈阳市、哈尔滨市
2012—2013	长春市、大连市、沈阳市、哈尔滨市	昆明市、成都市、广州市、珠海市、桂林市、南京市、无锡市、宁波市、海口市、武汉市、厦门市、福州市、西安市	深圳市、苏州市、杭州市	青岛市

第七章

主要城市旅游业绿色发展影响因素分析

本章在测算了主要城市旅游业碳排放量和碳生产率的基础上，分别运用传统面板计量模型和面板分位数模型来分析不同因素对旅游业绿色发展（碳排放量、碳生产率）的影响程度。具体安排如下：首先介绍所用面板模型的检验方法和面板分位数模型；其次采用 STIRPAT 模型对主要城市旅游业碳排放量的影响因素进行分解，并分别运用普通面板模型和面板分位数模型对其进行计量分析；最后理论分析影响主要城市旅游业碳生产率的因素及其作用机理，并运用完全修正最小二乘法（FMOLS）对旅游业碳生产率的影响因素进行计量分析，同时采用面板分位数模型区分不同变量对旅游业碳生产率的异质性影响。

第一节　计量模型介绍

一、面板模型构建及检验方法

Panel Data 数据库显示个体（包括个人、企业、地区或国家）之间存在差异，而单独的时间序列和横截面不能有效反映这种差异。如果只是简单使用时间序列和横截面分析就可能获得有偏结果。此外，Panel Data 分析能够控制在时间序列和横截面研究中不能控制的涉及地区和时间为常数的情况。即当个体在时间或地区分布中存在着常数的变量时，如果在模型中不考虑这些变量，有可能会得到有偏结果。以下将介绍面板数据的构建过程及其检验方法。

1. 面板模型构建

Panel Data 分析能够控制时间或地区分布中的恒变量，而普通时间序列和横截面研究中则不能。模型的一般形式为：

$$y_{it}=\alpha_{it}+x_{it}\beta_{it}+\varepsilon_{it}\qquad(i=1,2,\cdots,N;t=1,2,\cdots,T)\tag{7-1}$$

其中，x_{it}为解释变量，β_{it}为斜率系数，α_{it}为截距项，ε_{it}是误差项。在此基础上，面板数据模型又可以分为以下四种情况：

（1）系数和截距都不变化。

$$y_{it}=\alpha+x_{it}\beta+\varepsilon_{it}\qquad(i=1,2,\cdots,N;t=1,2,\cdots,T)\tag{7-2}$$

即模型中被忽略的潜变量（包括时间因素和个体因素）对截面和斜率都无影响，此时相当于将 T 个时期的横截面数据融合成为一个“混合样本”（样本容量为 nT），所以也称为混合回归模型。

（2）截距变化，系数不变。

$$y_{it}=\mu_i+x_{it}\beta+\gamma_{it}\qquad(i=1,2,\cdots,N;t=1,2,\cdots,T)\tag{7-3}$$

即潜变量影响所形成的个体之间的差异只反映在截距项的不同取值上，所以该模型也称为变截距模型。

（3）截距不变，系数变化。

$$y_{it}=\mu+x_{it}\beta_i+\gamma_{it}\qquad(i=1,2,\cdots,N;t=1,2,\cdots,T)\tag{7-4}$$

即潜变量影响所形成的个体之间的差异只反映在斜率系数的不同取值上，所以该模型称为变系数模型。

（4）截距和系数都变化。

$$y_{it}=\mu_i+x_{it}\beta_i+\gamma_{it}\qquad(i=1,2,\cdots,N;t=1,2,\cdots,T)\tag{7-5}$$

即用截距和系数共同反映模型中被忽略的潜变量的影响。

在面板数据中，如果对于不同的截面或不同的时间序列，模型的截距是不同的，则可以采用在模型中加虚拟变量的方法估计回归参数，称此种模型为固定效应模型。在固定效应模型中采用虚拟变量的原因是解释被解释变量的信息不完整。也可以通过对误差项的分解来描述这种信息的缺失。用 3 个分量表示如下。

$$\varepsilon_{it}=u_i+v_i+w_{it}\tag{7-6}$$

其中 $u_i\sim N(0,\sigma_u^2)$表示截面随机误差分量；$v_i\sim N(0,\sigma_v^2)$表示时间随机误差分量；$w_{it}\sim N(0,\sigma_w^2)$表示混和随机误差分量。同时还假定 u_i，v_t，w_{it}之间互

不相关，各自分别不存在截面自相关、时间自相关和混和自相关。上述模型称为随机效应模型。随机效应模型和固定效应模型比较，相当于把固定效应模型中的截距项看成两个随机变量。一个是截面随机误差项（u_i），一个是时间随机误差项（v_t）。如果这两个随机误差项都服从正态分布，对模型估计时就能够节省自由度，因为此条件下只需要估计两个随机误差项的均值和方差。

2. 面板模型单位根检验

面板单位根检验主要是判定面板数据的稳定性问题。在时间序列中，如果非平稳时间序列对另一非平稳时间序列回归。在这种情形下，标准的 T 和 F 检验是无效的。面板数据同样存在相类似的问题。已有研究都是基于单一国家长期时间序列分析。然而，长期时间序列分析很有可能出现制度变革和结构突变，这可能极大地影响到回归结果。所以长期面板数据应该检验其稳定性，相应方法介绍如下：

（1） levin、lin&Chu Panel Unit Root Test。

Levin、Llin&Chu（2002）的检验方法允许不同截距及时间趋势，异方差及高阶序列相关，最适合于中等维度（部门数 10 - 250，时间数 25 - 250）的面板分析。模型形式如下：

$$Model\ 1: \Delta y_{i,t} = \delta y_{i,t-1} + \zeta_{i,t}$$

$$Model\ 2: \Delta y_{i,t} = \delta y_{i,t-1} + \alpha_{0i} + \zeta_{i,t}$$

$$Model\ 3: \Delta y_{i,t} = \delta y_{i,t-1} + \alpha_{0i} + \alpha_{1i} + \zeta_{i,t} \tag{7-7}$$

Levin、Llin&Chu（2002）分三步构造面板单位根检验。首先实行 ADF 回归；其次估计长期标准差对短期的比率。最后计算面板单位根统计量。

（2） Im、Pesaran 和 Shin（IPS 检验）。

Im、Pesaran 和 Shin（2003）考察模型形式如下：

$$\Delta y_{i,t} = \alpha_t + \rho_i y_{i,t-1} + \varepsilon_{i,t} \qquad (i = 1, 2, \cdots, N; t = 1, 2, \cdots, T) \tag{7-8}$$

Im、Pesaran 和 Shin（1997）证明在原假设成立的条件下，$T \to \infty, N \to \infty$，或者 $N/T \to k, k$ 是有限正常数，统计表收敛于正态分布函数。

3. 面板模型协整检验

Pedroni（1999）提出面板协整检验方法。利用协整方程中的残差，构建检验模型如下：

$$y_{i,t} = \alpha_i + \delta_i t + x_{i,t}\beta_i + e_{i,t} \qquad (i = 1, 2, \cdots, N; t = 1, 2, \cdots, T)$$

$$\beta_i = (\beta_{1i}, \beta_{2i}, \cdots, \beta_{Mi}), x_{i,t} = (x_{1i,t}, x_{2i,t}, \cdots, x_{Mi,t}) \tag{7-9}$$

模型中，单位之间的斜系数、固定效应系数和个体确定趋势系数是不同。

在这些假设下，Pedroni 讨论了 7 个 Panel Data 的协整统计，其中 4 个是用联合组内尺度描述，另外 3 个是用组间尺度来描述，作为组平均 Panel 协整统计量。

表 7－1　　面板协整统计量

1. Panel v－Statistic：	$T^2 N^{3/2} Z_{\hat{v}NT} = T^2 N^{3/2}(\sum_{i=1}^{N}\sum_{t=1}^{T} \hat{L}_{11i}^{-1} \hat{e}_{i,t=1}^{2})$
2. Panel －Statistic：	$T\sqrt{N}Z_{\tilde{n}_{N,T-1}} = T\sqrt{N}(\sum_{i=1}^{N}\sum_{t=1}^{T} \hat{L}_{11i}^{-1} \hat{e}_{i,t-1}^{2})^{-1}\sum_{i=1}^{N}\sum_{t=1}^{T} \hat{L}_{11i}^{-1} \hat{e}_{i,t-1}\ddot{A}\hat{e}_{it} - \hat{\ddot{e}}_i$
3. Panel t－Statistic：(Nonparametric)	$Z_{t_{NT}} = (\tilde{O}_{NT}^{2}\sum_{i=1}^{N}\sum_{t=1}^{T} \hat{L}_{11i}^{-1} \hat{e}_{i,t=1}^{2})^{-1/2}\sum_{i=1}^{N}\sum_{t=1}^{T} \hat{L}_{11i}^{-1} \hat{e}_{i,t-1}^{*}\ddot{A}\hat{e}_{it}^{*} - \hat{\ddot{e}}_i$
4. Panel t－Statistic (parametric)	$Z_{tNT}^{*} = (s_{NT}^{*2}\sum_{i=1}^{N}\sum_{t=1}^{T} \hat{L}_{11i}^{-1} \hat{e}_{i,t=1}^{*2})^{-1/2}\sum_{i=1}^{N}\sum_{t=1}^{T} \hat{L}_{11i}^{-1} \hat{e}_{i,t-1}^{*}\ddot{A}\hat{e}_{it}^{*}$
5. Group－Statistic：	$TN^{-1/2}\tilde{Z}_{n_N T-1} = TN^{-1/2}\sum_{i=1}^{N}(\sum_{t=1}^{T}\hat{e}_{i,t=1}^{2})\sum_{t=1}^{T}\hat{e}_{i,t-1}^{*}\ddot{A}\hat{e}_{it}^{*} - \hat{\ddot{e}}_i$
6. Group t－Statistic (Nonparametric)	$N^{-1/2}\tilde{Z}_{t_{NT}} = N^{-1/2}\sum_{i=1}^{N}(\hat{O}_i^{2}\sum_{t=1}^{T}\hat{e}_{i,t=1}^{2})\sum_{t=1}^{T}\hat{e}_{i,t-1}\ddot{A}\hat{e}_{it} - \hat{\ddot{e}}_i$
7. Group t－Statistic (parametric)	$N^{-1/2}\tilde{Z}_{t_{NT}}^{*} = N^{-1/2}\sum_{i=1}^{N}\sum_{i=1}^{T} s_i^{*2}\hat{e}_{i,t-1}^{*2})^{-1/2}\sum_{t=1}^{T}(\hat{e}_{i,t-1}\ddot{A}\hat{e}_{it})$

根据 Pedroni 的计算，统计量是服从正态分布，所以可以得到相关临界值。于是有原假设：如果统计检验值小于临界值－1.28，则在 10% 显著性水平下拒绝没有协整关系。

二、面板分位数模型

传统面板模型重在考察 x（解释变量）对 y（被解释变量）的条件期望 $E(y|x)$ 的影响，即均值回归。均值回归模型假设是在不同分位数点上解释变量 x 对被解释变量 y 的边际影响是相同的，$E(y|x)$ 只能代表条件分布 $y|x$ 的集中趋势，难以反映出整个条件分布的全貌。此外，由于传统 OLS 的均值回归是使目标函数 $\sum_{i=1}^{n} e_i^2$ 最小化，其估计值易受极端值的影响。若想进一步分析 x 对整个条件分布 $y|x$ 的影响或考察条件分布 $y|x$ 的全面信息，则应将分位数回归方法引入其中。

Koenker 和 Bassett 提出“分位数回归”，其思想是使目标函数 $\sum_{i=1}^{n} |e_i|$ 最

小化，它不仅不易受极端值影响，更加稳健，而且还能够反映出条件分布 $y|x$ 的全面信息和细部特征。若条件分布 $y|x$ 的总体 q 分位数是 $q_q(x)$ 是 x 的线性函数，即：

$$y_q(x_i) = x'_i\beta_q \tag{7-10}$$

其中，β_q 是 q 分位数回归系数，当分位数点 q 取不同值时，模型参数 β_q 也将会随着改变。估计量 $\hat{\beta}_q$ 可通过以下公式得到：

$$\min_{\beta_q} \sum_{i,y_i \geqslant x'\beta_q}^{n} q \left| y_i - x'_i\beta_q \right| + \sum_{i,y_i < x'\beta_q}^{n} (1-q) \left| y_i - x'_i\beta_q \right| \tag{7-11}$$

第二节　旅游业碳排放量的影响因素分析

一、理论因素分析

采用 York 等（2003）提出的 STIRPAT 模型为分析工具，该模型是在人文因素与环境影响之间的恒等式 IPAT 基础上发展起来的。IPAT 模型由 Ehrlich 等人于 1971 年提出，其认为影响环境状况（I）的人文因素主要有 3 种：人口规模（P）、富裕程度（A）和技术水平（T），但该模型仅能得到自变量对因变量的等比例影响关系，因而实际应用中常使用在 IPAT 等式基础上扩展得到的非线性 STIRPAT 模型。STIRPAT 模型可以克服 Kaya 等式和 IPAT 模型中“各因素等比例影响环境状况”假设的不足，而且也允许对各人文因素进行适当的分解，它是对 IPAT 模型的修正和扩展。其具体形式如下所示：

$$I = aP^bA^cT^d\varepsilon \tag{7-12}$$

式中，I 表示环境压力，P 表示人口规模，A 表示富裕程度，T 表示技术水平；a 为模型的系数；b、c、d 分别是人口、富裕度、技术等人文因素的指数；ε 为模型误差。

在实际应用中，为了通过回归分析确定有关参数，通常将式（7-12）进行对数化处理：

$$\ln I = \ln a + b(\ln P) + c(\ln A) + d(\ln T) + \ln\varepsilon \tag{7-13}$$

为定量辨识主要城市旅游业碳排放量的关键影响因素及其贡献程度，对 STIRPAT 模型进行扩展，选取游客规模、旅游经济发展水平、产业结构、城市绿化程度和人力资本五个因素，分别用旅游接待总人数、旅游业收入、第三产业产值占 GDP 的比例、绿地面积、受教育年限总和来表征，最终构建主要城市旅游业碳排放量影响因素识别模型如下：

$$\ln Y_{it}=\beta_0+\beta_1\ln Tou_{it}+\beta_2\ln GDP_{it}+\beta_3\ln Str_{it}+\beta_4\ln Aff_{it}+\beta_5\ln Hr_{it}+\varepsilon_{it} \quad (7-14)$$

模型中，$\ln Y$ 表示碳排放量；$\ln Tou$ 代表游客规模、$\ln GDP$ 代表旅游经济发展水平、$\ln Str$ 代表产业结构、$\ln Aff$ 代表城市绿化程度，$\ln Hr$ 代表人力资本；β_0 为截距项；下标 i 代表城市，t 代表时间；ε 为模型的随机误差。

二、计量分析及解释

传统的面板模型重在考察解释变量对被解释变量的条件期望影响（均值回归），这只能体现条件分布的集中趋势，难以反映出整个条件分布的全貌。而面板分位数回归能够弥补这一缺陷，它基于在不同分位数点上解释变量对被解释变量的边际影响是不同的前提，能够反映出条件分布的全面信息和细部特征，且不易受极端值影响，从而提高模型分析结果的稳健性和准确性。表7－2呈现了中国主要城市旅游业碳排放量的 FMOLS 估计和面板分位数模型计算结果。

表 7－2　中国主要城市旅游业碳排放量 FMOLS 估计和面板分位数模型计算结果

解释变量	FMOLS 估计	面板分位数估计					
		$\tau=0.1$	$\tau=0.25$	$\tau=0.5$	$\tau=0.75$	$\tau=0.9$	$\tau=0.95$
$\ln Tou$	0.942***	0.831***	0.740***	0.662***	0.625***	0.730***	0.786***
	(11.317)	(4.824)	(4.947)	(4.217)	(4.393)	(4.866)	(5.080)
$\ln GDP$	－0.291***	－0.224*	－0.197*	－0.132	－0.120	－0.147*	－0.206**
	(－4.690)	(－1.718)	(－1.784)	(－1.157)	(－1.283)	(－1.850)	(－2.274)
$\ln Str$	0.236	0.274	0.408	0.415	0.496	0.667**	0.682**
	(1.356)	(0.835)	(1.211)	(1.145)	(1.413)	(2.211)	(2.423)
$\ln Aff$	－0.196***	－0.035	－0.063	－0.078*	－0.091*	－0.121**	－0.119**
	(－3.002)	(－0.592)	(－1.231)	(－1.676)	(－1.925)	(－2.361)	(－2.092)
$\ln Hr$	0.564***	0.169	0.223*	0.285**	0.304**	0.274**	0.312**
	(4.869)	(1.224)	(1.707)	(2.237)	(2.463)	(2.154)	(2.323)
Constant	0.000	6.098**	5.364**	4.203*	3.886*	3.665*	3.441
		(2.501)	(2.186)	(1.703)	(1.703)	(1.681)	(1.567)

注：*、**、*** 分别表示在 10%、5% 和 1% 的水平下统计检验显著；括号内的数值为 t 统计值。

（1）FMOLS 回归分析。具体分析可知，游客规模是碳排放量增长的最大贡献因素，游客规模每增加 1%，碳排放量便增加 0.942%。这与基本事实相符，游客规模的增加直接导致了旅游业能源消费需求量的增长，进而导致碳排放量的上升；相比较游客规模，产业结构虽与碳排放量增长正相关但不显著，没有通过 t 检验；人力资本变量的系数为正，且在 1% 水平上对碳排放量增长有显著性影响，这意味着人力资本是碳排放量增长的重要贡献力量，人力资本每增加 1%，碳排放量便提高 0.564%；旅游经济发展水平对碳排放量增长的影响在 1% 水平上显著负相关，旅游经济发展水平每上升 1%，碳排放量便降低 0.291%，表明随着旅游经济发展水平的提高，在一定程度上对碳减排活动具有促进作用；城市绿化程度也在旅游业碳减排活动中扮演着重要角色，城市绿化程度每提升 1%，碳排放量便可减少 0.196%。通过以上分析可知，对碳排放量增长的影响由大到小依次为：游客规模、人力资本、旅游经济发展水平、城市绿化程度，而产业规模对碳排放量增长在本书的研究对象中未发现显著影响。

（2）面板分位数模型结果分析。本章节选取了 0.10、0.25、0.50、0.75、0.90、0.95 六个分位点，运用面板分位数回归方法进一步分析了在不同分位点处各个变量对旅游业碳排放量增长的影响。由表 7－2 我们可以看出，面板分位数回归结果显示与 FMOLS 回归结果差异显著，在不同的分位点下有不同的依赖形式。

游客规模对旅游业碳排放量增长的影响均在 1% 水平上显著，且在各个分位点处对旅游业碳排放量增长的影响均为正，表明游客规模对碳排放量增长起促进作用。从表 7－2 我们可以发现，随着分位数的增加，游客规模的分位数回归系数呈“U”型趋势，具体表现为：游客规模在 0.1～0.75 分位点时，对碳排放量增长的影响逐渐减小；而在分位点 0.9～0.95 时，游客规模对碳排放量增长的促进作用骤增。这表明游客规模对碳排放量水平较低的城市和高碳排放量城市的影响较大，而对中等碳排放量水平城市的影响较小。

旅游经济发展水平在低分位点（0.1～0.25）和高分位点（0.9～0.95）均通过了显著性检验，且显著为负，但其系数不同，说明旅游经济发展水平对不同旅游业碳排放量水平具有不同的抑制作用。具体来看，旅游经济发展水平分位数回归系数从 0.1 分位点的 －0.224 上升到 0.25 分位点的 －0.197，之后在 0.5～0.75 分位点处其对碳排放增长的抑制作用不断减小，但没有通过 t 检验，而自 0.9 分位点后旅游经济发展水平对碳排放量增长的影响又开始变得显著，这表明旅游经济发展水平对低碳排放量城市和高碳排放量城市的碳减排活动存在促进作用，但对中等碳排放量城市的碳减排活动不存在重要影响。

产业结构与旅游业碳排放量增长在分位点 0.9 和 0.95 处呈显著正相关，

且这种正向影响力随着分位点的提高而逐渐增大，分位数回归系数由0.9分位点的0.667提高到了0.95分位点的0.682，这意味着随着第三产业的发展水平提高，其对促进旅游业的发展也起到了积极的作用，在某种程度上导致了旅游业碳排放量的增加。

城市绿化程度在0.5~0.95分位点处均与旅游业碳排放量增长存在显著负相关，表明城市绿化程度对碳排放量增长具有抑制作用。从表7-2我们可以知道，城市绿化程度的分位数回归系数绝对值基本呈现上升趋势（-0.035、-0.063、-0.078、-0.091、-0.121和-0.119），且自0.5分位点后才通过了显著性水平检验，这说明城市绿化程度的提高对碳排放量处于中等水平和高水平的城市旅游业的影响较大，而对碳排放量低的城市旅游业则不具有显著影响。

人力资本除在0.1分位点不显著以外，在其他分位点处均通过了显著性检验，且对旅游业碳排放量增长的影响显著为正，由此可知，人力资本对碳排放量增长也具有促进作用。表7-2显示，人力资本分位数回归系数随着分位点的提高而整体表现出上升的趋势，0.95分位点较0.25分位点增加了0.089，变化幅度较大，这显示了随着碳排放量水平的提高，人力资本对其促进作用不断增强。原因可能是我国整体上仍处于基础教育阶段，且各城市之间受教育水平的层次提升幅度小，而实际中企业对同样的工作岗位会偏向于学历更高的劳动者，其熟练度更高，在提高产出效率的同时对能源需求也同步增加，从而引致了更多的碳排放。

第三节　旅游业碳生产率的因素分析

一、理论因素分析

作者通过检索归纳法，整理了近年来关于旅游业全要素生产率和碳生产率影响因素的相关文献，结合本书研究过程中数据的可获取性和可操作性，确定了以下几个因素作为中国主要城市旅游业碳生产率差异化的主要考察内容。

1. 经济发展水平

旅游需求收入弹性较高，因为它是人们在满足了基本生活需求之后，追求较高层次的文化、精神与物质体验。它决定了旅游需求的规模与城市经济发展水平之间是否存在显著的正相关关系。就供给而言，发展旅游需求会进行大规模的基础设施和服务设施建设，只有经济比较发达的城市，才具有较大规模的投资能力。从国际上看，旅游强国往往是经济发达的国家，是旅游经济发展绩效良好的国家。因此当地旅游业能否快速发展与当地经济发展水平有直接关系。采用人均 GDP 来表示主要城市经济发展水平。

2. 对外开放程度

对外开放程度是衡量一国经济对外开放规模和水平的重要指标。它包括两方面的含义：一方面是指国家积极主动地扩大对外经济交往，另一方面是指放宽政策，取消各种限制，以吸引各国来华贸易及投资。衡量对外开放水平的指标一般选择实际利用外商投资额。旅游业作为国民经济的支柱型产业，随着入境及出境游人数的日益增长，呈现出对外开放水平极高的行业特征。使用实际利用外商投资额来表示主要城市对外开放程度。

3. 产业结构情况

产业结构效应与产业结构变迁是生产率提高的主要机制。产业结构的差异会导致资源流动和转移，从而流向经济效率高的产业，这常被称为结构效率机制作用。并且，市场机制的作用促使资源向结构更加合理的领域集中与集聚，通过经济结构的不断革新与优化，促进生产率的提升。旅游业属于第三产业，在带动地区经济发展、促进区域产业结构升级演化的过程中扮演重要角色。旅游业与第三产业之间存在着稳定的互动关系，旅游业可以带动第三产业的发展，第三产业的发展同样促进旅游业的提升。采用第三产业产值占 GDP 的比例来表示主要城市产业结构情况。

4. 区位条件优劣

旅游区位在很大程度上影响一个城市旅游业发展中的条件、地位、作用，以及在宏观旅游业开发中的水平、组织和结构等。游客选择旅游目的地会受其时间分配、金钱花费的限制，同时这些又是直接受目的地可进入性影响的。良好的可进入性对境外游客有着很大的吸引力，企业凭借区位优势可相对使用较低投资换取更高的旅游收入，借此推动本土旅游业的发展。利用城市道路面积表示主要城市区位条件优劣。

5. 环境管制强度

部分文献认为环境规制是影响碳生产率的重要因素。政府的环境管制政策在一定程度上能够促使旅游业企业进行技术创新，淘汰落后产能，从根本上降低环境治理成本，同时刺激企业进行管理制度创新，实施节能减排政策，提高资源利用率，从而减少碳排放，最终实现旅游业的可持续发展。以城镇污水处理率表示主要城市环境规制强度。

6. 城市绿化程度

城市绿化在旅游业可持续发展的过程中扮演着重要角色，这不仅能改善城市的生态环境、美化城市的工作和生活环境，而且还能提高旅游景点的品质，从而有效地促进城市旅游景点的知名度和旅客的接受度，进而带动旅游业的高速发展。用绿地面积来表征主要城市的绿化程度。

二、计量分析及解释

1. 面板模型构建及分析

在分析了中国 21 个主要城市的旅游业碳生产率和收敛趋势后，本章试图在主要城市旅游业碳生产率测度结果的基础上，利用面板数据模型定量检验主要城市旅游业碳生产率的影响因素。建立实证模型如下：

$$Y_{it} = \beta_0 + \beta_1 \ln RGDP_{it} + \beta_2 \ln Open_{it} + \beta_3 \ln Str_{it} + \beta_4 \ln Loc_{it} + \beta_5 \ln Env_{it} + \beta_6 \ln Aff + \varepsilon_{it} \quad (7-15)$$

模型中，Y 表示主要城市旅游业碳生产率数值；$RGDP$ 表示主要城市的经济发展水平；$Open$ 表示主要城市的对外开放程度；Str 表示主要城市的产业结构情况；Loc 表示主要城市的区位条件优劣；Env 表示主要城市的环境规制强度；Aff 表示主要城市的绿化程度。β_0 为截距项；下标 i 代表城市，t 代表时间；ε 为模型的随机误差。计量分析部分采用 Eviews 8.0 软件进行计算，时间跨度为 2005—2015 年。

由于面板数据的时间跨度仅为 11 年，为了提高小样本下检验结构的精度和稳健性，综合考虑以下几种单位根检验的结果，见表 7 - 3。

表 7 - 3 中国主要城市旅游业碳生产率影响因素面板单位根检验

变量	LLC 检验	ADF 检验	PP 检验	变量	LLC 检验	ADF 检验	PP 检验
Y	-11.12***	100.60***	146.55***	ΔY	-12.61***	126.49***	273.78***
$\ln RGDP$	-3.69***	43.24	33.73	$\Delta\ln RGDP$	-8.55***	78.66***	125.62***
$\ln Open$	-3.67***	38.81	47.90	$\Delta\ln Open$	-6.31***	60.86**	115.32***
$\ln Str$	-6.22***	49.84	63.31**	$\Delta\ln Str$	-12.91***	84.98***	159.63***
$\ln Loc$	-9.92***	83.56***	91.10***	$\Delta\ln Loc$	-14.00***	102.96***	162.59***
$\ln Env$	-10.25***	75.20***	58.96**	$\Delta\ln Env$	-18.67***	135.31***	177.84***
$\ln Aff$	-2.82***	41.72	81.21***	$\Delta\ln Aff$	-17.28***	101.27***	151.70***

注：变量前加 “Δ” 表示对变量作一阶差分，*、**、*** 分别表示在 10%、5% 和 1% 的水平下统计检验显著。

在面板单位根检验中，碳生产率、区位条件和环境规制在水平检验下能拒绝有单位根的原假设，而经济发展水平、对外开放程度、产业结构和城市绿化程度在水平检验下则均没有通过显著性检验，说明其存在单位根，但在一阶差分检验下，各变量在1%的水平下均检验显著，能拒绝有单位根的原假设，表明其均为一阶单整。模型涉及的序列为一阶单整，可以进行协整检验。由于样本期间为11年，因此本章主要依据Kao检验和Pedroni检验中的Panel ADF - Stat及Group ADF - Stat两个统计量的检验结果，其余统计量仅做参考。

表7-4　中国主要城市旅游业碳生产率影响因素面板协整检验

检验方法	统计量名	统计量值	检验方法	统计量名	统计量值
Kao检验	ADF	-4.65***	Pedroni检验	Panel ADF - Stat	-2.93*
				Group PP - Stat	-26.71***
				Group ADF - Stat	-2.82***

注：*、**、***分别表示在10%、5%、1%的水平下拒绝不存在协整关系的原假设。

从表7-4的协整检验结果来看，Pedroni检验中的Panel ADF - Stat的P值在10%的水平下显著；Group PP - Stat和Group ADF - Stat以及Kao检验的P值均在1%的水平下显著，因此，判定碳生产率、经济发展水平、对外开放程度、产业结构、区位条件、环境规制和城市绿化之间存在协整关系。最后，本章节对变量进行FMOLS回归估计，具体结果见表7-5。

表7-5　中国主要城市旅游业碳生产率影响因素FMOLS回归结果

	ln*RGDP*	ln*Open*	ln*Str*	ln*Loc*	ln*Env*	ln*Aff*
系数	0.10*	0.00	-0.06	-0.05	0.05	-0.10*
	(1.96)	(-0.03)	(-0.43)	(-0.72)	(0.64)	(-1.66)

注：***、**、*分别表示β系数在1%、5%、10%水平下的显著性。括号里的值是t统计值。

由FMOLS估计结果可以得知，不同因素对旅游业碳生产率产生了不同的影响，其中经济发展水平对碳生产率存在正向影响，且在10%水平上显著，说明经济发展水平对碳生产率有促进作用，其回归系数值为0.10，表明经济发展水平每上升1个百分点，碳生产率便上升10个百分点；相比较经济发展水平，对外开放程度、产业结构和区位条件这三个因素与碳生产率负相关但不显著，没有通过t检验；而环境规制对碳生产率存在正向影响，但在10%水平上不显著；城市绿化程度对碳生产率的影响在10%水平上显著负相关，城市绿化程度每上升 1 个百分点，碳生产率便降低 10 个百分点，表明随着城市绿化程度的提高，在一定程度上对碳生产率有负向作用。

2. 面板分位数模型构建及分析

基于面板数据的 FMOLS 回归分析从平均程度上考察了各个变量对旅游业碳生产率的影响，由于回归分析结果比较笼统，无法更深入的分析在不同的碳生产率水平下，各个变量对碳生产率的影响程度和方向。此外，利用 FMOLS 对面板数据进行回归，隐藏了各个变量与碳生产率的真实关系，可能低估或者高估处于不同碳生产率水平相关要素的影响。因此，在利用 FMOLS 对面板数据进行回归分析之后，本节构建以下面板分位数回归模型：

$$Y_{it} = \beta_0 + \beta_{1q}\ln RGDP_{it} + \beta_{2q}\ln Open_{it} + \beta_{3q}\ln Str_{it} + \beta_{4q}\ln Loc_{it} + \beta_{5q}\ln Env_{it} + \beta_{6q}\ln Aff + \varepsilon_{it} \quad (7-16)$$

上述模型的变量已在本节阐述过，故不赘述。本章节选取了 0.05 ~ 0.90 十个分位点，进一步分析在不同分位点处各个变量对碳生产率的影响，具体回归结果见表 7-6。

表 7-6　中国主要城市旅游业碳生产率影响因素面板分位数回归结果

分位点	Constant	ln*RGDP*	ln*Open*	ln*Str*	ln*Loc*	ln*Env*	ln*Aff*
q = 0.05	1.20*	-0.06	0.09**	-0.09	-0.02	-0.05	-0.01
	(1.91)	(-0.83)	(2.22)	(-0.59)	(-0.28)	(-0.32)	(-0.09)
q = 0.1	1.53**	0.05	0.03	-0.14	-0.06	-0.17	0.03
	(2.31)	(0.73)	(0.85)	(-0.96)	(-0.79)	(-1.16)	(0.56)
q = 0.2	0.94***	0.01	0.00	-0.02	0.01	0.01	-0.01
	(3.74)	(0.20)	(0.12)	(-0.25)	(0.17)	(0.19)	(-0.30)
q = 0.3	1.11***	-0.01	0.00	-0.09**	0.01	0.08	0.00
	(5.38)	(-0.49)	(-0.23)	(-2.03)	(0.34)	(1.58)	(-0.17)
q = 0.4	1.13***	-0.03	-0.01	-0.08*	0.01	0.13**	0.00
	(4.20)	(-0.86)	(-0.72)	(-1.95)	(0.25)	(2.40)	(0.10)
q = 0.5	1.18***	-0.05*	-0.01	-0.05	0.03	0.12**	-0.01
	(3.90)	(-1.79)	(-0.53)	(-1.23)	(1.02)	(2.20)	(-0.69)
q = 0.6	1.34***	-0.06***	-0.01	-0.06*	0.04	0.12**	-0.01
	(4.41)	(-2.89)	(-0.66)	(-1.87)	(1.56)	(2.34)	(-0.68)
q = 0.7	1.51***	-0.07***	-0.01	-0.06	0.05*	0.08	-0.02
	(4.49)	(-3.73)	(-0.53)	(-1.58)	(1.89)	(1.65)	(-1.08)
q = 0.8	1.62***	-0.09***	-0.01	-0.07	0.10***	0.11	-0.04*
	(3.76)	(-3.35)	(-0.58)	(-0.95)	(2.86)	(1.61)	(-1.87)
q = 0.9	1.15	-0.11*	-0.03	0.03	0.14***	0.23	-0.07**
	(1.30)	(-1.74)	(-0.91)	(0.23)	(2.77)	(1.40)	(-2.00)

注：***、**、* 分别表示回归系数在 1%、5%、10% 水平下的显著性。括号里的值是 t 统计值。

由表 7－6 可以看出，分位数回归结果显示与 FMOLS 回归结果差异显著，不同分位数下回归结果也不同，旅游业碳生产率不像 FMOLS 回归结果那么单一，而是在不同的分位点下有不同的依赖形式。

经济发展水平对旅游业碳生产率的影响自 0.5 分位点以后通过了显著性检验，且对碳生产率的影响均显著为负，表明经济发展水平对碳生产率起抑制作用。从表 7－6 可以发现，经济发展水平在分位点 0.5～0.9 时，变量系数从 －0.05变为 －0.11，表明其对碳生产率的影响不断变大，且是一个抑制作用不断增强的过程。这也说明当一个城市的经济发展水平发展到一定程度，便会对环境造成一定的负面影响，从而会阻碍旅游业的可持续发展。

相比经济发展水平，对外开放程度对旅游业碳生产率的影响没有那么显著，仅在 0.05 分位点通过了显著性检验。其系数值表明对外开放程度每增加 1 个百分点，旅游业碳生产率则可提升 0.09 个百分点。对外开放程度在 0.1～0.9 分位点对旅游业碳生产率的影响均未通过显著性检验，这说明随着旅游业碳生产率的不断提高，对外开放程度既未起到促进作用也未起到抑制作用，其可能是因为当下由于对外开放所带来的资金流入和人口流动尚未在旅游业发展中发挥出较大作用。

产业结构对旅游业碳生产率的影响在 0.05～0.2 分位点均未通过显著性检验。自 0.3 分位点后，一直到 0.6 分位点处产业结构几乎均与旅游业碳生产率在 10% 水平上显著负相关，且这种负向影响力伴随着分位点的提高而减小，变量系数由 0.3 分位点的 0.09 下降到 0.6 分位点的 0.06，这意味着产业结构对旅游业碳生产率的抑制作用不断减小。产业结构在 0.7 分位点后变量系数又开始变得不显著，其说明随着碳生产率水平的提升，产业结构不再是影响旅游业高质量发展的重要因素。

区位条件对旅游业碳生产率的影响也存在差异。区位条件在 0.05 分位点的系数为负但未通过 10% 水平的显著性检验，而在 0.7～0.9 分位点处的系数为正且通过了 t 检验，表明了区位条件对于旅游业碳生产率的影响是正向的，且对于高旅游业碳生产率水平城市的影响是更为显著的，由此可见良好的可进入性有利于一个城市旅游业的发展。

环境规制的系数在低分位点（0.05～0.3）和高分位点（0.7～0.9）均不显著，在 0.4～0.6 分位点处均通过了 5% 水平的显著性检验，但在 FMOLS 回归中未能通过 t 检验。因此，这表明 FMOLS 均值回归方法不能准确呈现出环境规制与碳生产率的关系。总的来说，环境规制对旅游业碳生产率存在着稳定且正向的影响，环境规制每提高1个百分点，碳生产率水平则可提高12～13个百分点。其原因是环境规制能在一定程度上刺激企业进行管理制度创新，实施节能减排，提高能源资源利用率，减少碳排放，从而实现旅游业的可持续发展。

城市绿化程度与旅游业碳生产率在分位点0.8和0.9处呈显著负相关，在其他分位点上则不显著，这说明随着城市绿化程度的提高，高碳生产率水平的城市旅游业的发展也会受到一定的抑制。从表7－6可以看出，变量系数从0.8分位点处的－0.04变为0.9分位点处的－0.07，表明随着分位点的提高，城市绿化程度对旅游业碳生产率的抑制作用加强。其可能是因为城市在进行绿化建设的时候未能结合该城市的生态系统类型和特色文化，虽提高了城市的绿化程度，但由于没有合理开发自然旅游资源，未能实现城市绿化和旅游发展的和谐促进。或者是由于旅游者倾向于选择城市绿化程度高、风景好的城市，导致城市游客过载，对城市的生态系统造成不必要的破坏，进而对旅游业的低碳发展存在阻碍作用。

第八章

主要结论及政策建议

本章首先对前文各章节的研究结论作一个完整的归纳整理，然后在此基础上提出促进旅游业绿色、循环、低碳发展的相关建议，最后说明研究过程中存在的不足并对后期研究工作提出展望。

第一节　主要结论

本书首先从旅行社、星级饭店、星级景区和旅游业期望产出等方面分析了中国21个主要城市旅游业发展现状，并对其自然资源开发和环境治理状况等内容进行了统计描述；其次采用非径向、非角度SBM测度模型及ML生产率指数对主要城市旅游业碳生产率进行了测度与评价，并从收敛性和空间自相关的角度进行了多项检验；最后分别运用FMOLS估计和分位数回归模型对其影响因素开展识别，得出了一些较有意义的研究成果和结论。

（1）统计描述了中国主要城市旅游业发展与资源环境的现状。运用增速、极值、离散系数等统计指标，发现我国旅游业在旅行社、星级饭店、星级酒店等方面发展迅速。虽然东、中、西部城市在各方面有不同程度的差距，但总体上呈上升趋势，其中东部城市起点最高，在旅行社收入方面与中、西部城市逐渐拉开差距，西部城市则在星级饭店与酒店方面发展较快，尤其在“十二五”时期加大了追赶东部城市的步伐，中部城市则在国内、外旅行收入方面逐渐缩小与东部城市的差距。同时发现，自然保护区数量不断增多且在“十一五”时期增速最大，绿地面积和建成区绿化覆盖率在研究周期内呈较稳定的上升趋势，工业固体废物综合利用率、城镇生活污水集中处理率和生活垃圾无害化处理率上升较稳定，较为特殊的是昆明市在“十二五”时期的工业固体废物综合利用率出现突减从而影响了“十二五”时期我国21个城市的平均水平。

（2）评价比较了中国主要城市旅游业碳排放量及减排的情况。运用泰尔系数等指标，从旅游交通、旅游住宿、旅游活动等方面，对其碳排放量进行评价与分析。测度结果表明，在中国21个主要城市旅游业碳排放构成中，旅游交通碳排放量占比最大，应将其作为旅游业节能减排的主要治理方向。就不同城市对总体减排差异的影响程度而言，以东部城市对总体差异的影响最大，西部城市次之，中部城市最小。此外，中国21个主要城市旅游业在2005—2015年的脱钩指数均介于0～1之间，在低碳经济方面具有弱脱钩效应，这表明旅游业在资源利用效率和碳排放量控制等方面虽有一定成果，但仍需优化已有的减排政策，从而提高政策执行的有效性和效率，此外海口、珠海、深圳等10个城市的减排效率低于整体平均水平，控制这些城市旅游业的碳排放是实现城市绿色可持续发展的关键。

（3）实证分析了中国主要城市旅游业碳生产率演变趋势。采用非径向、非角度SBM测度模型及ML碳生产率指数对2003—2013年我国21个主要城市旅游业碳生产率进行测度与评价。可知虽然我国主要城市旅游业碳生产率在研究周期内不断增长，但相关部门一直在不断加强对旅游业碳排放的控制力度，并在“十二五”时期取得了一定的成效。分地区来看，不论是否考虑碳排放的约束，中部城市年均增幅均为最大，西部城市次之，东部城市居后；但从生产率来源分解情况分析，相较于不考虑碳排放约束，碳生产率的技术进步指数有所上升，技术效率指数有所下降。此外技术创新城市数量东部城市明显多于中、西部城市，以南京和无锡为代表的经济发达城市表现最为突出，这说明我国中、西部城市旅游业发展的成就很大程度上是依赖于旅游业资源的大规模投入，同时对自然环境和生态资源也产出了一定程度的不利影响。

（4）测度检验了中国主要城市旅游业碳生产率的收敛性和空间自相关程度。通过绝对收敛、条件收敛以及俱乐部收敛的检验，得出了中国21个主要城市碳生产率均表现出条件收敛的结论，除了东部以外，其他地区还同时存在绝对收敛，由此可看出各城市旅游业碳生产率在朝着自身稳态水平的方向增长，其差距也将会随着时间的推移而逐渐缩小。同时，其收敛机制均表现为知识溢出和技术扩散，这说明主要城市旅游业存在技术创新的共享、旅游市场的完善以及旅游合作的要素流动。根据空间自相关的实证结果，进一步得出主要城市旅游业碳生产率水平呈现空间负相关，即存在明显的空间离散特征，这说明水平较高的城市或集聚中心对周围邻近城市的碳生产率水平的扩散带动潜力还有进一步的开发空间。

（5）定量探究了影响主要城市旅游业绿色发展的主要因素。分别运用FMOLS估计和分位数回归模型对旅游业碳排放和碳生产率影响因素进行探究。在旅游业碳排放方面，FMOLS估计结果显示，对旅游业碳排放增长具有较大影响的因素是游客规模、旅游经济发展水平、城市绿化程度和人力资本，其中游客规模和人力资本与碳排放增长呈显著正相关，旅游经济发展水平和城市绿化程度则与碳排放增长均呈显著负相关，而产业结构对碳排放增长影响不显著。面板分位数结果表明，游客规模、旅游经济发展水平、产业结构、城市绿化程度和人力资本均对碳排放增长具有显著影响且存在差异，其中，低碳排放城市和高碳排放城市比中等碳排放城市受游客规模影响程度更重，旅游经济发展水平和城市绿化程度对碳排放增长的抑制作用随着分位点的增加而加强，人力资本除在分位点0.1处不显著之外，在其他分位点对碳排放增长均具有促进作用，且随着分位点的提高而增大，产业结构仅在0.9和0.95分位点处具有显著，表明其对高碳排放城市具有重要影响。就旅游业碳生产率影响因素回归结果而言，整体上看，经济发展水平和城市绿化程度是两个重要因素，其中，经济发展水平与碳生产率呈显著正相关，城市绿化程度则呈显著负相关。分阶段上看，经济发展水平、对外开放程度、产业结构、区位条件、环境规制和城市绿化程度对碳生产率也具有显著影响，且存在一定差异。其中，经济发展水平和城市绿化程度对旅游业碳生产率的抑制作用随着分位点的提高而增强，产业结构对碳生产率的抑制作用则随着分位点的提高而逐渐减弱，对外开放程度仅在0.05分位点对碳生产率存在正向影响，环境规制在0.4~0.6分位点处对碳生产率的正向影响则较为稳定，而区位条件在高分位点处对碳生产率的促进作用不断增大。

第二节　政策建议

本书的研究目的是在全面推进“旅游强国”战略，转变旅游产业发展方式的背景下，识别影响中国主要城市旅游业碳生产率的主要因素，为制定有利于旅游业健康发展的公共政策提供科学依据。因此结合作者的研究结果，可提出以下几个方面的政策建议。

一、加强和规范监管体系

(1) 完善并规范相关法律法规。政府颁布相应的旅游法律、法规、条例的目的在于规制旅游市场上出现的某些违法乱纪行为，维护旅游市场的健康有序发展，从总体上看，我国颁布的旅游相关法规条例及地方性旅游法规条例已涉及旅游业发展的各方各面，对于调整旅游业结构、规范旅游市场、解决旅游纠纷、保护旅游法律关系主体权利义务等均有明确的法律条文作为依据，但对于旅游环境的保护等方面还需要进一步的完善。例如西班牙政府根据《全面质量管理计划》，对海水质量、海岸保护、服务水平、安全系数、环境意识等方面都设定了具体的标准，并出台了《可持续旅游业纲要》。我国可根据国家规划以及相关政策制定出旅游业绿色、循环、可持续性发展的具体纲要，严格监督各个相关部门按此纲要发展各地区旅游业，将低碳生活的理念作为标准融于相关的法规条文之中，除了通过制定纲要推进旅游业主动降低碳排放量外，还应加大对旅游业中出现的破坏环境、加重污染、不利于持续性发展的行为的惩罚力度及管理范围。不仅要明确界定哪些行为会造成这些危害，可按轻重程度予以划分，而且需设置相应的惩罚方式，如设立生态补偿税、环境税等各种税收制度，按不同的等级制定不同的收费标准，可由国税局分立出特定的部门来管理这些税收，将税费均用于降低碳排放量。

(2) 加强景区生态环境管理和监督。一方面明晰权力主体，具体而言，就是要明确景区的管理、监督及经营主体，使其各司其职，既不会出现管理的重合，也不会出现版块的遗漏，如建立专门的景区协调规划管理局，将景区的管理与监督从建设部中分离出来，并按地区的划分分级设立，每一个景区也应当有明确的经营主体和责任人，确保权责能够一一对应。在此基础上，可要求景区经营者定期向管理机构汇报景区经营规划，该规划必须建立在景区的绿色、协调、可持续发展的基础上，要秉承“保护为主，开发为辅”的原则，尤其是名胜古迹以及文物出产地等，应设定具体的开发程度的标准，防止过度开发，破坏生态结构。另一方面是对景区内废弃物品及排污系统的管理，景区应合理设置垃圾桶数量，并及时进行清理，做好垃圾分类及掩埋工作，对于乱扔乱丢的行为要坚决抵制并进行批评教育，可进行合理的罚款；在显现的位置设置“爱护环境，不随地乱扔”等一系列宣传标语，并安排管理人员巡逻监督。景区的排污系统要定时检查，清理，有条件的尽量选择可循环的排污系统。

二、提倡和推广绿色旅游

（1）优化旅游交通运输结构。旅游交通运输类型可以分为常规旅游交通和专用旅游交通两种，前者包括航空、铁路、公路、水路等基本交通类型，后者则可概括为景区内专用交通工具，包括观光车、缆车、索道、轿子、用于骑行的动物等。其中常规旅游交通碳排放量占比较大，应当在各类交通工具的研发上加大投入，提高动力机车的性能，有效较低耗能，研发清洁能源，形成完善的旅游交通体系，有效地提高运输效率。并构建节能型旅游交通体系，合理配置交通资源，推广“绿色出行、公交先行”等理念，倡导游客出行选择更为绿色、低碳的方式。对于景区内专用交通工具，主要是控制数量以及质量，比如所有景区的观光车或船都必须选用低耗能的产品，根据景区范围大小设定合适数量的代步工具等。

（2）推进节能技术在旅游饭店、住宿中的应用。旅游住宿引起的碳排放是旅游业碳排放的第二大来源。随着饭店业的迅速发展和饭店管理水平的提高，我国饭店的能耗和二氧化碳排放量有所下降，但是与很多发达国家相比，目前我国许多宾馆饭店绿色环保意识还比较淡薄，铺张浪费现象比较严重，加之许多宾馆饭店建造多年，建筑内的设施陈旧，节能效率低。因此，“厉行勤俭节约，反对铺张浪费”一定要严格贯彻落实到旅游业上，除了要加强对“光盘行动”的宣传，还应建立相关的投诉机制，对于饭店在营业时不给消费者提供良性建议的，没有尽到提醒义务的都可以进行适当的处罚，对于这方面做得好的也应该给予适当的奖励；对于设施陈旧，甚至存在安全隐患的饭店宾馆，应定期进行排查，必要时可要求其停业改造。在饭店宾馆和旅游设施上还应鼓励其运用新材料、推广节能技术。

（3）鼓励旅行社绿色化经营。我国旅行社水平一直以来都参差不齐，旅行社作为旅游业中较为重要的环节，主导着游客的消费方向与消费行为，所以规范旅行社的经营方式并鼓励其绿色化经营是很有必要的。对于有破坏市场环境，欺骗、误导甚至强迫威胁消费者等不良行为的旅行社应当加重处罚，并适当提高旅行社的成立门槛，清除质量不过关，规模过小的私营企业。其次对于旅行社的管理人员及导游应定期进行相关的培训，鼓励其推行绿色化经营，多推出“绿色化”的旅游路线，与节能环保型的酒店、饭店等建立长期的合作关系并主动向游客普及相关理念及政策，倡导游客进行绿色消费，同时建立有效的反馈机制，保证游客的意见可以完整顺利的反映到监管机构。通过政府在资金、经验、人力等方面的投入，引导和扶持大型旅行社集团在“绿色旅行方面”的建设与发展，以此作为标杆来推动国内旅行社的绿色化发展。

三、制定和协同区域政策

（1）东部城市在旅行社企业数、旅行社从业人数、旅行社营业收入等方面都是远高于中、西部城市的，其碳排放量也是最高的，这也反映了东部城市旅游业发展是比较成熟且环境与协调程度相对较高的区域，故其旅游业应主要考虑其结构的优化以及环境制度的强化。首先要解决区域内发展不平衡的问题，对于发展相对滞后的城市应当加大财政投入，鼓励优秀的旅游业管理者将成功的经验带到这些城市，推进区域的协调发展；其次东部城市相较于中、西部城市来说城市化建设速度和规模较快，所以可适当加强东部城市的环境规制，执行较为严格的环境治理政策。

（2）中部城市起点较低，应当健全并完善其旅游行业管理体制，可借鉴相关的成功经验，加强政府的旅游管理力度，增强旅游行业管理部门的权威性，加大对该区旅游产业的导向性投入。培育并发展旅游新动力，重视文化旅游业发展，充分发挥文化在拉动需求、优化投资环境、保护生态环境等方面的作用，如将农业与旅游业结合，将茶园、植物园等作为景区开放，使该地区旅游业更具地方特色，又保护了植被，还可以借机宣传保护环境的理念。此外中部城市整体基础设施和服务设施较差，一些设施陈旧、配套设施不完善的宾馆饭店等不仅影响了旅游业的发展，且不利于节能减排，应及时排查，进行补救，并适当更换节能设备。

（3）西部城市旅游业的综合发展处于中间位置，但西部的环境相对来说恶化较为严重，在后期的发展中应首先解决环境管制问题，再科学发展旅游产业。政府应加大对西部城市造林与生态扶贫项目的投入力度，开展因自然灾害造成的生态植被破坏和恢复灾后林业设施重建项目；开展节能减排、倡导低碳经济、低碳生活的环境教育活动等，激发人们对环境保护的积极性和主动性。同时，相较于另外两个城市，西部城市拥有更丰富的旅游资源，包括世界文化和自然遗产、国家级风景名胜、历史文化名城、国家级自然保护区等，所以西部地区城市应减少对商业旅游区的开发，如商业街、购物中心、人造景区等，把重心放到这些自然旅游资源上，以“传承中华文化，保护自然资源，创造绿色生活”为原则进行合理的开发与规划。

第三节　进一步展望

虽然本书力图做到研究视角、内容和方法等方面的创新，但由于研究能力和研究手段的限制，本书也存在一些不足之处，希望在后期能进一步深化研究，主要有以下几个方面。

（1）数据收集和处理方面。由于我国目前缺乏旅游业环境污染的官方统计数据，本书仅采用碳排放量对旅游业环境污染的估算可能存在一定的误差，需要进一步提高指标的广度和深度。同时，实证数据中，城市的微观数据相对很难获取，本书主要以中国 21 个主要城市为例进行数量分析。这种分析结果可能会因为缺少大规模的城市对象，无法对不同地区进行具体的政策指导，存在一定的缺陷和不足。下一步的研究可以扩大研究对象对普遍性城市进行旅游业碳生产率分析，为中国旅游业提供更为深入的研究基础，这将有利于制定更为贴近现实的政策建议。

（2）旅游业环境污染的定义方面。本书仅将旅游业碳排放量纳入旅游业碳生产率的分析框架以考察旅游业发展对生态环境的影响，存在一定的不足。事实上，旅游业发展对生态环境的破坏不仅体现在旅游业碳排放量上，还有旅游景点的破坏、固体污染物排放、人类健康等更大的范畴。将旅游业环境污染的指标体系进一步扩展到上述领域是未来的研究方向。

（3）在旅游业碳生产率影响因素的选择方面。由于旅游业碳生产率是旅游业期望产出和非期望产出的综合反映，影响它的因素是多方面和复杂的，很难涵盖影响旅游业碳生产率的所有因素。在所选取的影响因素中，有些制度和政策变量无法量化，这也对本书的估计结果产生一定的影响。

在这样的情况下，本书只能算是对中国主要城市旅游业绿色发展中的碳排放量、碳生产率的测度、时空差异、影响因素等问题做出一个大致的评价和初步研究，至于更深入的内容和更精确的结论，有待在今后的研究中不断充实。同时，也真切地希望本书的研究能对其他学者的研究工作起到借鉴作用，并能为旅游业绿色发展和实际工作提供有益的思索。

附　　录

附表 3.1　　2003—2015 年中国 21 个主要城市旅行社企业数

单位：家

城市	2003	2004	2005	2006	2007	2008	2009	2010	2011	2012	2013	2014	2015
沈阳	132	150	154	169	157	172	167	185	116	124	132	193	189
大连	296	308	351	362	359	356	337	356	341	364	386	361	407
长春	73	80	87	107	132	138	136	154	143	157	171	178	170
哈尔滨	172	189	173	189	198	204	220	221	208	238	267	302	315
南京	329	353	393	399	419	423	418	466	451	472	493	524	538
无锡	81	52	99	97	106	112	115	126	133	141	148	137	161
苏州	127	126	142	151	155	168	180	202	211	218	225	236	236
杭州	246	290	321	341	377	412	443	516	523	564	605	645	659
宁波	126	121	146	156	176	195	202	233	228	245	261	283	275
福州	103	106	99	101	102	99	110	123	118	118	117	121	147
厦门	74	80	81	88	91	97	103	132	144	157	170	204	219
青岛	248	233	282	331	358	346	327	330	331	352	372	407	450
武汉	175	190	210	212	218	216	221	264	261	279	297	313	329
广州	144	161	163	178	181	189	194	250	249	282	315	350	355
深圳	69	97	134	149	153	175	178	241	281	298	315	520	594
珠海	49	56	65	74	76	84	85	101	108	111	113	117	112
桂林	89	94	93	81	95	102	99	129	132	135	137	133	133
海口	144	140	134	135	133	135	153	194	190	196	202	203	211
成都	184	214	215	212	220	214	214	259	155	136	116	99	95
昆明	225	195	196	196	187	190	192	236	209	226	243	307	325
西安	182	200	215	244	253	267	274	333	310	330	349	344	348

附表 3.2　2003—2015 年中国 21 个主要城市旅行社从业人员

单位：人

城市	2003	2004	2005	2006	2007	2008	2009	2010	2011	2012	2013	2014	2015
沈阳	2 200	1 988	1 933	2 471	2 860	3 106	2 790	1 738	1 868	2 409	2 949	3 679	4 038
大连	3 148	3 356	3 494	3 868	3 427	3 500	3 103	2 524	2 590	2 693	2 795	3 070	3 533
长春	1 071	1 246	1 302	1 502	1 519	1 442	1 324	851	920	1 218	1 516	2 356	2 368
哈尔滨	2 859	2 444	2 338	2 805	3 142	2 853	2 677	788	1 175	1 378	1 581	3 596	3 798
南京	4 926	4 499	4 263	4 698	4 999	5 419	5 509	5 912	6 166	6 496	6 825	7 232	7 932
无锡	2 113	1 395	1 908	2 089	2 309	2 447	2 433	2 326	2 623	2 577	2 530	2 598	2 603
苏州	3 184	2 512	2 557	3 024	3 284	3 484	3 297	3 074	3 495	4 056	4 617	4 902	4 297
杭州	6 651	6 303	6 392	7 121	7 838	8 858	8 899	9 208	9 949	11 278	12 606	14 465	10 661
宁波	1 614	1 894	2 355	2 549	2 674	3 429	3 581	3 510	3 601	3 650	3 699	3 733	4 064
福州	2 248	1 998	1 928	1 993	2 007	2 075	2 170	2 516	2 977	3 393	3 808	4 236	5 343
厦门	2 727	2 293	2 485	2 900	2 983	3 095	3 330	3 434	4 037	4 428	4 818	5 900	5 343
青岛	3 537	2 900	3 363	3 976	4 748	5 710	5 163	4 911	4 151	4 192	4 232	4 159	4 506
武汉	7 166	6 551	6 133	6 374	6 087	5 772	5 648	6 626	5 792	7 637	9 482	7 620	8 245
广州	9 826	8 411	8 553	8 669	10 637	9 727	9 688	8 201	10 136	11 053	11 970	12 383	12 899
深圳	5 228	5 252	4 638	5 005	5 589	6 346	6 747	7 846	9 278	10 624	11 970	14 022	14 745
珠海	1 576	1 365	1 384	1 580	1 812	1 888	1 798	2 641	1 838	2 499	3 159	1 889	865
桂林	3 499	3 484	2 994	2 778	3 434	3 101	3 132	2 456	2 817	2 922	3 026	2 642	2 535
海口	3 710	3 441	4 363	5 312	5 196	5 096	5 164	4 175	4 340	4 331	4 322	4 096	3 393
成都	6 012	5 346	4 623	4 927	5 455	6 118	5 429	3 824	3 345	4 673	6 000	3 605	4 496
昆明	5 479	4 834	4 622	4 519	4 893	4 874	4 545	4 521	7 578	7 269	6 959	6 103	4 304
西安	4 988	4 280	4 331	4 991	4 914	4 898	4 594	4 904	4 740	4 787	4 833	5 588	7 633

附表 3.3

2003—2015 年中国 21 个主要城市旅行社营业收入

单位：万元

城市	2003	2004	2005	2006	2007	2008	2009	2010	2011	2012	2013	2014	2015
沈阳	64 865.74	96 295.76	96 417.90	133 063.72	198 227.33	274 164.36	297 440.21	298 431.19	306 234.04	317 909.25	499 740.40	767 598.00	937 750.24
大连	58 011.84	69 421.39	77 166.62	93 069.12	114 729.27	175 054.30	159 692.37	172 179.65	232 896.78	259 530.77	259 056.70	293 995.90	268 546.42
长春	12 561.45	21 715.43	23 560.91	24 994.86	35 094.31	35 580.14	32 927.52	59 202.30	51 122.06	61 123.57	42 196.33	73 241.56	115 089.34
哈尔滨	58 739.53	71 758.46	85 232.95	101 834.15	125 609.77	142 940.74	131 990.43	15 885.93	25 020.93	21 841.49	43 966.36	61 367.60	286 748.53
南京	194 249.95	318 125.31	301 001.82	346 936.45	402 834.43	410 395.21	451 774.21	653 025.99	811 373.67	1 024 705.44	806 328.00	949 977.70	1 581 795.02
无锡	116 366.11	156 382.67	229 024.48	284 215.48	322 284.61	380 782.22	398 303.15	490 562.61	477 709.07	517 747.88	470 388.30	497 992.20	520 189.45
苏州	101 988.05	145 411.02	184 517.28	210 858.33	281 131.61	287 741.93	275 106.68	355 173.37	435 475.34	504 167.11	250 904.90	329 634.50	776 461.98
杭州	205 474.91	366 838.46	413 423.05	491 829.61	588 068.82	598 675.97	753 986.06	1 154 065.44	1 319 025.40	1 729 233.43	1 402 112.00	1 398 177.00	1 598 698.97
宁波	52 561.90	91 304.97	100 295.37	142 846.34	161 740.60	202 461.39	230 261.15	295 125.39	346 716.36	415 345.15	311 187.80	322 370.80	382 461.75
福州	82 401.67	103 019.59	112 770.51	142 184.28	172 307.57	203 425.18	238 470.46	314 282.56	431 262.79	555 236.38	598 701.60	754 636.40	1 052 941.72
厦门	94 104.39	122 446.80	133 955.57	169 824.50	181 725.47	197 159.27	236 769.66	276 441.77	393 380.77	497 164.61	396 277.40	477 583.20	637 562.14
青岛	68 131.14	75 257.10	122 808.18	139 310.17	185 152.82	236 233.53	267 875.27	316 873.18	421 320.46	512 111.41	494 507.70	691 306.70	629 060.22
武汉	82 541.31	143 413.04	136 594.31	164 602.97	188 081.06	190 812.26	227 881.39	356 284.30	413 203.20	539 573.26	721 551.30	779 547.90	825 600.53
广州	431 894.11	656 732.62	722 284.31	869 074.88	1 118 728.49	1 105 569.02	1 174 828.39	1 532 679.95	2 059 634.39	2 547 807.12	2 291 553.00	2 377 586.00	2 545 711.41
深圳	259 074.53	365 321.19	385 403.31	452 027.93	558 432.02	573 807.89	688 185.59	990 070.06	1 300 602.54	1 713 173.27	1 616 855.00	1 998 097.00	2 277 035.81
珠海	44 377.92	60 162.27	67 116.90	85 611.67	105 742.13	108 645.56	100 759.64	125 076.49	147 712.45	164 932.19	367 763.80	196 627.60	256 123.73
桂林	83 138.32	133 545.39	142 882.32	164 586.19	179 197.16	155 941.72	164 891.46	129 306.81	203 453.31	231 597.71	199 804.00	167 036.50	214 958.74
海口	244 771.87	277 340.91	112 741.84	158 557.27	184 022.15	224 315.09	228 217.28	240 936.59	352 248.16	415 080.38	290 730.10	335 973.40	336 468.08
成都	126 845.36	211 482.67	236 182.96	265 111.09	363 987.23	225 335.62	316 532.40	269 994.44	559 671.93	807 903.72	474 682.60	359 418.70	659 041.34
昆明	163 681.92	244 247.03	287 463.01	363 069.54	442 417.49	402 326.39	438 469.36	481 520.07	631 895.04	737 276.44	818 064.10	679 993.90	470 785.16
西安	72 701.58	145 420.24	177 980.28	200 909.70	235 372.86	208 897.62	213 317.46	300 031.33	418 347.52	532 975.51	375 144.00	549 944.60	595 111.58

附表 3.4　　2003—2015 年中国 21 个主要城市星级饭店企业数　　单位：户

城市	2003	2004	2005	2006	2007	2008	2009	2010	2011	2012	2013	2014	2015
沈阳	109	114	112	117	120	125	122	92	79	71	69	57	67
大连	122	123	158	164	177	188	177	151	119	121	115	137	127
长春	50	41	50	59	60	63	65	55	50	48	55	57	46
哈尔滨	73	82	87	87	87	92	92	86	75	69	66	74	70
南京	117	118	124	124	150	146	132	110	94	95	99	92	86
无锡	81	69	73	89	76	73	76	64	64	58	56	49	45
苏州	95	99	115	141	155	165	176	138	133	127	120	112	100
杭州	178	193	212	223	261	297	307	168	169	150	120	176	167
宁波	118	155	176	194	200	198	191	159	141	129	127	134	117
福州	66	86	77	85	74	79	74	72	56	55	56	56	51
厦门	61	72	67	63	77	76	74	67	64	66	66	72	71
青岛	94	95	116	125	165	181	193	154	139	121	113	117	106
武汉	119	128	121	122	122	110	112	80	90	80	81	72	69
广州	180	198	209	232	231	219	207	219	197	205	193	181	186
深圳	174	170	184	188	176	152	153	149	92	84	100	112	111
珠海	65	77	75	85	91	89	89	82	82	79	79	75	31
桂林	60	57	67	37	73	71	77	60	37	51	50	61	61
海口	59	62	65	77	77	77	72	56	37	33	27	44	39
成都	122	130	134	146	149	154	152	105	119	103	105	71	89
昆明	114	129	115	113	135	156	108	79	63	61.5	60	51	71
西安	59	102	81	87	100	112	112	83	67	66	69	94	101

附表 3.5　**2003—2015 年中国 21 个主要城市星级饭店从业人员**　单位：人

城市	2003	2004	2005	2006	2007	2008	2009	2010	2011	2012	2013	2014	2015
沈阳	16 852	12 577	19 264	18 658	18 823	19 890	15 757	15 199	13 796	13 136	11 479	8 143	10 403
大连	17 724	16 908	22 318	21 361	21 558	21 488	24 855	18 714	15 493	15 394	14 466	15 691	15 181
长春	10 509	9 013	12 048	12 062	12 730	12 571	12 609	11 444	11 270	10 191	9 650	8 143	7 261
哈尔滨	12 553	12 911	11 712	10 805	11 430	11 896	14 621	9 669	8 613	7 936	6 710	7 693	6 991
南京	21 490	21 064	20 615	17 392	20 517	23 589	20 741	19 661	17 270	16 938	16 426	15 279	15 358
无锡	13 847	16 076	15 337	17 409	18 167	14 082	15 159	13 737	12 856	11 871	11 507	9 516	10 004
苏州	14 458	18 539	18 567	19 344	25 793	24 137	25 538	23 509	22 029	21 693	19 268	19 286	17 009
杭州	30 236	30 240	33 541	36 224	40 963	44 996	46 474	28 527	4 326	23 630	19 268	27 610	26 914
宁波	16 000	18 770	20 104	22 557	26 504	29 978	29 197	23 784	20 055	18 302	16 164	18 130	17 052
福州	11 034	14 460	10 004	10 564	6 636	14 022	13 918	13 842	11 734	11 626	12 477	13 722	10 036
厦门	10 897	14 173	12 252	9 888	5 637	12 530	13 918	12 727	13 061	13 767	13 664	13 967	14 255
青岛	14 882	15 984	18 427	20 915	24 952	27 069	28 328	21 228	18 253	16 307	15 233	44 451	14 811
武汉	17 551	21 230	21 663	20 864	23 915	17 815	20 557	15 435	13 577	12 001	11 316	11 560	11 320
广州	44 939	41 057	50 430	49 128	51 495	48 934	49 207	48 229	41 775	43 092	38 086	35 071	33 773
深圳	37 880	34 642	34 684	36 027	29 589	34 008	33 331	33 692	19 508	17 612	16 103	24 134	24 673
珠海	8 753	9 769	9 843	11 654	11 789	12 000	4 370	10 065	10 019	9 206	8 823	10 329	1 850
桂林	10 299	11 838	10 197	6 597	10 908	10 990	9 982	7 887	5 401	5 970	5 993	6 648	6 095
海口	9 140	9 136	8 925	9 902	10 250	11 141	9 776	7 620	4 608	4 171	3 251	6 585	5 900
成都	20 745	23 673	24 639	25 443	25 323	23 067	22 581	21 424	21 113	24 776	20 616	14 486	16 860
昆明	17 197	17 829	24 470	24 330	34 066	17 933	12 612	14 645	12 334	17 216	22 098	10 184	16 188
西安	12 103	20 619	18 020	21 351	26 072	9 069	13 034	22 507	14 724	14 752	14 034	18 406	20 397

附表 3.6　**2003—2015 年中国 21 个主要城市星级饭店营业收入**

单位：万元

城市	2003	2004	2005	2006	2007	2008	2009	2010	2011	2012	2013	2014	2015
沈阳	117 969.13	145 737.61	191 327.17	191 899.95	174 441.92	193 605.00	201 856.74	204 413.90	212 977.86	201 424.69	162 904.77	166 385.27	163 873.59
大连	139 129.43	181 744.30	191 831.18	238 674.08	244 909.43	248 782.40	249 553.33	265 071.65	267 089.46	267 550.70	258 922.55	260 177.48	253 945.64
长春	71 735.30	81 927.00	106 353.41	119 928.44	129 318.44	126 786.50	152 937.41	178 102.25	172 617.70	168 534.60	160 188.03	118 151.25	106 293.45
哈尔滨	79 634.05	60 522.27	96 359.59	70 155.62	53 206.12	114 656.23	97 936.44	115 441.73	121 967.75	124 657.00	113 479.94	128 716.14	132 163.53
南京	220 622.38	201 576.02	277 117.72	264 071.07	316 724.08	364 216.29	337 259.72	348 648.89	345 439.69	355 402.34	322 249.13	303 053.74	338 003.16
无锡	119 209.63	141 626.94	166 542.80	201 378.42	189 263.60	175 068.19	197 472.75	225 300.80	242 577.43	230 775.69	214 579.61	189 924.11	203 117.37
苏州	145 707.09	200 887.45	230 208.80	281 078.93	309 875.32	311 138.75	327 324.87	389 589.53	419 502.13	446 101.65	371 985.04	394 125.15	385 154.01
杭州	391 785.69	297 506.04	317 714.10	599 689.12	555 542.74	664 310.13	687 326.66	916 894.87	567 371.24	474 996.29	451 688.83	587 622.40	612 996.28
宁波	160 464.46	210 191.39	219 569.33	268 594.79	347 296.00	382 989.81	355 374.96	360 816.05	384 379.31	321 757.09	293 484.79	357 873.90	316 589.29
福州	65 128.59	99 633.92	108 047.19	129 469.90	111 012.63	114 126.26	133 305.73	202 791.41	204 282.94	219 439.26	222 160.66	207 946.98	195 094.32
厦门	90 195.28	82 481.38	29 603.64	44 955.48	79 562.45	161 271.79	159 900.50	192 286.81	242 563.91	263 107.57	264 365.34	297 717.47	321 478.97
青岛	90 091.43	148 202.78	229 928.68	235 423.29	222 584.89	397 127.42	423 754.65	306 063.89	306 461.75	306 800.21	269 786.08	333 106.59	297 998.86
武汉	110 959.79	138 963.94	180 162.72	163 020.21	154 212.72	160 460.28	188 959.67	187 557.25	219 681.05	247 498.99	209 460.67	211 851.77	197 754.62
广州	467 088.06	472 602.00	566 975.68	536 524.34	645 702.11	517 354.02	547 957.24	878 329.90	863 095.07	875 225.52	803 973.39	773 702.86	782 966.87
深圳	339 907.62	486 995.05	370 943.41	353 190.88	336 621.39	318 283.05	313 934.63	518 755.46	338 396.55	319 190.97	282 145.04	510 933.41	600 647.77
珠海	77 483.78	238 314.75	92 740.95	89 749.69	103 256.63	100 329.10	106 456.38	127 022.72	128 466.44	141 248.24	134 738.21	141 103.69	38 626.95
桂林	43 454.16	47 240.01	76 665.05	79 714.57	93 321.35	78 420.55	82 243.31	73 149.25	65 399.59	69 052.98	60 185.40	77 110.60	80 535.58
海口	48 658.26	54 192.47	68 478.18	65 940.37	68 584.37	84 164.77	86 000.01	83 975.45	58 274.61	64 462.44	54 082.29	101 090.98	94 108.23
成都	134 194.93	171 938.37	213 909.39	223 919.30	270 114.58	192 438.83	255 234.43	330 266.36	375 959.87	383 640.37	363 061.51	235 042.13	290 833.12
昆明	79 468.43	59 759.25	172 086.81	164 868.54	217 801.70	229 697.75	156 888.52	177 261.64	166 377.48	120 030.32	226 318.92	147 158.80	180 342.16
西安	93 493.84	50 048.90	102 565.47	110 812.63	133 957.78	134 816.92	135 219.90	265 239.65	211 621.02	202 992.30	199 169.57	241 374.76	262 245.61

附表 3.7　　**2003—2015 年中国 21 个主要城市星级景区个数**　　单位：个

城市	2003	2004	2005	2006	2007	2008	2009	2010	2011	2012	2013	2014	2015
沈阳	7	9	10	11	12	12	14	14	15	15	15	17	17
大连	5	5	5	7	8	8	10	11	13	13	13	17	20
长春	3	3	4	5	6	6	6	6	7	7	7	17	19
哈尔滨	5	5	5	5	9	9	12	12	14	15	20	22	26
南京	5	5	7	7	9	11	11	14	14	14	17	20	20
无锡	5	5	7	12	13	15	16	18	20	24	25	27	27
苏州	13	13	17	19	24	26	26	31	34	38	43	47	50
杭州	10	14	15	15	18	20	20	22	27	32	33	37	38
宁波	4	4	9	10	12	16	23	23	26	31	31	33	34
福州	3	4	4	4	4	4	4	6	9	9	9	13	14
厦门	4	4	5	5	7	7	10	11	11	12	13	14	14
青岛	2	2	4	5	6	9	11	16	20	22	22	24	27
武汉	6	6	7	8	9	10	10	12	16	18	19	27	27
广州	6	8	10	10	11	15	16	17	22	24	26	27	28
深圳	2	2	2	2	4	4	8	8	11	11	11	12	12
珠海	1	1	1	2	2	2	2	2	2	2	2	3	3
桂林	8	8	10	13	15	18	23	27	27	32	34	36	37
海口	0	0	0	2	2	2	2	2	3	3	3	3	3
成都	3	3	3	8	10	16	16	18	23	25	27	34	36
昆明	5	5	5	7	8	8	8	8	10	11	11	12	12
西安	9	9	9	12	14	14	14	14	21	24	25	29	32

附表 3.8　　2003—2015 年中国 21 个主要城市国内旅游收入

单位：万元

城市	2003	2004	2005	2006	2007	2008	2009	2010	2011	2012	2013	2014	2015
沈阳	1 355 451	1 738 925.5	2 122 400	2 543 000	3 050 000	3 874 000	4 282 000	4 897 000	5 691 000	6 882 000	7 922 200	9 245 207.4	10 789 157
大连	1 050 942	1 415 771	1 780 600	2 230 000	2 815 000	3 550 000	4 305 000	4 955 000	5 979 000	7 114 000	8 504 400	9 650 724	9 766 925
长春	831 500	932 100	1 161 300	1 431 000	1 760 400	2 211 000	2 765 700	3 505 000	4 206 000	5 342 000	6 677 200	8 215 809	10 545 169
哈尔滨	817 000	953 000	1 132 000	1 613 000	1 928 000	2 332 000	3 003 000	3 718 000	4 479 000	5 540 000	6 690 000	6 624 000	9 009 000
南京	2 098 800	2 712 700	3 282 000	4 054 800	5 260 300	6 205 800	7 202 400	8 524 000	10 134 000	11 690 000	13 174 800	14 865 740	16 485 020
无锡	1 673 300	2 124 600	2 800 700	3 514 900	4 180 400	4 968 400	5 951 200	7 039 000	8 448 000	9 749 000	11 004 000	12 298 500	13 562 500
苏州	2 118 700	2 956 900	3 802 800	4 654 600	5 703 400	6 653 800	7 727 900	9 178 000	10 848 000	12 544 000	14 190 900	15 748 100	17 287 900
杭州	2 909 000	3 611 800	4 036 000	4 762 000	5 486 000	6 172 000	7 089 000	9 109 000	10 638 000	12 532 000	14 698 800	17 439 000	20 197 000
宁波	1 558 300	1 925 000	2 384 000	2 896 000	3 482 000	4 174 000	4 973 000	6 107 000	7 087 000	8 164 000	9 042 100	10 203 000	11 839 000
福州	891 367.216	1 019 456.68	1 165 952.61	1 333 500	1 654 900	1 858 900	1 780 200	2 103 000	2 500 000	2 921 000	3 234 100	3 648 064.8	4 115 017.1
厦门	9 976 340.354	1 169 826.04	1 371 738.02	1 608 500	1 774 200	1 789 400	2 410 500	2 959 000	3 522 000	4 115 000	4 786 300	5 743 560	6 892 272
青岛	1 219 000	1 837 871	2 226 000	2 818 000	3 501 000	3 855 000	4 514 000	5 401 000	6 373 000	7 555 000	8 735 200	10 110 000	11 330 000
武汉	1 520 000	1 922 400	2 212 000	2 507 000	2 969 800	3 561 000	4 861 800	7 214 000	10 147 000	13 422 000	16 334 000	19 494 600	21 974 100
广州	3 208 800	3 901 800	4 364 500	4 775 614	5 549 600	6 201 500	7 465 193.48	9 360 000	13 155 000	15 861 000	18 822 900	21 853 700	25 205 185
深圳	1 870 400	2 333 000	2 548 800	2 800 000	3 112 300	3 296 200	3 557 283.39	4 126 000	4 940 000	5 665 000	6 753 900	8 110 900	9 382 300
珠海	455 000	571 900	579 300	693 800	761 200	891 800	987 146.568	1 362 000	1 535 000	1 758 000	1 899 200	2 140 500	2 173 300
桂林	254 009	345 208	387 674	477 803	583 757	737 800	980 800	1 342 000	1 782 000	2 305 000	2 946 300	3 435 706.82	4 535 133
海口	56 215	427 600	472 000	479 500	521 057	569 800	650 100	696 000	531 000	1 016 000	1 175 500	1 396 928	1 575 279
成都	1 741 000	2 284 300	2 724 600	3 240 600	3 954 100	3 635 800	4 851 500	5 846 000	7 764 000	10 107 000	12 853 800	16 170 000	19 870 000
昆明	1 269 181	1 266 131	1 240 819	1 405 603	1 544 120.13	1 832 300	2 114 800	2 848 000	3 470 000	4 053 000	4 909 200	5 903 394	6 962 941
西安	959 746.18	1 180 487.8	1 452 000	1 664 700	1 948 000	2 148 000	2 663 500	3 628 000	4 789 000	5 945 000	7 472 800	9 500 000	10 736 900

附表 3.9 **2003—2015 年中国 21 个主要城市国际旅游收入** 单位：万美元

城市	2003	2004	2005	2006	2007	2008	2009	2010	2011	2012	2013	2014	2015
沈阳	11 102.00	14 342.00	17 272.00	23 156.00	28 992.50	33 009.00	36 999.00	40 023.50	49 980.00	63 195.30	66 451.30	70 529.00	80 087.00
大连	25 120.00	35 000.00	40 000.00	46 500.00	58 125.10	65 835.00	72 748.00	80 386.00	80 519.00	87 349.00	81 341.26	46 012.30	51 625.00
长春	3 671.00	4 345.00	5 103.00	6 665.00	8 930.00	10 680.50	11 625.55	13 747.90	16 974.50	22 379.10	24 305.89	28 901.84	31 850.19
哈尔滨	6 066.00	8 465.00	11 567.00	13 340.00	15 000.00	18 034.10	14 540.00	14 272.00	16 918.00	11 333.00	9 821.00	10 475.00	11 421.00
南京	31 772.00	50 773.00	57 557.00	67 711.00	80 764.00	87 174.00	83 727.56	98 062.00	119 960.00	136 216.00	40 063.00	55 300.00	63 900.00
无锡	15 916.00	20 746.00	26 323.00	31 659.00	36 249.00	33 517.60	34 888.81	48 146.00	59 839.00	68 138.00	26 985.00	32 994.00	35 783.00
苏州	28 959.00	48 608.00	63 905.00	74 795.00	88 916.00	99 547.40	99 725.29	125 059.00	146 998.00	164 723.00	135 687.00	170 463.00	200 183.00
杭州	42 221.00	59 734.00	75 804.00	90 870.00	112 665.40	129 610.20	137 995.00	169 008.40	198 710.00	220 165.00	216 047.33	231 800.00	293 100.00
宁波	9 977.00	15 428.00	24 833.00	33 703.00	43 070.30	46 873.80	48 650.00	59 066.30	65 472.00	73 428.00	79 656.25	77 832.00	80 019.00
福州	23 890.00	23 538.00	27 266.00	25 225.00	59 868.37	65 750.00	77 400.00	84 299.00	102 854.00	110 909.60	128 931.94	124 515.00	119 980.00
厦门	30 153.00	42 296.00	55 233.00	59 083.00	71 879.65	81 865.00	90 194.00	108 552.30	129 901.00	157 727.90	160 711.59	178 450.00	238 009.00
青岛	18 061.00	29 182.00	41 493.00	54 262.00	67 507.00	50 045.40	55 178.14	60 103.50	68 933.00	82 459.50	79 362.58	82 284.00	91 798.00
武汉	9 433.00	12 618.00	17 248.00	19 477.00	22 828.00	25 429.00	32 902.22	47 578.30	60 580.80	85 208.90	91 431.03	93 402.53	133 700.00
广州	162 207.00	189 667.00	229 408.00	279 729.00	319 147.00	313 035.00	362 396.15	468 858.30	485 306.30	514 457.80	516 883.62	547 521.8	569 601.3
深圳	130 103.00	178 672.00	200 869.00	226 550.00	262 330.00	270 800.00	276 026.25	318 057.80	374 473.70	432 882.10	453 101.66	456 558.92	496 837.1
珠海	46 201.00	56 258.00	70 148.00	87 389.00	90 240.00	94 823.00	102 670.22	122 338.50	106 685.30	95 044.60	83 767.36	92 105.33	96 263.52
桂林	10 849.00	18 871.06	23 635.00	26 846.00	37 149.90	38 747.00	42 236.60	50 417.00	63 564.00	73 440.20	86 950.64	96 894.90	102 458.7
海口	2 075.00	2 736.00	4 003.00	4 111.00	4 125.86	4 316.60	3 088.52	3 755.70	3 844.80	4 474.00	4 210.23	3 753.61	4 084.27
成都	10 060.00	14 039.00	17 640.00	20 185.00	26 141.54	15 388.40	21 937.03	27 558.50	47 959.40	62 916.20	68 030.59	74 032.00	87 264.00
昆明	11 325.00	13 073.00	17 250.00	18 979.00	20 784.44	20 416.40	21 758.78	24 252.00	29 787.90	33 836.00	40 338.00	39 729.00	44 033.00
西安	14 600.00	33 000.00	40 900.00	46 700.00	54 323.00	35 900.00	31 050.00	53 000.00	64 100.00	74 862.00	80 200.00	89 022.00	98 814.00

附表 3. 10　　2003—2015 年中国 21 个主要城市接待国内游客数量

单位：万人次

城市	2003	2004	2005	2006	2007	2008	2009	2010	2011	2012	2013	2014	2015
沈阳	2 254. 30	2 818. 00	3 500. 00	4 513. 00	5 011. 00	5 161. 00	5 392. 50	5 705. 30	6 247. 30	6 872. 00	7 574. 10	8 087. 70	5 654. 50
大连	1 152. 40	1 600. 00	1 900. 00	2 150. 00	2 480. 00	3 000. 00	3 412. 00	3 777. 10	4 260. 60	4 686. 70	5 230. 89	5 619. 80	6 828. 10
长春	1 038. 00	1 101. 00	1 218. 00	1 367. 00	1 587. 18	1 896. 60	2 246. 47	2 637. 60	3 084. 20	3 620. 20	4 191. 67	4 908. 86	5 682. 99
哈尔滨	1 345. 00	1 515. 00	1 801. 00	2 167. 00	2 491. 00	2 990. 10	3 749. 00	4 124. 00	4 358. 00	5 052. 00	4 494. 00	5 990. 00	6 496. 00
南京	2 223. 90	2 806. 00	3 190. 00	3 700. 00	4 488. 88	4 970. 20	5 519. 91	6 365. 50	7 180. 50	7 950. 50	8 674. 01	9 419. 31	14 175. 19
无锡	1 765. 20	2 202. 00	2 638. 00	3 033. 00	3 350. 76	3 682. 40	4 310. 48	5 067. 30	5 725. 20	6 365. 30	6 993. 57	7 573. 72	8 043. 33
苏州	2 350. 20	3 157. 00	3 657. 00	4 135. 00	4 792. 39	5 286. 90	5 869. 67	7 004. 90	7 775. 40	8 624. 40	9 416. 33	10 028. 84	10 605. 65
杭州	2 776. 00	3 016. 00	3 266. 00	3 694. 00	4 111. 90	4 551. 70	5 093. 70	6 304. 90	7 181. 00	8 236. 90	9 409. 14	10 606. 00	12 040. 00
宁波	1 720. 00	2 010. 00	2 352. 00	2 685. 00	3 074. 00	3 465. 00	3 962. 00	4 624. 00	5 180. 80	5 748. 30	6 225. 88	6 797. 17	7 832. 46
福州	777. 29	787. 71	798. 29	1 279. 03	1 433. 79	1 763. 52	1 938. 14	2 275. 10	2 680. 10	3 107. 40	3 446. 17	3 790. 79	4 169. 87
厦门	1 279. 19	1 539. 99	1 471. 20	1 402. 41	1 537. 04	1 699. 18	1 788. 17	2 178. 40	2 568. 90	2 979. 10	3 411. 09	3 718. 09	4 052. 72
青岛	1 654. 60	2 157. 44	2 449. 00	2 801. 00	3 258. 80	3 389. 50	3 903. 40	4 396. 70	4 956. 10	5 590. 50	6 165. 76	6 716. 00	7 322. 00
武汉	2 098. 50	2 607. 00	2 901. 00	3 283. 00	3 889. 07	4 612. 80	6 359. 99	8 852. 30	11 636. 10	14 067. 70	17 022. 11	19 126. 75	20 532. 98
广州	656. 40	2 238. 00	2 340. 00	2 396. 00	2 727. 40	2 916. 20	3 286. 12	3 691. 60	3 816. 20	4 017. 40	4 273. 72	4 546. 75	4 854. 37
深圳	1 013. 70	1 383. 00	1 526. 00	1 605. 00	1 728. 98	1 789. 70	1 943. 94	2 264. 70	2 628. 00	2 941. 30	3 351. 78	3 808. 88	4 156. 50
珠海	332. 70	421. 00	467. 00	527. 00	553. 24	829. 20	910. 89	1 055. 40	1 214. 80	1 298. 80	1 308. 90	1 516. 22	1 709. 00
桂林	809. 70	1 031. 00	1 105. 00	1 227. 00	1 402. 04	1 501. 90	1 731. 05	2 097. 70	2 623. 80	3 110. 30	3 390. 52	3 731. 24	4 253. 61
海口	275. 80	307. 00	335. 00	362. 00	570. 70	622. 00	661. 96	722. 80	831. 30	934. 90	1 028. 60	1 117. 00	1 213. 00
成都	2 843. 60	3 215. 00	3 620. 00	4 004. 00	4 253. 69	4 105. 40	5 505. 97	6 738. 30	9 552. 70	12 088. 30	15 338. 99	18 423. 00	18 904. 00
昆明	1 549. 20	1 708. 00	1 971. 00	2 169. 00	2 440. 11	2 663. 60	3 037. 19	3 471. 00	4 002. 10	4 580. 50	5 479. 00	6 149. 00	6 797. 00
西安	1 614. 00	2 084. 00	2 346. 00	2 652. 00	3 018. 00	3 169. 00	3 862. 00	5 201. 00	6 553. 00	7 863. 00	10 008. 89	12 000. 00	13 600. 80

附表 3.11　**2003—2015 年中国 21 个主要城市接待国际游客数量**　单位：万人次

城市	2003	2004	2005	2006	2007	2008	2009	2010	2011	2012	2013	2014	2015
沈阳	15.10	22.30	26.40	33.20	37.90	40.00	41.50	46.09	52.89	58.70	63.33	45.30	51.50
大连	32.00	45.60	52.50	61.60	75.00	85.60	94.77	104.73	103.81	112.52	101.18	81.90	83.60
长春	5.20	7.00	8.71	11.70	16.48	18.77	18.33	21.98	24.80	28.70	30.56	31.44	33.96
哈尔滨	10.60	14.71	14.95	17.51	20.56	23.12	18.83	21.18	23.60	18.38	16.73	16.92	17.06
南京	31.10	47.17	51.41	64.66	76.33	77.85	74.40	86.80	99.92	107.73	38.16	41.56	43.23
无锡	26.00	34.71	43.18	46.76	47.81	45.48	43.47	58.82	69.39	71.08	29.41	29.09	29.02
苏州	48.00	94.72	115.12	138.18	155.59	158.58	149.50	187.25	211.99	179.54	82.89	82.75	84.43
杭州	48.20	79.16	102.08	123.95	155.46	154.37	157.28	187.85	210.83	229.88	219.82	225.49	237.85
宁波	13.60	19.59	27.04	33.32	43.40	47.72	46.46	53.89	60.87	63.10	66.62	77.83	87.54
福州	14.48	17.78	18.76	34.06	34.45	36.12	35.79	38.92	42.84	47.73	51.03	51.13	55.61
厦门	21.80	32.85	40.23	40.80	46.34	41.56	43.08	51.11	61.81	76.11	51.26	54.34	57.60
青岛	29.70	45.84	59.60	75.14	92.42	69.81	80.14	82.66	80.74	87.78	87.06	95.17	99.62
武汉	17.30	24.17	29.20	37.22	43.43	42.78	52.63	70.17	88.70	114.17	128.82	138.38	164.12
广州	75.30	123.44	140.38	207.53	223.16	214.50	231.20	294.40	276.27	290.32	278.99	300.26	307.98
深圳	215.70	125.19	120.24	139.16	161.64	151.42	146.38	167.60	171.20	169.10	203.14	161.12	164.65
珠海	11.70	18.98	26.35	50.77	50.70	49.31	58.80	56.73	58.17	53.83	48.36	52.36	53.48
桂林	21.80	45.98	58.54	67.46	81.20	80.75	75.11	89.75	103.72	109.30	117.08	117.17	121.64
海口	2.60	4.96	7.70	8.01	9.26	9.95	6.18	7.45	7.67	8.26	6.80	7.30	6.04
成都	13.00	26.29	34.23	39.87	52.14	34.06	44.00	54.30	89.54	117.06	129.52	146.35	172.78
昆明	23.90	30.18	41.57	41.57	48.76	49.82	56.16	66.64	77.20	87.34	93.34	119.21	114.49
西安	25.60	52.75	66.00	73.40	85.09	53.58	59.09	73.21	88.63	101.40	106.89	122.92	141.36

附表 3.12　2003—2015 年中国 21 个主要城市自然保护区数量

单位：个

城市	2003	2004	2005	2006	2007	2008	2009	2010	2011	2012	2013	2014	2015
沈阳	7	7	7	7	7	7	7	7	7	7	7	7	7
大连	10	11	11	12	12	12	12	12	12	12	12	12	12
长春	0	1	1	1	1	1	1	1	1	1	2	2	2
哈尔滨	22	23	23	23	23	24	26	29	29	30	31	31	31
南京	2	2	2	2	2	2	2	2	2	2	2	2	2
无锡	1	1	1	1	1	1	1	1	1	1	1	1	1
苏州	1	1	1	1	1	1	1	1	1	1	1	1	1
杭州	3	3	3	3	3	3	3	3	3	3	3	3	3
宁波	5	5	5	5	5	5	5	5	5	5	5	5	5
福州	9	9	9	9	9	9	9	9	9	9	9	9	9
厦门	1	1	1	1	1	1	1	1	1	1	1	1	1
青岛	6	7	7	7	7	7	7	7	7	7	7	7	7
武汉	2	3	3	6	6	6	6	6	6	6	6	6	6
广州	5	5	5	5	7	7	8	8	8	8	8	8	8
深圳	1	1	1	1	1	1	1	2	2	2	2	2	2
珠海	7	7	7	8	8	8	9	9	9	9	9	9	9
桂林	12	12	12	12	12	12	12	12	12	12	12	12	12
海口	2	2	2	2	2	2	2	2	2	2	2	2	2
成都	2	2	2	2	2	2	2	2	2	2	2	2	2
昆明	7	7	7	7	7	7	7	7	7	7	7	7	7
西安	4	4	4	5	5	5	5	5	5	5	5	5	5

附表 3.13　　2003—2015 年中国 21 个主要城市绿地面积总量表

单位：公顷

城市	2003	2004	2005	2006	2007	2008	2009	2010	2011	2012	2013	2014	2015
沈阳	13 851.00	19 441.00	20 604.00	21 606.00	22 549.00	22 964.00	25 994.00	25 994.00	26 686.00	28 435.00	29 219.00	28 724.00	30 735.00
大连	11 048.00	11 163.00	11 253.00	11 689.00	11 819.00	11 999.00	12 191.00	18 153.00	18 218.00	18 250.00	18 301.00	18 341.00	18 378.00
长春	5 814.00	6 456.00	7 863.00	9 088.00	9 891.00	10 888.00	11 569.00	13 459.00	13 395.00	13 007.00	10 727.00	16 046.00	18 079.00
哈尔滨	5 834.00	6 848.00	7 468.00	8 354.00	9 066.00	10 131.00	12 174.00	12 805.00	12 929.00	13 177.00	13 333.00	13 452.00	13 514.00
南京	66 960.00	74 396.00	71 020.00	74 276.00	75 612.00	76 317.00	77 236.00	77 087.00	80 777.00	82 597.00	86 117.00	88 069.00	88 910.00
无锡	11 842.00	13 445.00	14 001.00	15 023.00	15 176.00	15 747.00	16 557.00	17 227.00	17 583.00	17 958.00	18 333.00	18 543.00	18 724.00
苏州	4 917.00	7 920.00	8 400.00	7 985.00	8 676.00	12 475.00	13 005.00	13 987.00	14 112.00	20 904.00	21 315.00	21 596.00	22 133.00
杭州	9 120.00	9 855.00	10 774.00	11 309.00	12 141.00	12 971.00	15 686.00	15 118.00	15 898.00	16 647.00	17 071.00	18 386.00	33 015.00
宁波	3 651.00	3 865.00	4 076.00	7 308.00	7 520.00	8 219.00	8 629.00	9 893.00	10 447.00	10 689.00	10 905.00	11 390.00	11 865.00
福州	5 253.00	5 370.00	5 653.00	6 955.00	5 978.00	6 885.00	7 621.00	8 122.00	8 604.00	8 921.00	9 750.00	10 031.00	11 310.00
厦门	3 748.00	4 102.00	4 615.00	5 660.00	6 349.00	13 248.00	14 304.00	16 363.00	17 104.00	16 941.00	17 591.00	18 248.00	18 861.00
青岛	8 829.00	10 047.00	11 137.00	11 756.00	15 369.00	15 630.00	16 003.00	16 619.00	18 013.00	21 471.00	28 007.00	28 805.00	29 117.00
武汉	6 513.00	6 776.00	7 066.00	7 168.00	14 443.00	14 791.00	15 266.00	15 447.00	16 347.00	17 138.00	17 895.00	18 679.00	22 447.00
广州	105 158.00	109 014.00	111 931.00	115 361.00	116 516.00	116 516.00	124 420.00	124 420.00	129 740.00	130 544.00	131 444.00	132 448.00	141 041.00
深圳	99 005.00	97 580.00	97 101.00	96 651.00	96 384.00	96 381.00	96 374.00	96 368.00	96 352.00	96 382.00	96 697.00	97 442.00	97 850.00
珠海	4 040.00	4 840.00	4 910.00	4 741.00	5 105.00	5 103.00	5 217.00	5 772.00	6 125.00	7 705.00	8 203.00	8 533.00	9 130.00
桂林	2 097.00	2 112.00	2 152.00	2 160.00	2 185.00	2 215.00	2 282.00	2 504.00	2 507.00	2 514.00	2 529.00	2 555.00	3 755.00
海口	2 198.00	2 418.00	2 597.00	3 244.00	3 285.00	3 558.00	3 613.00	3 644.00	3 672.00	4 660.00	4 672.00	5 745.00	5 806.00
成都	11 582.00	12 751.00	13 310.00	14 269.00	14 495.00	15 446.00	16 123.00	16 448.00	17 114.00	18 519.00	19 082.00	19 757.00	21 902.00
昆明	5 231.00	5 231.00	5 281.00	6 557.00	7 672.00	8 864.00	10 038.00	8 964.00	11 932.00	12 974.00	14 367.00	15 538.00	15 665.00
西安	4 502.00	4 502.00	4 876.00	8 106.00	11 087.00	11 616.00	12 059.00	10 959.00	12 839.00	13 590.00	15 736.00	16 777.00	19 047.00

附表 3.14　**2003—2015 年中国 21 个主要城市建成区绿化覆盖率**

单位:%

城市	2003	2004	2005	2006	2007	2008	2009	2010	2011	2012	2013	2014	2015
沈阳	34.40	36.44	41.00	41.07	41.65	41.81	41.83	42.01	42.00	42.22	42.22	41.78	42.62
大连	41.94	42.41	43.00	42.80	43.31	44.00	44.75	45.17	45.17	44.68	44.69	44.78	44.87
长春	39.00	38.94	41.00	41.54	40.24	37.88	36.14	39.64	36.35	35.07	27.18	38.82	38.78
哈尔滨	30.13	26.73	27.00	28.87	30.62	33.71	39.14	38.40	37.94	37.03	36.06	35.46	36.17
南京	43.49	44.49	45.00	45.49	45.96	46.13	44.12	44.36	44.47	44.04	44.63	44.16	44.49
无锡	36.17	37.51	40.00	41.10	42.20	43.00	43.08	42.68	42.60	42.67	42.79	42.85	43.04
苏州	37.20	39.22	40.00	42.86	44.26	41.95	42.09	42.74	42.25	41.84	42.06	42.21	42.40
杭州	36.57	35.91	37.00	38.14	38.50	38.60	39.91	39.91	40.04	40.03	40.27	40.47	40.44
宁波	36.36	36.79	37.00	37.50	37.57	37.45	37.82	38.04	38.12	38.21	38.27	38.22	38.30
福州	33.12	32.63	32.00	36.27	35.67	37.66	39.25	40.31	40.52	40.63	42.72	42.89	43.42
厦门	35.38	36.73	37.00	45.53	36.34	38.40	39.47	40.40	40.69	41.80	41.78	41.87	41.89
青岛	37.48	37.95	39.00	39.29	37.76	41.52	43.36	43.43	44.62	44.66	44.66	44.68	39.47
武汉	34.95	36.06	38.00	19.76	37.35	37.40	37.46	35.98	37.62	38.21	38.87	39.18	42.54
广州	34.19	35.03	36.00	36.79	37.13	35.01	38.21	40.15	35.58	40.49	41.00	41.50	41.60
深圳	43.20	45.00	39.00	44.99	45.00	45.01	45.03	45.04	45.09	45.08	45.08	45.08	45.10
珠海	35.92	42.11	41.00	42.88	40.00	45.16	45.10	50.10	51.11	52.00	64.45	57.02	57.94
桂林	39.28	39.57	40.00	40.16	40.20	40.05	40.54	44.29	43.00	42.50	42.12	40.13	40.02
海口	26.84	38.29	40.47	39.50	40.23	43.41	43.98	41.04	41.73	41.86	42.36	42.70	45.40
成都	26.88	36.08	36.00	38.67	38.09	38.55	38.83	62.46	39.17	39.34	40.16	32.50	39.82
昆明	29.42	24.70	26.00	27.27	34.89	35.93	38.99	34.72	43.60	47.32	39.29	41.50	41.78
西安	32.14	30.03	30.00	39.82	39.70	40.29	40.43	40.37	41.10	42.00	42.20	42.50	42.58

附表 3.15 2003—2015 年中国 21 个主要城市工业固体废物综合利用率

单位:%

城市	2003	2004	2005	2006	2007	2008	2009	2010	2011	2012	2013	2014	2015
沈阳	72.00	77.00	71.74	91.92	91.16	92.29	93.93	95.68	95.82	95.19	92.69	90.20	92.02
大连	66.00	70.00	74.91	78.69	91.07	95.73	94.87	95.90	93.88	95.56	90.33	83.66	78.45
长春	92.00	97.00	98.93	99.04	99.35	99.40	99.50	99.58	99.36	99.79	99.79	99.92	96.50
哈尔滨	73.00	74.00	74.50	63.80	70.90	74.76	76.30	89.68	92.37	95.14	93.85	98.07	99.80
南京	83.00	85.00	87.90	88.50	91.10	92.40	91.37	88.82	90.40	92.00	91.20	91.90	90.50
无锡	97.00	97.00	98.30	97.40	98.90	98.73	98.61	97.12	91.20	91.00	91.00	91.10	94.40
苏州	97.00	97.00	98.40	98.40	98.40	97.34	98.59	98.71	91.50	94.70	97.90	96.70	98.11
杭州	94.00	93.00	93.88	94.29	95.11	95.06	95.43	94.13	92.70	91.77	94.00	91.10	88.60
宁波	77.00	78.00	85.10	91.20	87.19	85.70	83.50	89.66	89.76	91.59	90.06	90.76	94.80
福州	92.00	93.00	92.63	95.86	93.60	96.02	94.36	98.14	90.05	90.00	94.32	95.97	95.35
厦门	85.00	82.00	89.47	93.36	91.25	91.20	90.24	87.27	91.55	95.98	94.18	97.95	93.10
青岛	98.00	97.00	97.43	97.05	97.95	98.30	98.16	98.60	97.10	95.90	94.87	95.65	93.76
武汉	94.00	80.00	85.36	88.07	88.12	89.56	89.60	98.59	95.96	95.05	95.00	98.71	97.96
广州	93.00	93.00	91.23	91.13	100.00	100.00	92.35	93.27	94.87	95.82	95.17	94.47	95.15
深圳	82.00	87.00	85.00	87.77	85.18	87.99	90.06	134.74	99.81	78.38	78.69	99.81	99.86
珠海	88.00	79.00	90.00	85.73	97.52	98.21	98.53	98.20	96.00	96.36	92.81	94.89	94.38
桂林	83.00	85.00	90.39	91.62	92.25	93.11	93.39	90.87	93.30	87.74	88.40	85.31	82.86
海口	100.00	100.00	96.83	100.00	100.00	100.00	98.69	96.97	90.23	89.00	93.76	100.00	99.99
成都	93.00	94.00	94.50	97.24	97.88	98.26	99.00	99.57	98.76	98.65	99.00	97.44	96.06
昆明	87.00	40.00	39.44	37.83	35.42	39.70	95.11	96.11	44.10	43.29	40.90	36.87	36.36
西安	80.00	86.00	88.09	89.07	88.48	97.80	97.83	98.05	98.05	95.90	95.43	92.40	90.82

附表 3.16　2003—2015 年中国 21 个主要城市城镇生活污水集中处理率

单位：%

城市	2003	2004	2005	2006	2007	2008	2009	2010	2011	2012	2013	2014	2015
沈阳	66.00	69.00	71.00	73.00	72.98	76.60	78.00	78.00	85.20	87.11	95.00	95.00	95.00
大连	63.00	63.00	73.00	80.37	81.08	87.18	92.91	94.20	93.70	95.10	95.96	87.32	95.00
长春	65.00	50.00	45.82	56.43	48.48	74.01	84.67	89.46	87.26	83.78	78.76	90.00	90.00
哈尔滨	8.00	19.00	29.70	63.61	50.52	62.26	64.00	60.50	73.94	91.60	90.47	89.30	90.14
南京	61.00	61.00	81.20	78.60	55.00	86.00	58.65	59.16	59.50	62.70	61.50	65.40	64.49
无锡	67.00	67.00	72.10	82.70	74.10	90.10	86.51	84.10	84.80	85.90	86.60	87.10	89.40
苏州	76.00	51.00	72.80	90.20	87.20	88.90	69.80	71.24	71.10	73.80	77.20	79.60	82.55
杭州	72.00	84.00	72.27	74.94	80.67	83.24	88.87	93.22	93.61	93.37	93.90	93.87	94.28
宁波	39.00	52.00	59.19	68.89	75.61	79.69	68.87	70.44	72.85	75.36	77.00	81.11	79.44
福州	55.00	65.00	70.48	77.00	73.76	68.74	72.76	83.41	95.60	92.53	88.35	93.60	88.20
厦门	51.00	60.00	70.01	83.17	84.71	96.45	90.26	90.96	90.40	90.70	91.60	88.01	93.62
青岛	53.00	59.00	63.55	81.65	71.69	83.50	85.14	85.29	96.69	91.34	95.30	98.63	95.86
武汉	21.00	22.00	37.00	65.79	81.77	80.70	89.80	94.96	92.20	92.30	92.50	93.00	95.00
广州	30.00	58.00	71.34	71.67	74.15	86.57	100.00	100.00	79.43	82.73	91.38	98.72	92.09
深圳	62.00	63.00	61.00	65.23	70.45	75.03	80.17	88.81	93.97	94.84	96.22	96.50	96.63
珠海	64.00	63.00	31.00	44.43	72.68	80.15	69.25	78.81	86.84	87.78	88.50	90.13	96.44
桂林	76.00	34.00	32.95	81.25	67.16	84.60	63.71	81.56	83.97	87.21	90.05	86.53	88.81
海口	80.00	80.00	84.49	81.12	85.20	82.03	83.56	95.36	96.10	96.31	96.45	95.60	97.51
成都	51.00	42.00	52.51	67.55	81.19	84.17	78.78	91.30	96.73	91.00	87.75	93.54	99.71
昆明	60.00	73.00	64.01	73.50	59.56	82.23	79.94	83.56	99.61	94.43	92.35	90.15	91.97
西安	38.00	42.00	40.35	60.10	62.30	59.40	62.73	72.29	72.29	93.40	91.50	92.71	91.82

附表 3.17　2003—2015 年中国 21 个主要城市生活垃圾无害化处理率一览表

单位：%

城市	2003	2004	2005	2006	2007	2008	2009	2010	2011	2012	2013	2014	2015
沈阳	100.00	100.00	100.00	100.00	100.00	100.00	100.00	100.00	100.00	100.00	100.00	100.00	100.00
大连	88.00	90.00	100.00	84.44	93.29	93.73	94.02	86.00	85.70	87.90	87.90	81.56	100.00
长春	90.00	88.00	90.73	90.97	85.48	78.01	76.14	87.45	84.83	84.47	80.59	98.40	100.00
哈尔滨	6.00	40.00	44.39	85.00	85.00	85.00	53.90	75.00	79.70	85.30	87.29	86.00	91.63
南京	84.00	84.00	87.50	94.60	96.60	96.90	74.88	80.00	87.40	90.70	90.80	92.20	100.00
无锡	74.00	100.00	80.30	90.10	91.30	100.00	100.00	100.00	100.00	100.00	100.00	100.00	100.00
苏州	98.00	100.00	100.00	100.00	100.00	100.00	100.00	100.00	100.00	100.00	100.00	100.00	100.00
杭州	88.00	98.00	100.00	100.00	100.00	100.00	100.00	100.00	100.00	100.00	100.00	100.00	100.00
宁波	91.00	92.00	95.92	95.92	100.00	100.00	100.00	100.00	100.00	100.00	100.00	100.00	100.00
福州	100.00	100.00	100.00	100.00	100.00	97.30	98.20	98.25	99.94	86.40	92.61	99.49	97.81
厦门	94.00	93.00	93.48	94.26	100.00	100.00	100.00	96.93	98.32	99.00	99.20	99.90	100.00
青岛	100.00	100.00	100.00	100.00	100.00	100.00	100.00	100.00	100.00	100.00	100.00	100.00	100.00
武汉	85.00	68.00	67.73	67.98	85.70	85.99	77.95	85.01	90.24	95.00	100.00	100.00	100.00
广州	75.00	92.00	100.00	85.06	82.35	86.47	90.79	95.33	100.00	80.38	91.23	86.80	95.24
深圳	69.00	100.00	82.00	93.07	94.05	94.17	94.30	94.60	95.00	95.13	98.36	100.00	100.00
珠海	80.00	82.00	82.00	68.17	64.06	86.71	87.18	92.34	100.00	100.00	100.00	100.00	100.00
桂林	100.00	100.00	100.00	100.00	100.00	100.00	55.20	57.44	68.45	84.43	83.78	96.64	95.89
海口	100.00	100.00	100.00	94.34	93.25	94.30	94.77	95.78	96.32	100.00	100.00	100.00	100.00
成都	87.00	69.00	69.72	65.23	96.05	96.51	83.63	100.00	100.00	100.00	100.00	100.00	100.00
昆明	100.00	100.00	98.18	91.54	81.76	100.00	78.94	85.00	85.00	100.00	100.00	100.00	93.26
西安	98.00	98.00	81.07	81.60	83.60	74.90	81.85	97.47	97.47	97.47	99.86	93.48	98.09

附表 4.1　2004—2015 年中国 21 个主要城市旅游业铁路旅客周转量　单位：亿人公里

城市	2004	2005	2006	2007	2008	2009	2010	2011	2012	2013	2014	2015
沈阳	128.54	134.87	140.99	132.17	120.86	107.52	102.60	105.07	102.48	106.54	107.46	86.51
大连	74.64	74.83	68.75	67.02	71.82	69.44	69.35	72.88	71.03	74.22	75.38	104.78
长春	62.17	64.61	69.41	77.76	80.46	81.52	84.47	93.31	93.36	99.83	102.28	102.20
哈尔滨	64.30	70.16	79.56	79.67	77.91	79.78	65.96	55.71	50.94	38.12	44.98	41.43
南京	43.59	45.66	49.98	60.17	60.91	57.91	63.04	69.68	76.69	85.17	97.32	100.88
无锡	34.12	37.61	40.82	44.69	44.80	44.96	49.94	55.28	61.09	68.65	78.20	79.67
苏州	49.29	52.60	56.19	64.73	65.29	62.08	69.99	76.11	83.87	93.32	104.49	106.03
杭州	62.46	58.14	56.37	56.95	64.51	62.08	79.07	81.49	83.61	93.86	112.55	123.29
宁波	40.63	40.76	39.84	41.43	47.85	47.13	56.70	57.55	57.23	61.83	72.01	80.01
福州	14.46	12.82	18.34	18.14	22.35	20.69	27.40	33.87	35.32	36.54	49.61	52.88
厦门	28.23	23.92	20.89	19.81	22.06	19.47	27.27	33.78	35.31	36.70	46.63	47.77
青岛	49.71	50.28	69.05	72.49	52.26	52.46	54.22	55.39	59.20	62.75	69.93	74.94
武汉	130.03	148.55	158.60	169.25	187.49	197.35	223.93	274.45	273.53	317.88	349.48	353.58
广州	78.40	75.42	80.24	88.51	93.38	87.52	96.33	94.87	90.16	93.99	109.88	116.61
深圳	56.94	56.69	62.48	67.87	70.37	62.53	70.23	77.07	77.85	85.13	102.90	110.79
珠海	18.00	18.64	21.82	22.14	29.52	26.61	29.51	31.71	29.96	29.31	37.26	41.60
桂林	22.94	23.79	26.67	30.43	30.95	25.92	28.56	30.88	29.26	27.69	31.56	33.18
海口	3.63	3.94	4.26	6.17	6.39	6.59	6.69	7.06	7.18	8.69	9.10	9.38
成都	35.07	42.31	36.20	35.33	48.48	49.36	55.33	69.37	84.95	98.35	95.89	88.55
昆明	10.73	11.96	13.38	14.35	17.34	16.07	20.32	22.58	21.47	22.80	22.46	23.64
西安	129.55	111.23	114.45	128.30	142.38	134.63	152.13	146.53	140.14	149.71	169.62	165.12

附表 4.2 2004—2015 年中国 21 个主要城市旅游业公路旅客周转量

单位：亿人公里

城市	2004	2005	2006	2007	2008	2009	2010	2011	2012	2013	2014	2015
沈阳	67.64	74.29	80.83	79.77	83.79	77.85	78.20	76.50	80.74	86.72	89.74	79.39
大连	39.27	41.22	39.41	40.45	49.79	50.28	52.86	53.06	55.97	60.41	62.95	96.15
长春	38.12	39.48	42.79	48.10	89.59	94.25	110.58	116.78	124.99	143.38	164.17	187.05
哈尔滨	63.39	71.60	78.44	76.19	75.47	77.92	63.58	58.76	59.36	47.32	57.42	56.79
南京	164.47	176.44	198.10	241.04	267.35	196.81	214.90	228.81	243.66	252.61	261.96	276.05
无锡	128.72	145.33	161.79	179.03	196.65	152.79	170.25	181.52	194.12	203.59	210.49	218.02
苏州	185.97	203.24	222.70	259.29	286.57	210.99	238.59	249.93	266.50	276.78	281.26	290.15
杭州	164.96	161.11	159.33	167.67	182.90	181.93	192.29	193.89	197.37	208.61	224.65	245.73
宁波	107.31	112.95	112.60	121.97	135.68	138.12	137.90	136.94	135.09	137.43	143.74	159.45
福州	48.83	43.70	62.69	67.45	58.82	71.96	68.98	70.79	70.43	64.68	58.32	58.05
厦门	95.31	81.59	71.41	73.66	58.05	67.70	68.65	70.60	70.41	64.96	54.82	52.43
青岛	88.51	95.88	108.40	127.79	127.07	164.19	155.87	151.78	152.21	151.94	154.07	157.15
武汉	134.54	136.57	145.66	162.72	206.70	237.79	267.32	300.61	331.43	374.97	402.65	441.72
广州	270.20	282.44	279.99	322.18	348.18	315.83	364.59	390.49	432.00	464.09	498.61	525.03
深圳	196.22	212.29	218.03	247.06	262.40	225.64	265.80	317.21	372.98	420.35	466.94	498.80
珠海	62.04	69.83	76.13	80.60	110.06	96.03	111.69	130.50	143.55	144.71	169.09	187.31
桂林	81.08	82.88	83.33	93.87	92.72	95.71	109.04	123.30	133.71	133.13	134.62	143.94
海口	23.84	25.04	27.49	41.30	33.59	40.37	42.68	41.25	42.37	42.50	43.10	43.70
成都	146.21	152.11	128.99	131.16	192.14	195.16	200.80	248.04	281.77	338.82	397.53	401.99
昆明	65.23	67.91	70.21	72.50	74.87	76.63	88.64	104.33	110.04	116.59	122.04	127.00
西安	94.80	82.32	86.18	93.60	105.15	114.90	139.33	167.33	167.46	182.93	208.00	224.26

附表 4.3　2004—2015 年中国 21 个主要城市旅游业民航旅客周转量　单位：亿人公里

城市	2004	2005	2006	2007	2008	2009	2010	2011	2012	2013	2014	2015
沈阳	30.71	25.88	30.34	29.55	24.88	22.10	21.86	20.99	23.15	24.76	33.60	28.00
大连	17.83	14.36	14.79	14.98	14.78	14.28	14.78	14.56	16.05	17.25	23.57	33.91
长春	8.14	9.06	7.54	11.97	11.69	12.11	14.60	14.72	14.71	16.91	19.63	21.58
哈尔滨	23.73	28.61	33.44	34.67	36.65	40.39	34.51	30.96	36.40	32.91	44.38	46.42
南京	5.15	5.29	6.76	8.69	8.72	9.81	9.70	12.41	14.36	15.83	17.50	18.94
无锡	4.03	4.36	5.52	6.46	6.41	7.62	7.68	9.84	11.44	12.76	14.06	14.96
苏州	5.82	6.10	7.60	9.35	9.35	10.52	10.77	13.55	15.71	17.34	18.79	19.91
杭州	—	—	—	—	—	—	—	—	—	—	—	—
宁波	—	—	—	—	—	—	—	—	—	—	—	—
福州	11.63	11.07	16.76	19.71	23.47	26.38	32.28	37.14	41.27	42.33	48.44	58.84
厦门	22.71	20.67	19.08	21.53	23.17	24.82	32.12	37.04	41.25	42.51	45.53	53.15
青岛	—	—	—	—	—	—	—	—	—	—	—	—
武汉	17.70	19.95	23.09	29.88	31.17	27.39	41.94	44.22	43.84	45.94	49.13	52.43
广州	87.16	137.81	155.28	186.44	188.38	208.00	241.01	235.19	241.28	250.86	270.25	279.91
深圳	63.30	103.59	120.92	142.97	141.97	148.61	175.70	191.05	208.32	227.22	253.09	265.92
珠海	20.01	34.07	42.22	46.64	59.55	63.24	73.83	78.60	80.18	78.22	91.65	99.86
桂林	—	—	—	—	—	—	—	—	—	—	—	—
海口	22.42	23.92	37.83	58.79	84.43	72.66	73.96	84.13	94.09	110.02	122.86	132.24
成都	40.44	47.84	50.41	57.27	59.90	76.70	52.33	110.12	120.56	172.26	217.74	233.43
昆明	15.04	16.43	18.79	20.12	18.42	20.62	22.41	22.69	24.81	27.83	32.46	32.94
西安	41.21	34.04	35.42	33.73	30.88	28.03	37.89	43.60	36.52	40.59	58.48	53.43

附表 4.4 **2004—2015 年中国 21 个主要城市旅游业星级饭店床位数**

单位：张

城市	2004	2005	2006	2007	2008	2009	2010	2011	2012	2013	2014	2015
沈阳	36 212.70	35 490.70	34 493.34	8 636.12	28 959.66	23 983.79	17 891.28	17 165.45	19 692.82	17 761.56	15 562.11	17 016.13
大连	20 980.75	19 650.52	16 780.05	4 370.32	17 180.91	15 477.66	12 075.50	11 891.24	13 636.45	12 400.23	10 915.61	20 608.81
长春	12 762.36	14 497.71	16 239.79	3 271.75	17 916.36	16 315.51	14 702.22	18 120.46	14 157.73	14 235.82	13 544.51	22 171.73
哈尔滨	15 058.21	17 894.37	19 355.90	3 810.10	18 108.94	18 467.07	11 573.03	14 773.62	8 866.71	6 547.97	21 890.54	19 183.84
南京	7 686.62	39 362.68	42 796.15	16 402.40	31 642.29	34 336.03	27 697.02	26 295.35	25 860.49	26 549.96	23 820.21	22 229.39
无锡	30 122.73	32 559.42	35 010.30	12 210.76	23 367.18	26 723.10	22 004.28	20 928.84	20 655.64	21 402.23	19 139.84	17 874.82
苏州	43 792.31	45 807.46	48 576.93	17 777.64	34 133.47	36 943.70	30 872.89	28 848.78	28 253.62	28 948.47	25 575.42	23 789.38
杭州	48 070.50	47 996.54	45 263.60	16 534.90	53 799.71	51 726.03	38 245.94	39 909.68	57 507.20	42 564.74	36 437.28	44 807.94
宁波	31 521.28	33 902.31	32 226.97	12 079.11	40 157.35	39 486.26	27 555.39	28 300.62	39 471.60	27 815.94	23 378.38	29 230.90
福州	11 802.54	10 399.84	15 834.23	6 327.47	18 459.60	17 948.59	15 736.01	16 265.81	16 664.60	17 287.91	15 614.39	13 951.12
厦门	23 046.22	19 238.28	17 596.35	6 823.65	17 855.54	16 651.19	15 161.32	15 714.86	16 136.84	17 204.56	15 902.14	14 120.57
青岛	14 580.69	21 369.29	25 775.70	7 744.25	25 896.93	28 766.18	21 767.42	21 134.71	19 161.75	19 393.84	17 875.30	18 599.02
武汉	33 353.44	34 631.73	36 175.58	6 165.17	39 152.54	43 524.56	33 351.76	31 253.99	29 445.66	30 767.75	35 710.09	31 396.40
广州	60 389.91	61 946.05	59 288.13	30 258.40	47 410.07	50 779.18	52 732.37	42 814.66	39 350.01	40 340.34	34 982.90	30 382.98
深圳	38 569.45	41 113.89	39 718.38	19 388.57	29 395.54	30 177.73	32 177.86	29 284.71	28 412.77	31 499.19	32 760.69	28 864.68
珠海	11 251.76	12 321.13	13 157.10	6 193.49	13 303.80	13 999.31	14 712.81	13 317.58	12 355.96	12 026.32	11 863.62	10 839.38
桂林	3 265.35	3 301.57	3 283.23	1 204.07	2 899.12	5 775.00	13 034.02	11 300.40	12 120.15	13 203.81	12 211.76	11 568.31
海口	13 046.69	14 207.17	20 870.81	9 296.58	24 293.37	21 874.77	16 032.73	13 604.34	15 044.32	13 883.90	12 342.15	11 772.17
成都	25 945.19	26 899.72	24 309.57	8 390.52	20 252.26	23 848.78	23 964.84	30 488.69	30 527.91	42 166.45	29 942.21	29 361.48
昆明	29 941.95	34 098.02	46 625.54	13 141.77	37 588.70	34 903.94	24 624.77	23 219.15	19 980.69	25 149.06	40 219.75	25 760.26
西安	25 217.85	26 022.64	27 508.71	9 803.26	29 331.50	27 659.28	24 128.15	26 593.11	24 230.69	29 754.54	28 495.58	41 124.57

附表 4.5　　2004—2015 年中国 21 个主要城市旅游业星级饭店客房出租率　　单位：%

城市	2004	2005	2006	2007	2008	2009	2010	2011	2012	2013	2014	2015
沈阳	59.47	62.13	63.03	62.22	62.73	60.39	57.98	59.10	56.32	54.11	48.65	47.31
大连	59.47	62.13	63.03	62.22	62.73	60.39	57.98	59.10	56.32	54.11	48.65	47.31
长春	58.39	52.07	56.22	60.43	59.34	55.14	55.70	52.31	51.55	45.64	46.04	44.87
哈尔滨	57.38	56.52	59.06	61.54	56.85	60.31	49.48	51.45	48.89	47.37	44.18	44.73
南京	66.44	63.50	63.84	63.72	58.89	55.05	61.24	61.65	61.05	57.89	57.85	58.09
无锡	66.44	63.50	63.84	63.72	58.89	55.05	61.24	61.65	61.05	57.89	57.85	58.09
苏州	66.44	63.50	63.84	63.72	58.89	55.05	61.24	61.65	61.05	57.89	57.85	58.09
杭州	68.01	64.22	64.03	65.60	62.03	62.99	62.90	61.62	59.45	54.83	54.76	54.95
宁波	68.01	64.22	64.03	65.60	62.03	62.99	62.90	61.62	59.45	54.83	54.76	54.95
福州	55.63	56.24	57.45	57.31	58.89	68.36	63.14	62.88	60.79	57.79	57.82	57.86
厦门	55.63	56.24	57.45	57.31	58.89	68.36	63.14	62.88	60.79	57.79	57.82	57.86
青岛	60.72	63.96	68.11	71.60	64.34	66.19	66.66	67.09	63.54	55.73	55.88	53.59
武汉	54.14	57.07	58.40	62.71	57.95	57.14	62.78	59.51	57.84	55.29	57.26	54.87
广州	60.58	63.70	60.83	64.42	57.63	55.75	57.57	59.22	58.48	56.71	55.41	54.64
深圳	60.58	63.70	60.83	64.42	57.63	55.75	57.57	59.22	58.48	56.71	55.41	54.64
珠海	60.58	63.70	60.83	64.42	57.63	55.75	57.57	59.22	58.48	56.71	55.41	54.64
桂林	56.26	57.57	58.77	53.74	57.58	57.83	62.12	62.95	58.56	55.56	53.99	54.14
海口	55.54	56.00	54.69	58.92	60.02	57.63	59.65	64.95	60.19	56.13	56.37	56.22
成都	59.37	60.43	61.00	62.84	56.11	61.48	64.67	66.07	66.25	57.52	57.61	56.76
昆明	45.77	53.73	54.40	61.59	54.31	57.39	54.89	59.28	58.00	63.33	51.80	53.46
西安	47.87	48.43	46.56	60.59	61.76	66.75	61.75	64.75	59.28	54.39	53.18	56.75

附表 4.6 **2004—2015 年中国主要城市旅游业国内游客人数**

单位：万人次

城市	2004	2005	2006	2007	2008	2009	2010	2011	2012	2013	2014	2015
沈阳	2 818.00	3 500.00	4 513.00	5 011.00	5 161.00	5 392.50	5 705.30	6 247.30	6 872.00	7 574.10	8 087.70	5 654.50
大连	1 600.00	1 900.00	2 150.00	2 480.00	3 000.00	3 412.00	3 777.10	4 260.60	4 686.70	5 230.89	5 619.80	6 828.10
长春	1 101.00	1 218.00	1 367.00	1 587.18	1 896.60	2 246.47	2 637.60	3 084.20	3 620.20	4 191.67	4 908.86	5 682.99
哈尔滨	1 515.00	1 801.00	2 167.00	2 491.00	2 990.10	3 749.00	4 124.00	4 358.00	5 052.00	4 494.00	5 990.00	6 496.00
南京	2 806.00	3 190.00	3 700.00	4 488.88	4 970.20	5 519.91	6 365.50	7 180.50	7 950.50	8 674.01	9 419.31	10 175.19
无锡	2 202.00	2 638.00	3 033.00	3 350.76	3 682.40	4 310.48	5 067.30	5 725.20	6 365.30	6 993.57	7 573.72	8 043.33
苏州	3 157.00	3 657.00	4 135.00	4 792.39	5 286.90	5 869.67	7 004.90	7 775.40	8 624.40	9 416.33	10 028.84	10 605.65
杭州	3 016.00	3 266.00	3 694.00	4 111.90	4 551.70	5 093.70	6 304.90	7 181.00	8 236.90	9 409.14	10 606.00	12 040.00
宁波	2 010.00	2 352.00	2 685.00	3 074.00	3 465.00	3 962.00	4 624.00	5 180.80	5 748.30	6 225.88	6 797.17	7 832.46
福州	787.71	798.29	1 279.03	1 433.79	1 763.52	1 938.14	2 275.10	2 680.10	3 107.40	3 446.17	4 023.38	4 572.69
厦门	1 539.99	1 471.20	1 402.41	1 537.04	1 699.18	1 788.17	2 178.40	2 568.90	2 979.10	3 411.09	3 718.09	4 052.72
青岛	2 157.44	2 449.00	2 801.00	3 258.80	3 389.50	3 903.40	4 396.70	4 956.10	5 590.50	6 165.76	6 716.00	7 322.00
武汉	2 607.00	2 901.00	3 283.00	3 889.07	4 612.80	6 359.99	8 852.30	11 636.10	14 067.70	17 022.11	19 126.75	20 532.98
广州	2 238.00	2 340.00	2 396.00	2 727.40	2 916.20	3 286.12	3 691.60	3 816.20	4 017.40	4 273.72	4 546.75	4 854.37
深圳	1 383.00	1 526.00	1 605.00	1 728.98	1 789.70	1 943.94	2 264.70	2 628.00	2 941.30	3 351.78	3 808.88	4 156.50
珠海	421.00	467.00	527.00	553.24	829.20	910.89	1 055.40	1 214.80	1 298.80	1 308.90	1 516.22	1 709.00
桂林	1 031.00	1 105.00	1 227.00	1 402.04	1 501.90	1 731.05	2 097.70	2 623.80	3 110.30	3 390.52	3 731.24	4 253.61
海口	307.00	335.00	362.00	570.70	622.00	661.96	722.80	831.30	934.90	1 028.60	1 117.00	1 213.00
成都	3 215.00	3 620.00	4 004.00	4 253.69	4 105.40	5 505.97	6 738.30	9 552.70	12 088.30	15 338.99	18 423.00	18 904.00
昆明	1 708.00	1 971.00	2 169.00	2 440.11	2 663.60	3 037.19	3 471.00	4 002.10	4 580.50	5 479.00	6 149.00	6 797.00
西安	2 084.00	2 346.00	2 652.00	3 018.00	3 169.00	3 862.00	5 201.00	6 553.00	7 863.00	10 008.89	12 000.00	13 600.80

附表 4.7 2004—2015 年中国主要城市旅游业入境游客人数

单位：万人次

城市	2004	2005	2006	2007	2008	2009	2010	2011	2012	2013	2014	2015
沈阳	27.00	32.70	40.00	45.60	47.60	53.10	55.03	63.49	75.00	40.33	61.97	64.57
大连	52.00	60.00	70.00	84.00	95.00	105.00	116.60	117.00	128.42	73.46	96.56	98.46
长春	8.72	11.00	15.11	20.02	21.70	21.71	24.98	30.16	35.66	37.83	39.45	43.06
哈尔滨	18.38	20.39	23.75	26.96	29.71	24.03	26.36	27.72	24.11	21.06	20.59	21.08
南京	71.97	87.63	100.92	116.09	119.18	113.45	130.88	150.66	162.71	51.86	56.62	58.81
无锡	50.44	61.68	71.31	69.47	61.13	62.95	79.16	90.83	98.19	39.12	40.31	39.13
苏州	97.26	118.59	137.97	161.24	168.23	169.51	207.53	232.63	249.22	144.21	145.33	151.20
杭州	123.40	151.46	182.04	208.60	221.33	230.40	275.71	306.31	331.12	106.04	98.47	141.74
宁波	32.24	43.85	54.27	68.92	75.68	80.05	95.17	107.39	116.21	42.63	52.06	72.40
福州	33.08	30.89	31.50	58.94	63.94	62.93	69.86	76.17	85.13	56.89	56.95	55.16
厦门	62.05	76.77	90.26	93.22	104.53	94.49	155.19	179.92	212.42	107.23	117.01	127.32
青岛	52.25	68.44	85.45	108.03	80.08	100.07	108.05	115.64	127.01	78.26	83.66	88.01
武汉	31.45	41.23	45.89	52.98	53.40	66.90	92.79	115.91	150.89	161.37	170.57	202.36
广州	437.15	510.31	564.23	611.34	612.48	689.40	814.79	778.69	786.60	768.20	783.30	803.58
深圳	559.76	616.44	700.14	831.30	869.57	896.37	1 020.60	1 104.55	1 206.45	1 214.89	1 182.59	1 218.71
珠海	193.24	237.67	277.91	282.04	286.22	297.84	325.14	320.83	297.58	263.23	291.34	309.51
桂林	80.77	100.10	110.62	128.60	125.02	129.03	148.62	164.39	182.41	134.33	129.85	216.34
海口	10.12	14.03	13.11	14.95	13.61	10.32	13.29	14.68	17.97	15.66	13.69	12.20
成都	40.88	50.02	57.97	73.68	47.20	58.87	73.20	121.64	158.19	176.43	197.80	230.54
昆明	49.33	69.65	70.75	71.34	70.07	77.83	86.06	100.40	113.74	76.06	119.21	114.49
西安	65.03	77.56	86.73	100.01	63.18	70.06	84.18	100.23	115.35	121.12	124.23	110.72

附表 4.8　**2004—2015 年中国主要城市旅游业国内收入**

单位：万元

城市	2004	2005	2006	2007	2008	2009	2010	2011	2012	2013	2014	2015
沈阳	1 738 926	2 122 400	2 543 000	3 050 000	3 874 000	4 282 000	4 897 000	5 691 000	6 882 000	7 922 200	9 245 207	10 789 157
大连	1 415 771	1 780 600	2 230 000	2 815 000	3 550 000	4 305 000	4 955 000	5 979 000	7 114 000	8 504 400	9 650 724	9 766 925
长春	932 100	1 161 300	1 431 000	1 760 400	2 211 000	2 765 700	3 505 000	4 206 000	5 342 000	6 677 200	8 215 809	10 545 169
哈尔滨	953 000	1 132 000	1 613 000	1 928 000	2 332 000	3 003 000	3 718 000	4 479 000	5 540 000	6 690 000	6 624 000	9 009 000
南京	2 712 700	3 282 000	4 054 800	5 260 300	6 205 800	7 202 400	8 524 000	10 134 000	11 690 000	13 174 800	14 865 740	16 485 020
无锡	2 124 600	2 800 700	3 514 900	4 180 400	4 968 400	5 951 200	7 039 000	8 448 000	9 749 000	11 004 000	12 298 500	13 562 500
苏州	2 956 900	3 802 800	4 654 600	5 703 400	6 653 800	7 727 900	9 178 000	10 848 000	12 544 000	14 190 900	15 748 100	17 287 900
杭州	3 611 800	4 036 000	4 762 000	5 486 000	6 172 000	7 089 000	9 109 000	10 638 000	12 532 000	14 698 800	17 439 000	20 197 000
宁波	1 925 000	2 384 000	2 896 000	3 482 000	4 174 000	4 973 000	6 107 000	7 087 000	8 164 000	9 042 100	10 203 000	11 839 000
福州	1 019 457	1 165 953	1 333 500	1 654 900	1 858 900	1 780 200	2 103 000	2 500 000	2 921 000	3 234 100	3 648 065	4 115 017
厦门	1 169 826	1 371 738	1 608 500	1 774 200	1 789 400	2 410 500	2 959 000	3 522 000	4 115 000	4 786 300	5 743 560	6 892 272
青岛	1 837 871	2 226 000	2 818 000	3 501 000	3 855 000	4 514 000	5 401 000	6 373 000	7 555 000	8 735 200	10 110 000	11 330 000
武汉	1 922 400	2 212 000	2 507 000	2 969 800	3 561 000	4 861 800	7 214 000	10 147 000	13 422 000	16 334 000	19 494 600	21 974 100
广州	3 901 800	4 364 500	4 775 614	5 549 600	6 201 500	7 465 193	9 360 000	13 155 000	15 861 000	18 822 900	21 853 700	25 205 185.00
深圳	2 333 000	2 548 800	2 800 000	3 112 300	3 296 200	3 557 283	4 126 000	4 940 000	5 665 000	6 753 900	8 110 900	9 382 300
珠海	571 900	579 300	693 800	761 200	891 800	987 147	1 362 000	1 535 000	1 758 000	1 899 200	2 140 500	2 173 300
桂林	345 208	387 674	477 803	583 757	737 800	980 800	1 342 000	1 782 000	2 305 000	2 946 300	3 435 707	4 535 133
海口	427 600	472 000	479 500	521 057	569 800	650 100	696 000	531 000	1 016 000	1 175 500	1 396 928	1 575 279
成都	2 284 300	2 724 600	3 240 600	3 954 100	3 635 800	4 851 500	5 846 000	7 764 000	10 107 000	12 853 800	16 170 000	19 870 000
昆明	1 266 131	1 240 819	1 405 603	1 544 120	1 832 300	2 114 800	2 848 000	3 470 000	4 053 000	4 909 200	5 903 394	6 962 941
西安	1 180 488	1 452 000	1 664 700	1 948 000	2 148 000	2 663 500	3 628 000	4 789 000	5 945 000	7 472 800	9 500 000	10 736 900

附表 4.9　2004—2015 年中国主要城市旅游业国际收入

单位：万美元

城市	2004	2005	2006	2007	2008	2009	2010	2011	2012	2013	2014	2015
沈阳	14 342.00	17 272.00	23 156.00	28 992.50	33 009.00	36 999.00	40 023.50	49 980.00	63 195.30	66 451.30	77 748.02	90 965.18
大连	35 000.00	40 000.00	46 500.00	58 125.10	65 835.00	72 748.00	80 386.00	80 519.00	87 349.00	81 341.26	46 012.30	51 625.00
长春	4 345.00	5 103.00	6 665.00	8 930.00	10 680.50	11 625.55	13 747.90	16 974.50	22 379.10	24 305.89	28 901.84	31 850.19
哈尔滨	8 465.00	11 567.00	13 340.00	15 000.00	18 034.10	14 540.00	14 272.00	16 918.00	11 333.00	9 821.00	10 475.00	11 421.00
南京	50 773.00	57 557.00	67 711.00	80 764.00	87 174.00	83 727.56	98 062.00	119 960.00	136 216.00	40 063.00	55 300.00	63 900.00
无锡	20 746.00	26 323.00	31 659.00	36 249.00	33 517.60	34 888.81	48 146.00	59 839.00	68 138.00	26 985.00	32 994.00	35 783.00
苏州	48 608.00	63 905.00	74 795.00	88 916.00	99 547.40	99 725.29	125 059.00	146 998.00	164 723.00	135 687.00	170 463.00	200 183.00
杭州	59 734.00	75 804.00	90 870.00	112 665.40	129 610.20	137 995.00	169 008.40	198 710.00	220 165.00	216 047.33	231 800.00	293 100.00
宁波	15 428.00	24 833.00	33 703.00	43 070.30	46 873.80	48 650.00	59 066.30	65 472.00	73 428.00	79 656.25	77 832.00	80 019.00
福州	23 538.00	27 266.00	25 225.00	59 868.37	65 750.00	77 400.00	84 299.00	102 854.00	110 909.60	128 931.94	124 515.00	119 980.00
厦门	42 296.00	55 233.00	59 083.00	71 879.65	81 865.00	90 194.00	108 552.30	129 901.00	157 727.90	160 711.59	178 450.00	238 009.00
青岛	29 182.00	41 493.00	54 262.00	67 507.00	50 045.40	55 178.14	60 103.50	68 933.00	82 459.50	79 362.58	78 734.38	88 553.44
武汉	12 618.00	17 248.00	19 477.00	22 828.00	25 429.00	32 902.22	47 578.30	60 580.80	85 208.90	91 431.03	93 400.00	133 700.00
广州	189 667.00	229 408.00	279 729.00	319 147.00	313 035.00	362 396.15	468 858.30	485 306.30	514 457.80	516 883.62	547 522.00	569 601.00
深圳	178 672.00	200 869.00	226 550.00	262 330.00	270 800.00	276 026.25	318 057.80	374 473.70	432 882.10	453 101.66	456 568.00	496 830.00
珠海	56 258.00	70 148.00	87 389.00	90 240.00	94 823.00	102 670.22	122 338.50	106 685.30	95 044.60	83 767.36	92 105.00	96 264.00
桂林	18 871.06	23 635.00	26 846.00	37 149.90	38 747.00	42 236.60	50 417.00	63 564.00	73 440.20	86 950.64	915 770.15	98 177.54
海口	2 736.00	4 003.00	4 111.00	4 125.86	4 316.60	3 088.52	3 755.70	3 844.80	4 474.00	4 210.23	3 753.61	4 084.27
成都	14 039.00	17 640.00	20 185.00	26 141.54	15 388.40	21 937.03	27 558.50	47 959.40	62 916.20	68 030.59	74 032.00	87 264.00
昆明	13 073.00	17 250.00	18 979.00	20 784.44	20 416.40	21 758.78	24 252.00	29 787.90	33 836.00	40 338.00	39 729.00	44 033.00
西安	33 000.00	40 900.00	46 700.00	54 323.00	35 900.00	31 050.00	53 000.00	64 100.00	74 862.00	80 200.00	89 022.00	98 814.00

附表 4.10　　2005—2015 年中国 21 个主要城市旅游业减排潜力指数

城市	2005	2006	2007	2008	2009	2010	2011	2012	2013	2014	2015
沈阳	4.04	1.82	2.24	3.77	2.20	1.83	1.73	1.57	1.53	1.44	1.65
大连	4.88	3.21	2.84	3.45	2.08	1.67	1.59	1.43	1.43	1.26	0.62
长春	2.78	2.47	1.45	0.87	1.07	0.98	1.04	1.18	1.21	1.23	1.30
哈尔滨	0.50	1.94	1.96	2.79	1.69	1.91	1.93	1.71	1.87	1.51	1.66
南京	0.54	0.87	1.13	1.35	1.63	1.38	1.25	1.10	1.02	1.04	0.98
无锡	2.96	1.75	1.61	1.96	1.80	1.46	1.33	1.17	1.10	1.10	1.09
苏州	3.16	1.71	1.46	1.72	1.77	1.41	1.29	1.14	1.10	1.12	1.12
杭州	2.76	2.26	2.09	1.59	1.15	1.27	1.24	1.14	1.21	1.23	1.19
宁波	3.30	2.66	2.30	2.10	1.39	1.42	1.38	1.28	1.32	1.30	1.23
福州	3.69	-1.97	0.78	0.45	-0.32	-0.08	0.11	0.24	0.44	0.39	0.25
厦门	5.11	3.27	2.02	2.15	1.47	1.09	0.97	0.93	1.02	1.14	1.18
青岛	1.86	1.11	1.43	1.66	0.50	0.95	1.11	1.15	1.22	1.27	1.27
武汉	1.37	0.66	0.74	0.62	1.20	1.28	1.42	1.47	1.45	1.45	1.41
广州	-3.24	-0.35	-0.29	-0.17	0.47	0.57	1.06	1.05	1.10	1.10	1.13
深圳	-4.91	-1.31	-0.82	-0.80	-0.05	-0.11	0.09	0.14	0.21	0.24	0.39
珠海	-5.64	-1.10	-0.70	-2.74	-0.64	-0.01	-0.22	-0.10	0.03	-0.09	-0.25
桂林	2.19	1.93	1.57	2.56	1.73	1.45	1.43	1.38	1.54	2.10	1.59
海口	0.93	-4.23	-4.90	-7.38	-1.13	-0.47	-1.87	0.32	0.28	0.40	0.46
成都	1.23	2.05	1.78	-0.40	0.39	1.23	0.46	0.68	0.49	0.50	0.73
昆明	-1.69	-0.42	0.72	1.35	0.88	1.13	1.11	1.05	1.08	1.08	1.20
西安	5.86	2.49	2.01	1.80	1.42	1.25	1.25	1.42	1.44	1.34	1.37

附表 5.1 2003—2013 年中国 21 个主要城市旅游业 M 指数

城市	2003—2004	2004—2005	2005—2006	2006—2007	2007—2008	2008—2009	2009—2010	2010—2011	2011—2012	2012—2013
沈阳	1.53	0.94	1.11	1.05	1.01	1.13	1.25	1.12	1.27	1.25
大连	1.17	1.19	1.09	1.13	1.21	1.08	1.23	1.19	1.15	1.08
长春	1.51	0.99	1.01	1.04	1.23	1.18	1.41	1.34	1.49	1.94
哈尔滨	1.18	1.22	1.60	1.01	1.19	1.10	1.88	1.08	1.45	1.94
南京	1.24	0.99	1.15	1.05	1.08	1.05	1.11	1.23	1.27	0.86
无锡	1.27	0.98	0.94	1.07	1.10	1.09	1.16	1.09	1.06	1.04
苏州	1.09	1.19	1.06	1.03	1.21	1.04	1.37	1.15	1.14	1.21
杭州	1.00	0.99	1.42	1.17	1.09	1.03	1.24	1.75	0.63	1.59
宁波	1.48	1.07	1.22	1.11	1.19	1.05	1.45	1.22	0.98	1.07
福州	0.82	1.26	1.30	1.75	1.03	1.15	1.08	1.11	1.15	1.10
厦门	0.46	1.10	1.06	1.29	0.79	1.01	1.26	1.13	1.10	1.12
青岛	1.63	0.84	1.15	1.02	0.70	1.09	1.06	1.12	1.13	1.11
武汉	1.63	1.41	1.01	1.18	1.30	1.16	1.14	1.14	1.15	1.10
广州	1.26	1.09	1.01	1.10	0.97	1.06	1.16	1.08	1.09	1.00
深圳	1.41	1.02	1.04	0.77	1.00	0.65	1.88	0.79	1.21	1.47
珠海	1.26	1.21	0.79	1.03	1.29	1.37	1.07	1.01	1.02	1.01
桂林	3.83	0.55	1.44	0.95	1.00	1.15	1.39	1.43	1.18	1.15
海口	4.46	1.14	0.80	1.25	1.06	1.09	1.16	0.81	1.46	1.14
成都	1.02	1.05	0.82	0.95	0.87	1.31	1.36	1.62	1.42	1.08
昆明	1.02	1.30	1.05	0.93	1.12	1.23	1.30	1.16	1.11	1.22
西安	1.45	1.23	1.03	1.05	1.93	0.89	1.52	1.47	1.16	1.21

附表 5.2　　2003—2013 年中国 21 个主要城市旅游业 MEFFCH 指数

城市	2003—2004	2004—2005	2005—2006	2006—2007	2007—2008	2008—2009	2009—2010	2010—2011	2011—2012	2012—2013
沈阳	1.19	0.89	1.10	1.03	0.93	0.94	0.99	0.70	0.92	1.07
大连	3.23	1.06	1.11	1.02	1.10	0.91	1.05	0.78	0.96	0.97
长春	3.16	0.94	1.11	0.94	1.13	0.98	1.01	0.84	1.01	1.80
哈尔滨	3.41	1.11	1.32	0.92	1.04	0.97	1.60	0.56	0.98	1.80
南京	1.27	0.95	1.15	1.01	1.05	0.95	0.99	0.90	0.98	0.72
无锡	1.20	0.94	0.91	1.05	1.04	1.02	0.97	0.98	0.96	0.98
苏州	1.03	0.99	1.07	0.95	0.97	1.01	0.97	1.00	0.74	0.93
杭州	1.00	0.74	1.36	0.98	0.69	1.44	0.77	1.45	0.50	1.22
宁波	1.96	0.91	1.09	0.88	0.91	0.92	0.97	0.93	0.77	0.96
福州	1.97	1.20	1.36	1.64	0.79	0.79	0.88	0.78	0.95	0.98
厦门	0.40	1.04	1.19	1.21	0.60	0.86	1.02	0.78	0.92	1.01
青岛	1.72	0.72	1.30	1.01	0.66	0.94	0.91	0.77	0.93	1.00
武汉	2.07	1.31	0.81	0.99	1.22	1.16	1.08	1.05	1.02	0.96
广州	3.68	1.08	0.96	1.08	0.92	1.03	1.06	1.02	1.04	0.98
深圳	2.32	1.01	1.17	0.76	1.07	0.49	1.58	0.45	0.84	1.20
珠海	2.06	1.06	0.94	1.00	1.29	1.72	1.07	0.99	0.97	0.98
桂林	9.54	0.49	1.38	0.92	0.80	1.04	1.02	1.12	0.95	1.03
海口	10.56	1.01	0.91	1.22	1.03	0.95	0.94	0.63	1.24	1.01
成都	0.89	1.17	0.80	0.88	0.76	1.13	1.09	1.20	1.08	1.03
昆明	1.63	1.21	0.92	0.80	0.97	1.08	1.09	0.79	0.91	1.10
西安	2.52	1.09	1.04	0.96	1.79	0.59	1.02	0.89	0.94	1.09

附表 5.3　　2003—2013 年中国 21 个主要城市旅游业 MTECH 指数

城市	2003—2004	2004—2005	2005—2006	2006—2007	2007—2008	2008—2009	2009—2010	2010—2011	2011—2012	2012—2013
沈阳	1.29	1.05	1.02	1.02	1.08	1.20	1.27	1.60	1.37	1.17
大连	0.36	1.12	0.98	1.11	1.10	1.19	1.17	1.51	1.20	1.12
长春	0.48	1.06	0.91	1.12	1.09	1.21	1.39	1.59	1.48	1.08
哈尔滨	0.35	1.09	1.21	1.10	1.14	1.14	1.18	1.91	1.49	1.08
南京	0.98	1.04	0.99	1.04	1.03	1.11	1.12	1.36	1.29	1.18
无锡	1.06	1.05	1.03	1.01	1.06	1.07	1.19	1.11	1.11	1.06
苏州	1.06	1.21	0.99	1.08	1.25	1.03	1.40	1.16	1.53	1.30
杭州	1.00	1.34	1.04	1.19	1.58	0.72	1.61	1.21	1.26	1.31
宁波	0.75	1.18	1.12	1.26	1.32	1.15	1.49	1.31	1.28	1.11
福州	0.41	1.05	0.96	1.07	1.31	1.44	1.22	1.43	1.21	1.12
厦门	1.14	1.06	0.89	1.07	1.33	1.17	1.24	1.45	1.20	1.11
青岛	0.94	1.17	0.88	1.01	1.06	1.16	1.16	1.45	1.21	1.11
武汉	0.79	1.08	1.24	1.19	1.07	1.00	1.06	1.08	1.12	1.15
广州	0.34	1.01	1.05	1.01	1.06	1.03	1.10	1.06	1.05	1.02
深圳	0.61	1.01	0.89	1.01	0.93	1.32	1.19	1.74	1.45	1.22
珠海	0.61	1.14	0.84	1.03	1.00	0.80	1.01	1.01	1.05	1.02
桂林	0.40	1.11	1.04	1.03	1.24	1.10	1.36	1.27	1.24	1.12
海口	0.42	1.13	0.88	1.03	1.04	1.15	1.22	1.28	1.18	1.13
成都	1.14	0.90	1.02	1.07	1.14	1.16	1.24	1.35	1.32	1.05
昆明	0.63	1.07	1.15	1.16	1.16	1.14	1.20	1.46	1.21	1.11
西安	0.57	1.13	1.00	1.09	1.08	1.50	1.49	1.65	1.23	1.11

附表 5.4　　2003—2013 年中国 21 个主要城市旅游业 ML 指数

城市	2003—2004	2004—2005	2005—2006	2006—2007	2007—2008	2008—2009	2009—2010	2010—2011	2011—2012	2012—2013
沈阳	1.14	0.95	1.07	1.08	1.06	0.81	1.27	1.13	1.40	1.33
大连	1.23	1.23	1.09	1.15	1.26	1.15	1.40	2.12	1.11	1.59
长春	2.08	1.00	1.08	1.11	1.30	1.31	1.45	1.35	1.54	2.04
哈尔滨	1.15	1.29	1.50	0.97	1.22	1.04	1.54	1.10	1.53	2.15
南京	1.20	1.01	1.13	1.02	1.02	1.03	1.11	1.28	1.32	1.07
无锡	1.24	0.97	0.95	1.06	1.07	1.11	1.11	1.03	1.04	1.17
苏州	1.05	1.19	1.04	1.03	1.24	1.04	1.44	1.22	1.13	1.34
杭州	1.00	1.00	1.29	1.18	1.08	1.01	1.29	1.74	0.70	1.68
宁波	1.43	1.06	1.31	1.19	1.33	1.08	1.51	1.28	1.01	1.11
福州	0.83	1.35	1.19	1.97	0.86	1.12	1.08	1.12	1.15	1.11
厦门	0.76	1.13	1.06	1.08	0.75	0.71	1.35	1.14	1.12	1.14
青岛	1.23	0.88	1.08	1.02	0.68	1.13	1.06	1.14	1.16	1.13
武汉	1.64	1.15	1.02	1.25	1.43	1.13	1.15	1.10	1.10	1.08
广州	1.45	1.07	1.00	1.06	0.98	1.04	1.10	1.05	1.06	1.00
深圳	1.24	1.03	1.02	0.84	1.00	0.64	2.05	0.77	1.18	1.38
珠海	1.24	1.21	0.91	1.00	1.20	1.37	1.08	1.01	1.02	1.01
桂林	4.32	0.41	1.42	0.90	0.99	1.08	1.37	1.41	1.17	1.20
海口	3.24	1.14	0.77	1.39	1.06	1.08	1.15	0.84	1.40	1.16
成都	1.01	1.03	0.88	0.86	0.84	1.26	1.54	1.91	1.56	1.09
昆明	1.38	1.11	1.03	0.94	1.14	1.24	1.25	1.20	1.12	1.23
西安	1.58	1.22	1.02	1.06	2.16	0.76	1.71	1.42	1.16	1.23

附表 5. 5　　2003—2013 年中国 21 个主要城市旅游业 MLEFFCH 指数

城市	2003—2004	2004—2005	2005—2006	2006—2007	2007—2008	2008—2009	2009—2010	2010—2011	2011—2012	2012—2013
沈阳	1. 16	0. 89	1. 08	1. 09	1. 01	0. 76	0. 97	0. 59	0. 92	1. 12
大连	2. 70	1. 16	0. 95	1. 01	1. 21	0. 93	0. 96	1. 64	0. 48	1. 00
长春	2. 63	0. 94	0. 94	0. 98	1. 12	0. 99	1. 00	0. 82	0. 99	1. 87
哈尔滨	2. 67	1. 21	1. 11	0. 87	1. 03	1. 64	1. 00	0. 53	0. 95	1. 97
南京	1. 00	1. 00	1. 11	0. 99	1. 01	0. 96	1. 05	0. 89	1. 00	1. 02
无锡	1. 17	0. 95	0. 93	1. 03	1. 03	1. 05	1. 00	0. 92	0. 98	1. 09
苏州	1. 01	1. 01	1. 04	0. 96	0. 98	1. 01	0. 97	0. 99	0. 65	1. 01
杭州	0. 98	0. 98	1. 04	0. 98	1. 04	0. 97	0. 75	1. 43	0. 49	1. 30
宁波	1. 30	0. 94	1. 07	0. 87	1. 01	0. 88	0. 91	1. 01	0. 76	0. 98
福州	1. 65	1. 25	1. 15	1. 84	0. 75	0. 75	0. 85	0. 79	0. 92	0. 98
厦门	0. 73	1. 00	1. 02	1. 04	0. 59	0. 82	0. 98	0. 81	0. 88	1. 00
青岛	0. 98	0. 80	1. 16	1. 01	0. 67	0. 94	0. 82	0. 80	0. 91	1. 00
武汉	1. 62	1. 03	0. 72	1. 01	1. 34	1. 18	1. 09	1. 04	1. 05	0. 93
广州	4. 50	1. 07	0. 96	1. 06	0. 94	1. 03	1. 03	1. 01	1. 03	0. 99
深圳	1. 72	1. 08	1. 06	0. 84	1. 03	0. 46	1. 80	0. 44	0. 85	1. 15
珠海	2. 10	1. 07	0. 87	0. 99	1. 20	1. 79	1. 08	0. 98	0. 97	0. 99
桂林	11. 99	0. 34	1. 15	0. 79	0. 94	1. 00	1. 01	0. 94	0. 95	1. 05
海口	6. 14	1. 06	0. 82	1. 32	1. 03	0. 87	0. 97	0. 65	1. 18	1. 02
成都	0. 93	1. 10	0. 87	0. 74	0. 75	1. 10	1. 20	1. 38	1. 06	1. 04
昆明	1. 18	1. 02	0. 78	0. 82	1. 03	1. 15	0. 97	0. 77	0. 91	1. 08
西安	1. 79	1. 20	0. 86	0. 92	2. 01	0. 51	1. 26	0. 71	0. 95	1. 10

附表 5.6　　2003—2013 年中国 21 个主要城市旅游业 MLTECH 指数

城市	2003—2004	2004—2005	2005—2006	2006—2007	2007—2008	2008—2009	2009—2010	2010—2011	2011—2012	2012—2013
沈阳	0.98	1.07	0.99	0.99	1.05	1.07	1.30	1.91	1.52	1.19
大连	0.45	1.05	1.15	1.13	1.04	1.24	1.45	1.29	2.33	1.59
长春	0.79	1.06	1.15	1.13	1.16	1.32	1.45	1.64	1.55	1.09
哈尔滨	0.43	1.07	1.35	1.12	1.18	0.63	1.54	2.07	1.61	1.09
南京	1.20	1.01	1.02	1.03	1.02	1.08	1.06	1.43	1.32	1.05
无锡	1.06	1.03	1.03	1.03	1.04	1.05	1.12	1.12	1.06	1.07
苏州	1.04	1.18	1.00	1.07	1.26	1.03	1.48	1.23	1.72	1.33
杭州	1.02	1.02	1.24	1.20	1.04	1.04	1.72	1.22	1.42	1.30
宁波	1.10	1.13	1.23	1.38	1.32	1.22	1.66	1.26	1.34	1.13
福州	0.50	1.08	1.03	1.07	1.15	1.50	1.27	1.42	1.26	1.13
厦门	1.05	1.13	1.03	1.04	1.27	0.86	1.38	1.40	1.27	1.14
青岛	1.26	1.10	0.93	1.01	1.01	1.21	1.29	1.43	1.27	1.14
武汉	1.01	1.11	1.41	1.24	1.07	0.96	1.06	1.06	1.05	1.16
广州	0.32	1.01	1.04	1.01	1.04	1.02	1.07	1.04	1.02	1.01
深圳	0.72	0.95	0.96	1.00	0.97	1.39	1.14	1.76	1.38	1.20
珠海	0.59	1.13	1.05	1.01	1.00	0.76	1.00	1.02	1.05	1.02
桂林	0.36	1.19	1.23	1.14	1.05	1.08	1.35	1.50	1.23	1.14
海口	0.53	1.07	0.94	1.05	1.03	1.25	1.19	1.28	1.19	1.13
成都	1.08	0.94	1.01	1.17	1.12	1.15	1.28	1.39	1.47	1.05
昆明	1.17	1.09	1.31	1.14	1.11	1.08	1.30	1.56	1.22	1.14
西安	0.88	1.02	1.18	1.15	1.08	1.49	1.36	2.00	1.22	1.13

参考文献

英文文献

[1] Ansuategi A, Escapa M. Economic Growth and Greenhouse Gas Emissions [J]. Ecological Economics, 2002 (1): 23 -37.

[2] Barthel F, Neumayer E. Spatial Dependence in Asylum Migration [J]. Journal of Ethnic and Migration Studies, 2015 (7): 1131 -1151.

[3] Becken S. Analysing International Tourist Flows to Estimate Energy Use Associated with Air Travel [J]. Journal of Sustainable Tourism, 2002 (2): 114 -131.

[4] Becken S. A Review of Tourism and Climate Change as an Evolving Knowledge Domain [J]. Tourism Management Perspectives, 2013 (6): 53 -62.

[5] Becken S. Patterson, M. Measuring National Carbon Dioxide Emissions from Tourism as a Key Step Towards Achieving Sustainable Tourism. Tourism Management [J]. 2006 (2): 285 -290.

[6] Becken S. Operators' Perceptions of Energy Use and Actual Saving Opportunities for Tourism Accommodation [J]. Asia Pacific Journal of Tourism Research, 2014 (1 -2): 72 -91.

[7] Blanc - Brude F. , Cookson G. , Piesse J. , et al. The FDI Location Decision: Distance and the Effects of Spatial Dependence [J]. International Business Review, 2014 (4): 797 -810.

[8] Cadarso M. Á. , Gómez N. , López L. A. , et al. Calculating Tourism's Carbon Footprint: Measuring the Impact of Investments [J]. Journal of Cleaner Production, 2016 (2): 529 -537.

[9] Camelia S, Razvan S. M. , Breda Z. , et al. An Input - Output Approach of CO_2 Emissions in Tourism Sector in Post - Communist Romania [J]. Procedia E-

conomics and Finance, 2012 (3): 987 -992.

[10] Castellani V, Sala S. Sustainable Performance Index for Tourism Policy Development [J]. Tourism Management, 2010 (6): 871 -880.

[11] Caves D. W. , Christensen L. R. and Diewert W. E. The Economic - Theory of Index Numbers and the Measurement of Input, Output, and Productivity [J]. Econometric, 1982 (6): 1393 -1414.

[12] Charnes A, Cooper W. W. and Rhodes E. Measuring the Efficiency of Decision Making Units [J]. 1978 (6): 429 -444.

[13] Dichey D. A, Fuller W. A. Distribution of the Estimators for Autoregressive Time Series with a Unit Root [J]. Journal of American Statistical Association, 1979 (366): 427 -431.

[14] Daniel J. G, Emma J. M, David A. S. Quantifying the Effect of Area Deprivation on Child Pedestrian Casualties by Using Longitudinal Mixed Models to Adjust for Confounding, Interference and Spatial Dependence [J]. Journal of the Royal Statistical Society: Series A (Statistics in Society), 2013 (4): 931 -950.

[15] David G O. , Watson J. , Kerron G. M. Key Policy Considerations for Facilitating Low Carbon Technology Transfer to Developing Countries [J]. Energy Policy, 2008 (11): 4104 -4115.

[16] Dwyer L, Forsyth P. , Retal, S. Estimating the Carbon Footprint of Australian Tourism. Journal of Sustainable Tourism [J], 2010 (3): 355 -376.

[17] Eijgelaar E, Thaperr C. , Peeters P. Antarctic Cruise Tourism: the Paradoxes of Ambassa - dorship, "Last Chance Tourism" and Greenhouse Gas Emissions [J]. Journal of Sustainable Tourism, 2010 (3): 337 -354.

[18] Farrell M. J. The Measurement of Productive Efficiency [J]. Journal of the Royal Statistical Society, 1957 (10): 253 -290.

[19] Färe R, Grosskopf S. , Norris M. and Zhang Z. Productivity Growth, Technical Progress, and Efficiency Change in Industrialized Countries [J]. American Economic Review, 1994 (84): 66 -83.

[20] Färe R, Grosskopf S. and Lindgren B. and Roos P. Productivity Changes in Swedish Pharamacies 1980 - 1989: A Non - Parametric Malmquist Approach [J]. Journal of Productivity Analysis, 1992 (3): 85 -101.

[21] Fankhauser S, Tol R. S. J. Research on Climate Change and Economic

Growth [J]. Resource and Energy Economics, 2005 (1): 1 - 17.

[22] Fernandes E, Pacheco R. Efficiency Use of Airport Capacity [J]. Transportation Research Part A, 2006 (36): 225 - 238.

[23] Fernandes G. B, Artes R. Spatial Dependence in Credit Risk and Its Improvement in Credit Scoring [J]. European Journal of Operational Research, 2016 (2): 517 - 524.

[24] Filimonau V., Dickinson J., Robbins D. The Carbon Impact of Short - Haul Tourism: A Case Study of UK Travel to Southern France Using Lifecycle Analysis [J]. Journal of Cleaner Production, 2014 (1): 628 - 638.

[25] Hanandeh A. E. Quantifying the Carbon Footprint of Religious Tourism: The Case of Hajj [J]. Journal of Cleaner Production, 2013 (4): 53 - 60.

[26] Howitt O. J. A, Revol, V. G. N., Smith, I. J., et al. Carbon Emissions from International Cruise Ship Passengers' Travel to and from New Zealand [J]. Energy Policy, 2010 (5): 2552 - 2560.

[27] Hyun D, Milcheva S. Spatial Dependence in Apartment Transaction Prices During Boom and Bust [J]. Regional Science and Urban Economics, 2018 (1): 36 - 45.

[28] Im K. S, Pesaran M. H., Shin Y. Testing for Unit Roots in Heterogeneous Panels [M]. Cambridge: University of Cambridge, 1997.

[29] Im K. S, Pesaran M. H., Shin Y. Testing for Unit Roots in Heterogeneous Panels [J]. Journal of Econometrics, 2003 (1): 53 - 74.

[30] Jones C. Scenarios for Greenhouse Gas Emissions Reduction from Tourism: An Extended Tourism Satellite Account Approach in a Regional Setting [J]. Journal of Sustainable Tourism, 2013 (3): 458 - 472.

[31] Katircioglu S. T. International Tourism, Energy Consumption, and Environmental Pollution: The Case of Turkey [J]. Renewable & Sustainable Energy Reviews, 2014 (36): 180 - 187.

[32] Koenker R, Bassett G. W. Regression Quantiles [J]. Econometrica, 1978 (46): 33 - 50.

[33] Kuyuyama H. and Weber W. L. A Directional Slacks - Based Measure of Technical Efficiency [J]. European Journal of Operational Research, 2009 (4): 274 - 287.

[34] Kuo N. W, Chen P. H. Quantifying Energy Use, Carbon Dioxide Emission, and other Environmental Loads from Island Tourism Based on a Life Cycle Assessment Approach [J]. Journal of Cleaner Production, 2007, 17 (15): 1324 - 1330.

[35] Levin A, Lin C. F., James C. Unit Root Tests in Panel Data: Asymptotic and Finite - Sample Properties [J]. Journal of Econometrics, 2002 (1): 1 - 24.

[36] Li L, Li Y., Li Z. Efficient Missing Data Imputing for Traffic Flow by Considering Temporal and Spatial Dependence [J]. Transportation Research Part C, 2013 (34): 108 - 120.

[37] Lin T. P. Carbon Dioxide Emissions from Transport in Taiwan's National Parks [J]. Tourism Management, 2010 (2): 285 - 290.

[38] López - Hernάndez F. A. Second - Order Polynomial Spatial Error Model. Global and Local Spatial Dependence in Unemployment in Andalusia [J]. Economic Modelling, 2013 (14): 270 - 279.

[39] Malmquist S. Index Numbers and Indifference Surfaces [J]. Trabajos De Estadistica, 1953 (2): 209 - 242.

[40] Morey R, Dittman D. Evaluating a Hotel GM's Performance: A Case Study in Bench - marking [J]. Cornell Hotel Restaurant and Administration Quarterly, 1995 (5): 30 - 35.

[41] Margaretic P., Thomas - Agnan C. Doucet, R. Spatial Dependence in (Origin - Destination) Air Passenger Flows [J]. Papers in Regional Science, 2017 (2): 357 - 380.

[42] Nicolet G, Eckert, N. Morin, S., et al. Decreasing Spatial Dependence in Extreme Snowfall in the French Alps since 1958 under Climate Change [J]. Journal of Geophysical Research: Atmospheres, 2016 (14): 8297 - 8310.

[43] Oh D. H. A Global Malmquist - Luenberger Productivity Index [J]. Journal of Productivity Analysis, 2010 (3): 183 - 197.

[44] Pedroni P. Critical Values for Cointegration Tests in Heterogeneous Panels with Multiple Regressors [J]. Oxford Bulletin of Economics and Statistics, 1999 (1): 653 - 670.

[45] Peeters P, Dubios G. Tourism Travel under Climate Change Mitigation Constraints [J]. Journal of Transport Geography, 2010 (3): 447 - 457.

[46] Ross E, Kereszturi M. Nee, M. V., et al. On the Spatial Dependence of Extreme Ocean Storm Seas [J]. Ocean Engineering, 2017 (145): 359 - 372.

[47] Schneider M, Holzer A. Volker, H. Hoffmann. Understanding the CDM's Contribution to Technology Transfer [J]. Energy Policy, 2008 (8): 2930 - 2938.

[48] Scott D, Peeters P. Gssling, S. Can Tourism Deliver Its "Aspirational" Greenhouse Gas Emission Reduction Targets [J]. Journal of Sustainable Tourism, 2010 (3): 393 - 408.

[49] Seiford L. M & Zhu J. Modeling Undesirable Factors in Efficiency Evaluation [J]. European Journal of Operation Research, 2002 (1): 16 - 20.

[50] Simar L & Wilson P. W. Estimating and Bootstrapping Malmquist Indices [J]. European Journal of Operational Research, 1999 (3): 459 - 471.

[51] Sueyoshi T. & Goto M. DEA Approach for Unified Efficiency Measurement: Assessment of Japanese Fossil Fuel Power Generation [J]. Energy Economics, 2011 (2): 292 - 303.

[52] Tang Y, Jingxiong Z, Linhai J., et al. Geostatistical Modelling of Spatial Dependence in Area - Class Occurrences for Improved Object - Based Classifications of Remote - Sensing Images [J]. ISPRS Journal of Photogrammetry and Remote Sensing, 2018 (141): 219 - 236.

[53] The UN World Tourism Organization (UNWTO). Towards a Low Carbon Travel and Tourism Sector [R]. The World Economic Forum, 2009: 3 - 36.

[54] Tone K. A Slacks - Based Measure of Efficiency in Data Envelopment Analysis [J]. European Journal of Operational Research, 2001 (130): 498 - 509.

[55] Tone K. A Slack - Based Measure of Super - Efficiency in Data Envelopment Analysis [J]. European Journal of Operational Research, 2002 (1): 32 - 41.

[56] Treffers T, Faaij A. P. C, Sparkman J. Seebregts, A. Exploring the Possibilities for Setting up Sustainable Energy Systems for the Long Term: Two Visions for the Dutch Energy System in 2050 [J]. Energy Policy, 2005 (33): 1723 - 1743.

[57] Uyterlinde M. A, Junginger M, Vries H. J. D., et al. Implications of Technological Learn - ing on the Prospects for Renewableenergy Technologies in Europe [J]. Energy Policy, 2007 (8): 4072 - 4087.

[58] Vega S. H, Elhorst J. P. A Regional Unemployment Model Simultaneously Accounting for Serial Dynamics, Spatial Dependence and Common Factors [J]. Regional Science and Urban Economics, 2016 (60): 85 -95.

[59] Wang J. C, Wang Y. C, Li K, Wang J. H. Greenhouse Gas Emissions of Amusement Parks in Taiwan [J]. Renewable&Sustainable Energy Reviews, 2017 (74): 581 -589.

[60] Wang Y, Zhu Q, Geng Y. Trajectory and Driving Factors for GHG Emissions in the Chinese Cement Industry [J]. Journal of Cleaner Production, 2013 (53): 252 -260.

[61] Weaver D. Can Sustainable Tourism Survive Climate Change? [J]. Journal of Sustainable Tourism, 2011 (1): 5 -15.

[62] Yang W, Basil S. Spatial Dependence and Determinants of Dairy Farmers' Adoption of Best Management Practices for Water Protection in New Zealand [J]. Environmental Management, 2017 (4): 594 -603.

[63] Yang Z. LM Tests of Spatial Dependence Based on Bootstrap Critical Values [J]. Journal of Econometrics, 2015 (1): 33 -59.

[64] Ying F, Sung Y. P. Jinfeng, Z. A Simple Spatial Dependence Test Robust to Local and Distributional Misspecifications [J]. Economics Letters, 2014 (2): 203 -206.

[65] Yuan J, Xu Y, Hu Z. Peak Energy Consumption and CO_2 Emissions in China [J]. Energy Policy, 2014 (2): 508 -523.

[66] Zhang M, Dai S, Song Y. Decomposition Analysis of Energy - Related CO_2 Emissions in South Africa [J]. Journal of Energy in Southern Africa, 2015 (1): 67 -73.

[67] Zhang N & Zhou P & Kung C. Total - Factor Carbon Emission Performance of the Chinese Transportation Industry: A Bootstrapped Non - Radial Malmquist Index Analysis [J]. Renew - able and Sustainable Energy Reviews, 2015 (41): 584 -593.

中文文献

[1] 卞亦文. 基于DEA理论的环境效率评价方法研究 [D]. 中国科学技术大学, 2006.

[2] 成刚. 数据包络分析方法与 MaxDEA 软件 [M]. 北京：知识产权出版社，2014.

[3] 陈红敏. 包含工业生产过程碳排放的产业部门隐含碳研究 [J]. 中国人口·资源与环境，2009 (3)：25－30.

[4] 曹芳东. 城市旅游发展效率的时空格局演化特征及其驱动机制——以泛长江三角洲地区为例 [J]. 地理研究，2012 (8)：1431－1444.

[5] 程占红，韩玉姣. 2000—2012 年山西省旅游业碳排放的时空差异 [J]. 陕西师范大学学报（自然科学版），2015 (6)：77－82.

[6] 陈莹敏，朱丽香. 福建省碳排放因素分解及实证分析 [J]. 能源与环境，2011 (2)：14－21.

[7] 崔博，李金卫，郑仰阳，钟杨燕. 低碳城市理念在城市规划中的应用与实践——以厦门市为例 [J]. 城市发展研究，2010 (11)：113－117.

[8] 陈向阳，李奕君. 能源消费、碳排放与经济增长之间的关系研究——理论机制与实证检验 [J]. 南京财经大学学报，2018 (5)：98－108.

[9] 邓沛勇，刘毅华，陈浩龙. 广州市经济发展与碳排放的关联性探究 [J]. 中国市场，2016 (47)：154－156.

[10] 杜强，陈乔，杨锐. 基于 Logistic 模型的中国各省碳排放预测 [J]. 长江流域资源与环境，2013 (2)：143－151.

[11] 杜雪楠. 我国旅行社业技术效率的空间自相关性及收敛性研究 [D]. 陕西师范大学，2016.

[12] 丁胜，温作民，彭玲. 基于 Logistic 模型的江苏林业产业碳排放研究 [J]. 生态经济，2014 (10)：73－76.

[13] 都泊桦. 基于 CGE 模型的碳排放减排路径及模拟分析 [J]. 统计与决策，2017 (8)：56－59.

[14] 傅京燕. "一带一路"沿线国家碳排放驱动因素、减排贡献与潜力 [J]. 热带地理，2017 (1)：1－9.

[15] 胡晓琳. 中国省际环境全要素生产率测算、收敛及其影响因素研究 [D]. 江西财经大学，2016.

[16] 范向丽. 福建省旅游业碳排放与能耗估算分析 [J]. 旅游论坛，2016 (2)：78－84.

[17] 范晓莉. 新型城镇化视角下中国碳生产率影响因素研究——基于 VEC 模型的动态关系分析 [J]. 管理现代化，2015 (1)：70－72.

[18] 樊星. 中国碳排放测算分析与减排路径选择研究 [D]. 沈阳: 辽宁大学, 2013.

[19] 范云轩. 服务业生产率增长区域性差异的原因与影响因素分析 [D]. 南京财经大学, 2016.

[20] 方伟. 基于生命周期评价的水力发电碳排放计算思路 [J]. 山东工业技术, 2017 (17): 193.

[21] 方叶林. 中国省域旅游业效率及演化机理研究 [D]. 南京: 南京师范大学, 2014.

[22] 方世南. 以绿色执政理念推进绿色发展 [J]. 理论视野, 2014 (3): 22 -25.

[23] 冯吉芳. 中国绿色发展的创新驱动机制研究 [D]. 东南大学, 2017.

[24] 郭朝先. 中国工业减排潜力估算 [J]. 中国人口·资源与环境, 2014 (9): 13 -20.

[25] 顾高翔. 全球性碳税政策作用下多国多部门经济增长与碳排放的全球治理 [J]. 中国软科学, 2015 (12): 1 -11.

[26] 弓媛媛. 武汉市交通碳排放足迹测算及其驱动因素分析 [J]. 中国人口·资源与环境, 2015 (S1): 470 -474.

[27] 盖美等. 辽宁沿海经济带能源消费碳排放与区域经济增长脱钩分析 [J]. 资源科学, 2014 (6): 1267 -1277.

[28] 高大伟. 国际研发资本、金融发展对碳生产率的影响研究 [J]. 经济经纬, 2016 (1): 150 -154.

[29] 郭悦. 产业集聚对中国旅游业全要素生产率的影响研究 [D]. 长春: 东北师范大学, 2015.

[30] 胡林林. 我国旅游住宿碳排放时空特征及其主要影响因素 [J]. 中南林业科技大学学报, 2015 (3): 123 -128.

[31] 胡欢. 区域旅游业碳排放测算及其动态变化研究 [J]. 生态经济, 2016 (6): 57 -62.

[32] 侯伟丽. 21 世纪中国绿色发展问题研究 [J]. 南都学坛, 2004 (3): 106 -110.

[33] 霍艳丽, 刘彤. 生态经济建设: 我国实现绿色发展的路径选择 [J]. 企业经济, 2011 (10): 63 -66.

[34] 霍震. 广东省低碳城市评价体系研究 [J]. 环境科学与管理，2012 (4)：65－67.

[35] 黄志斌，姚灿，王新. 绿色发展理论基本概念及其相互关系辨析 [J]. 自然辩证法研究，2015 (8)：108－113.

[36] 韩元军，吴普. 京津冀地区旅游业的碳排放测算与比较研究 [J]. 人文地理，2016 (4)：127－134.

[37] 韩玉姣. 山西省旅游业碳排放初步估算及脱钩效应分析 [D]. 山西财经大学，2015.

[38] 何吉成，李耀增. 1975—2005 年中国铁路机车的 CO_2 排放量 [J]. 气候变化研究进展，2010 (1)：35－39.

[39] 何艳秋. 行业完全碳排放的测算及应用 [J]. 统计研究，2012 (3)：67－72.

[40] 黄蕊，王铮，丁冠群，龚洋冉，刘昌新. 基于 STIRPAT 模型的江苏省能源消费碳排放影响因素分析及趋势预测 [J]. 地理研究，2016 (4)：781－789.

[41] 黄元生，李慧. 基于分解模型的碳生产率影响因素分析 [J]. 华北电力大学学报（社会科学版），2016 (3)：13－17.

[42] 何建坤，苏明山. 应对全球气候变化下的碳生产率分析 [J]. 中国软科学，2009 (10)：42－47.

[43] 黄国华，刘传江，赵晓梦. 长江经济带碳排放现状及未来碳减排 [J]. 长江流域资源与环境，2016 (4)：638－644.

[44] 郝洪，从馨，王烨. 沈阳市发展低碳经济的探索与实践 [J]. 环境保护与循环经济，2013 (7)：73－75.

[45] 蒋雨桥，周大川. 中国省级碳生产率及其收敛性分析 [J]. 湖北社会科学，2016 (12)：96－102.

[46] 兰洋. 绿色发展理念的哲学基础与多维审视 [J]. 学习与实践，2016 (5)：135－140.

[47] 李丹，刘若蕾. 基于脱钩理论下辽宁省碳排放与经济增长的关系研究 [J]. 海峡科技与产业，2017 (10)：31－33.

[48] 李谷成，范丽霞，闵锐. 资源、环境与农业发展的协调性——基于环境规制的省级农业环境效率排名 [J]. 数量经济技术经济研究，2011 (10)：21－36.

[49] 李谷成. 中国农业的绿色生产率革命：1978—2008 年 [J]. 经济学

（季刊），2014（2）：537－558.

［50］李娟，王家玉. 十八大以来党中央绿色发展理念的基本逻辑［J］. 思想理论教育导刊，2017（4）：45－49.

［51］李萌. 中国“十二五”绿色发展的评估与“十三五”绿色发展的路径选择［J］. 社会主义研究，2016（3）：62－71.

［52］李俊，徐晋涛. 省际绿色全要素生产率增长趋势的分析——一种非参数方法的应用［J］. 北京林业大学学报（社会科学版），2009（4）：139－146.

［53］李强谊，钟水映，徐飞. 中国旅游业二氧化碳排放的地区差异与收敛性研究［J］. 经济问题探索，2017（8）：28－38.

［54］李强. 环境约束下中国煤炭产业生产率增长研究［M］. 北京：经济管理出版社，2015.

［55］李静. 中国地区环境效率的差异与规制研究［M］. 北京：社会科学文献出版社，2012.

［56］李世宏，钟永德，王怀採. 张家界旅游碳排放计量与减排路径的研究［J］. 中南林业科技大学学报，2013（3）：120－124.

［57］李志学. 我国各省区碳退耦指数与减排潜力的测算［J］. 统计与决策，2017（14）：101－104.

［58］李彩云，陈兴鹏，张子龙等. 敦煌市旅游业碳排放与经济增长的耦合关系分析［J］. 生态科学，2016（1）：109－116.

［59］李玉敏，张友国. 中国碳排放影响因素的空间分解分析［J］. 中国地质大学学报（社会科学版），2016（3）：73－85.

［60］李小平，王洋. “一带一路”沿线主要国家碳生产率收敛性及其影响因素分析［J］. 武汉大学学报（哲学社会科学版），2017（3）：58－76.

［61］李周. 中国经济学如何研究绿色发展［J］. 改革，2016（6）：133－140.

［62］梁文群，欧阳正杰，李玮. 我国区域碳排放的差异及减排路径研究［J］. 管理现代化，2015（1）：73－75.

［63］林伯强，刘希颖. 中国城市化阶段的碳排放：影响因素和减排策略［J］. 经济研究，2010（8）：66－78.

［64］刘芳芳，黄巧萍，刘伟平. 地区经济增长与区域碳排放的关系——基于环境库兹涅茨模型的研究［J］. 中南林业科技大学学报（社会科学版），2018（12）：20－26.

[65] 刘战伟. 资源环境约束下的中国农业全要素生产率增长与分解[J]. 科技管理研究, 2015 (1): 83-87.

[66] 刘翔. 我国低碳经济发展效率的动态变化及碳减排潜力分析 [J]. 系统工程, 2017 (5): 92-100.

[67] 刘渝, 李莱, 宋阳. 中国物流业碳排放影响因素的区域差异 [J]. 资源开发与市场, 2017 (12): 1439-1443.

[68] 刘长信. 中国工业化进程中的碳排放: 影响因素、减排潜力及预测[D]. 东北财经大学, 2010.

[69] 刘传江, 赵晓梦. 长江经济带全要素碳生产率的时空演化及提升潜力 [J]. 长江流域资源与环境, 2016 (11): 1635-1644.

[70] 刘传江, 黄桂然, 章铭. 我国中部六省碳排放量影响因素分解分析[J]. 技术经济, 2013 (1): 101-128.

[71] 刘传江, 冯碧梅. 低碳经济对武汉城市圈建设"两型社会"的启示[J]. 中国人口·资源与环境, 2009 (5): 16-21.

[72] 刘晨跃, 徐盈之. 中国碳生产率演绎的驱动因素研究——基于细分行业的视角 [J]. 中国地质大学学报 (社会科学版), 2016 (4): 45-54.

[73] 刘兴凯, 张诚. 中国服务业全要素生产率增长及其收敛分析 [J]. 数量经济技术经济研究, 2010 (3): 55-67.

[74] 刘亦文, 胡宗义, 戴钰. 中国碳排放变化的因素分解与减排路径研究 [J]. 经济数学, 2013 (3): 51-56.

[75] 刘纪远等. 中国西部绿色发展概念框架 [J]. 中国人口·资源与环境, 2013 (10): 1-7.

[76] 刘建国. 2006—2013 年杭州城市旅游全要素生产率格局及影响因素[J]. 经济地理, 2015 (7): 190-197.

[77] 李瑞. 环渤海地区城市旅游业发展效率时空特征及其演化阶段——以三大城市群为例 [J]. 地理科学进展, 2014 (6): 773-785.

[78] 龙如银, 周颖. OFDI 逆向技术溢出对区域碳生产率的影响研究[J]. 生态经济, 2017 (1): 58-62.

[79] 卢风. 绿色发展与生态文明建设的关键和根本 [J]. 中国地质大学学报 (社会科学版), 2017 (1): 1-9.

[80] 鲁丰先等. 低碳发展研究的理论基础 [J]. 中国人口·资源与环境, 2012 (9): 8-14.

[81] 路正南，杨洋，王健．基于Laspeyres分解法的中国碳生产率影响因素解析［J］．工业技术经济，2014（8）：82-90.

[82] 马晓龙．2000—2011年中国主要旅游城市全要素生产率评价［J］．资源科学，2014（8）：1626-1634.

[83] 欧阳斌，凤振华，李忠奎，毕清华，周艾燕．交通运输能耗与碳排放测算评价方法及应用——以江苏省为例［J］．软科学，2015（1）：139-144.

[84] 潘丹．考虑资源环境因素的中国农业生产率研究［D］．南京农业大学，2012.

[85] 潘丹．基于资源环境约束的中国农业绿色生产率研究［M］．北京：中国环境出版社，2013.

[86] 彭佳雯，黄贤金，钟太洋，赵雲泰．中国经济增长与能源碳排放的脱钩研究［J］．资源科学，2011（4）：626-633.

[87] 庞丽．我国农业碳排放的区域差异与影响因素分析［J］．干旱区资源与环境，2014（12）：1-7.

[88] 潘家华，张丽峰．我国碳生产率区域差异性研究［J］．中国工业经济，2011（5）：47-57.

[89] 秦昌才，肖橙．中国省际碳排放和环境库兹涅茨曲线研究［J］．华北电力大学学报（社会科学版），2017（3）：11-20.

[90] 石文，唐建荣．无锡市碳排放与经济发展水平的Tapio弹性脱钩分析［J］．科技和产业，2018（18）：55-60.

[91] 孙秀梅，张慧，王格．基于超效率SBM模型的区域碳排放效率研究——以山东省17个地级市为例［J］．生态经济，2016（5）：68-73.

[92] 孙传旺，刘希颖，林静．碳强度约束下中国全要素生产率测算与收敛性研究［J］．金融研究，2010（6）：17-33.

[93] 孙晋坤．区域旅游交通碳排放测度模型及实证分析［J］．生态学报，2015（21）：7161-7171.

[94] 孙慧，付迪，党菲．新疆工业碳排放的区域差异及因素分析［J］．科技管理研究，2014（4）：225-230.

[95] 时佳瑞．基于CGE模型的碳交易机制对我国经济环境影响研究［J］．中国管理科学，2015（11）：801-806.

[96] 石培华，吴普．中国旅游业能源消耗与CO_2排放量的初步估算［J］．地理学报，2011（2）：235-243.

[97] 史丹. 中国工业绿色发展的理论与实践：兼论十九大深化绿色发展的政策选择 [J]. 当代财经，2018 (4)：3－11.

[98] 宋刚. 基于生态文明建设的绿色发展研究 [J]. 中南林业科技大学学报（社会科学版），2015 (1)：7－10.

[99] 宋德勇，徐安. 中国城镇碳排放的区域差异和影响因素 [J]. 中国人口·资源与环境，2011 (11)：8－14.

[100] 申笑颜. 中国碳排放影响因素的分析与预测 [J]. 统计与决策，2010 (19)：90－92.

[101] 唐志鹏，刘卫东，宋涛. 基于混合地理加权回归的中国省域碳生产率影响因素分析 [J]. 资源科学，2017 (12)：2223－2232.

[102] 田伟. 低碳视角下中国农业环境效率的测算与分析——基于非期望产出的SBM模型 [J]. 中国农村观测，2014 (5)：59－71.

[103] 陶玉国. 江苏旅游能耗和碳排放估算研究 [J]. 南京社会科学，2011 (8)：151－156.

[104] 陶玉国等. 江苏省区域旅游业碳排放测度及其因素分解 [J]. 地理学报，2014 (10)：1438－1448.

[105] 陶玉国，黄震方，史春云. 基于替代式自下而上法的区域旅游交通碳排放测度 [J]. 生态学报，2015 (12)：4224－4233.

[106] 滕泽伟，胡宗彪，蒋西艳. 中国服务业碳生产率变动的差异及收敛性研究 [J]. 数量经济技术经济研究，2017 (3)：78－94.

[107] 宛睿，刘井梅，苏方林. 广西碳生产率与影响因素关系的VAR实证研究 [J]. 桂海论丛，2016 (2)：70－77.

[108] 万庆，吴传清，曾菊新. 中国城市群化效率及影响因素研究 [J]. 中国人口·资源与环境，2015 (2)：66－74.

[109] 王惠榆，陈兴鹏，张子龙，庞家幸，刘存斌. 西部地区旅游产业发展效率 [J]. 兰州大学学报（自然科学版），2014 (2)：186－193.

[110] 王丽. 环境约束下中国区域工业技术效率与生产率实证研究 [D]. 广州：暨南大学，2011.

[111] 王维国，范丹. 节能减排约束下的中国区域全要素生产率演变趋势与增长动力 [J]. 经济管理，2012 (11)：142－151.

[112] 王凯，李娟，席建超. 中国旅游经济增长与碳排放的耦合关系研究 [J]. 旅游学刊，2014 (6)：24－33.

[113] 吴文化. 我国交通运输行业能源消费和排放与典型国家的比较[J]. 中国能源, 2007 (10): 19-22.

[114] 王志民. 镇江"三山"风景区旅游碳排放测度研究 [J]. 地域研究与开发, 2016 (1): 156-161.

[115] 王群伟. 区域二氧化碳排放绩效及减排潜力研究——以我国主要工业省区为例 [J]. 科学学研究, 2011 (6): 868-875.

[116] 王玲玲, 张艳国. "绿色发展"内涵探微 [J]. 社会主义研究, 2012 (5): 143-146.

[117] 王新玉. 低碳发展与循环发展、绿色发展的关系研究 [J]. 生态经济, 2014 (9): 39-44.

[118] 王永龙. 我国高碳发展模式下的碳生产率增长分析 [J]. 经济学家, 2011 (9): 36-41.

[119] 王凯, 李娟, 席建超. 中国旅游经济增长与碳排放的耦合关系研究 [J]. 旅游学刊, 2014 (6): 24-33.

[120] 王菲, 杨雪, 田阳, 王思鹏. 基于 EKC 假说的碳排放与经济增长关系实证研究 [J]. 生态经济, 2018 (34): 19-23.

[121] 王银, 刘孟雄. 河北省碳排放与经济发展的分析——基于 EKC 曲线与 ARIMA 模型 [J]. 绿色科技, 2018 (2): 98-100.

[122] 王丽萍, 刘明浩. 基于投入产出法的中国物流业碳排放测算及影响因素研究 [J]. 资源科学, 2018 (1): 195-206.

[123] 王婷. 工业碳排放的产业差异及减排路径分析——以宁波市为例[J]. 经营与管理, 2012 (7): 68-70.

[124] 王爱国, 王一川. 碳减排政策的国际比较及其对中国的启示 [J]. 江西财经大学学报, 2012 (5): 5-13.

[125] 王松茂. 新疆旅游产业效率及影响因素研究 [D]. 乌鲁木齐: 新疆大学, 2015.

[126] 王惠榆. 中国旅游产业发展效率的时空演变特征及影响因素分析[D]. 兰州: 兰州大学, 2015.

[127] 王萱, 宋德勇. 碳排放阶段划分与国际经验启示 [J]. 中国人口·资源与环境, 2013 (5): 46-51.

[128] 汪中华, 宿健, 彭可. 我国碳生产率区域差异的测算及因素分解[J]. 统计与决策, 2017 (8): 116-120.

[129] 魏庆琦，程咏梅，肖伟，雷晓玲．工业碳强度差异与收敛性研究——基于重庆数据［J］．生态经济，2014 (1)：95－99.

[130] 魏卫，赵思香，杨新风．酒店业推广节能减排影响因素的实证研究——以广东省星级酒店为例［J］．旅游学刊，2010 (3)：35－40.

[131] 魏艳旭等．中国旅游交通碳排放及地区差异的初步估算［J］．陕西师范大学学报（自然科学版），2012 (2)：76－84.

[132] 魏艳旭．我国旅游交通碳排放及其地区差异的分析研究［D］．陕西师范大学，2012.

[133] 吴常艳．基于 EIO－LCA 的江苏省产业结构调整与碳减排潜力分析［J］．中国人口·资源与环境，2015 (4)：43－51.

[134] 邬晓燕．绿色发展及其实践路径［J］．北京交通大学学报（社会科学版），2014 (3)：97－101.

[135] 武翠芳等．基于 STIRPAT 模型的甘肃省交通碳排放测算及影响因素分析［J］．冰川冻土，2015 (3)：826－834.

[136] 武义青，李畅，武岳．我国各地区碳生产率对经济增长的影响［J］．中国能源，2016 (6)：5－9.

[137] 谢宜豪．地方政府支出绩效测度与控制研究［D］．中国海洋大学，2012.

[138] 谢园方，赵媛．长三角地区旅游业能源消耗的 CO_2 排放测度研究［J］．地理研究，2012 (3)：429－438.

[139] 邢鹏，肖瑶．安徽省碳排放与经济增长脱钩实证分析［J］．黑龙江工业学院学报（综合版），2017 (17)：62－66.

[140] 徐大丰．碳生产率的差异与低碳经济结构调整——基于沪陕投入产出表的比较研究［J］．上海经济研究，2012 (11)：55－64.

[141] 许士春．不同返还情景下碳税对中国经济影响及减排效果——基于动态 CGE 的模拟分析［J］．中国人口·资源与环境，2016 (12)：46－54.

[142] 许冬兰，李琳．低碳转型背景下中国碳生产率的区域差异及驱动因素研究［J］．青岛科技大学学报（社会科学版），2014 (3)：60－65.

[143] 薛建福，李慧，高志强，张海林，杜天庆．基于生命周期法评价山西省 2004—2013 年小麦碳足迹动态及其构成解析［J］．中国农业大学学报，2017 (22)：15－25.

[144] 杨骞，刘华军．污染排放约束下中国农业水资源效率的区域差异

与影响因素［J］．数量经济技术经济研究，2015（1）：114－127.

［145］杨春平，罗峻．推动绿色循环低碳发展加快国民经济绿色化进程［J］．环境保护，2015（11）：18－21.

［146］杨钧．中国农业碳排放的地区差异和影响因素分析［J］．河南农业大学学报，2012（3）：336－342.

［147］杨秀玉．中国农业碳排放的地区差异与收敛性分析［J］．湖北农业科学，2016（4）：1066－1072.

［148］杨嵘，常烜钰．西部地区碳排放与经济增长关系的脱钩及驱动因素［J］．经济地理，2012（12）：34－39.

［149］杨翔，李小平，周大川．中国制造业碳生产率的差异与收敛性研究［J］．数量经济技术经济研究，2015（12）：3－20.

［150］杨立勋，陈晶，程志富．西北五省区旅游产业绩效影响因素分析——基于面板数据分位数回归［J］．旅游学刊，2013（8）：94－101.

［151］余利娥．中国分行业碳排放的EKC检验及“脱钩”分析［J］．湖北经济学院学报，2018（16）：39－45.

［152］查建平．中国低碳旅游发展效率、减排潜力及减排路径［J］．旅游学刊，2016（9）：101－112.

［153］查建平．旅游业能源消费、CO_2排放及低碳效率评估［J］．中国人口·资源与环境，2016（1）：47－54.

［154］张雁飞等．工业园区碳排放核算方法及实证研究［J］．生态经济，2013（9）：155－157.

［155］张乾元，苏俐晖．绿色发展的价值选择及其实现路径［J］．新疆师范大学学报（哲学社会科学版），2017（2）：25－32.

［156］张晶，蔡建峰．我国物流业碳排放区域差异测度与分解［J］．中国流通经济，2014（8）：25－30.

［157］张立国，李东，周德群．中国物流业二氧化碳排放绩效的动态变化及区域差异——基于省级面板数据的实证分析［J］．系统工程，2013（4）：95－102.

［158］张广海，刘菁．中国省域旅游碳排放强度时空演变分析［J］．统计与决策，2016（15）：94－98.

［159］张巍钰．产业结构合理化对区域碳生产率的影响——基于DEA－Malmquist指数法的分析［J］．湘潭大学学报（哲学社会科学版），2014（5）：

74 - 78.

[160] 张成，王建科，史文悦，李远. 中国区域碳生产率波动的因素分解 [J]. 中国人口·资源与环境，2014 (10)：41 - 47.

[161] 张永军. 技术进步，结构变动与碳生产率增长 [J]. 中国科技论坛，2011 (5)：114 - 120.

[162] 张丽峰. 基于 DEA 模型的全要素碳生产率与影响因素研究 [J]. 工业技术经济，2013 (3)：142 - 149.

[163] 张丽峰. 基于 LMDI 分解法的我国碳生产率影响因素研究 [J]. 资源开发与市场，2013 (7)：742 - 745.

[164] 张丽峰. 碳生产率的经济学背景及其内涵分析 [J]. 经济问题探索，2013 (5)：37 - 41.

[165] 张攀. 中国旅游业发展与区域经济增长——254 个地级市的面板数据 [J]. 经济管理，2014 (6)：116 - 126.

[166] 张珍花，方勇，侯青. 我国碳排放水平的区域差异及影响因素分析 [J]. 经济问题探索，2011 (11)：90 - 97.

[167] 赵国浩，高文静. 基于前沿分析方法的中国工业部门广义碳生产率指数测算及变化分解 [J]. 中国管理科学，2013 (1)：31 - 36.

[168] 张瑞英，席建超，葛全胜. 基于生命周期理论的旅游者碳足迹分析：一种"低碳旅游"测度框架及其实证研究 [J]. 干旱区资源与环境，2015 (29)：169 - 175.

[169] 赵晶. 发达城市群的省域碳排放影响因素研究 [J]. 中国集体经济，2018 (27)：22 - 23.

[170] 赵敏，张卫国，俞立中. 上海市能源消费碳排放分析 [J]. 环境科学研究，2009 (8)：984 - 989.

[171] 赵皋. 我国碳生产率增长的长期关系和短期效应——基于面板协整研究 [J]. 软科学，2014 (6)：70 - 74.

[172] 赵秀娟，张捷. 对外贸易对碳生产率的影响——基于 88 个国家 1992—2011 年面板数据的实证分析 [J]. 国际商务（对外经济贸易大学学报），2016 (1)：28 - 39.

[173] 翟石艳，王铮. 基于 ARDL 模型长三角碳排放、能源消费和经济增长关系研究 [J]. 长江流域资源与环境，2013 (1)：94 - 103.

[174] 郑君君，韩笑，潘子怡. 基于 Malmquist 指数的房地产开发企业全

要素生产率变动及收敛性研究 [J]. 中国软科学，2013 (3)：141 - 151.

[175] 钟学义. 生产率分析的新概念 [J]. 数量经济技术经济研究，1996 (12)：7 - 17.

[176] 钟章奇等. 中国各省区旅游业碳排放量初步估算及区域差异 [J]. 世界地理研究，2016 (1)：83 - 94.

[177] 邹浩. 实现绿色发展的低碳经济之路 [J]. 学术交流，2016 (3)：110 - 114.

[178] 周鹏，周迅，周德群. 二氧化碳减排成本研究述评 [J]. 管理评论，2014 (11)：20 - 27.

[179] 周五七. 碳排放约束的中国工业生产率增长及其影响因素 [D]. 武汉：华中科技大学，2013.

[180] 卓德保，吴玉海，潘植强. 碳减排视角下上海低碳城市发展路径研究 [J]. 城市发展研究，2014 (11)：39 - 45.

[181] 朱坦，高帅. 关于我国生态文明建设中绿色发展、低碳发展、循环发展的几点认识 [J]. 环境保护，2017 (8)：10 - 13.

[182] 祝树金，余嘉佳，唐曼艳. 我国行业碳生产率度量及演化动态 [J]. 经济数学，2015 (2)：27 - 33.